中国形象全球调查

CHINA'S IMAGE WORLDWIDE SURVEY

多伦多卷

暨南大学舆情与社会管理研究中心 主编

公共外交传递中国梦

■支庭荣（Zhi Tingrong）

让世界了解中国，向世界说明中国，是一项重要而艰巨的事业。这一事业也是一种守护，一种捍卫，关乎道义和尊严，人人有责。

元朝时期，马可·波罗和其他欧亚游历者们西来而复归，对中国的辉煌灿烂做了一番不乏过誉饶舌的叙述，这些在蒙古铁骑横扫东欧无人敢撄其锋之前或之后的新奇传说，激荡人心，甚至被学术界誉为诱发了西方现代资本主义文明最初的动机与灵感。无论是否透过有色眼镜，人们总是给知之不深的事物添加各种色彩，玄幻也好，魔怪也罢，真相被弃置一旁，美则如画，丑则近妖。

马可·波罗的故事，一方面蕴含了东西方关系、中国对西方近代史的促进作用、西方对中国的认知与想象等史学命题，另一方面也宣示了公共外交之于国家或区域形象传播的重要性。古代中国与西方使节等官方力量与商人、传教士等民间力量互动频繁。在鸦片战争爆发之前的很长一段时间内，凭借民间力量所传播的中国形象正以无声细流汇成江河。如果说因此而引致列强兵戎相见，尚显牵强，但以当年元大都之绝世风华，逐利之徒很难不生出觊觎之心。

而从西方的视角看，商人和传教士固然与资本主义和帝国主义的殖民掠夺不无关联，但对于传播欧洲的文化软实力，也立下了殊勋。当代以降，西方的“电子传教士”，依托可乐汉堡、迪士尼乐园、好莱坞电影、流行音乐、ETS（美国教育考试服务中心）、后现代主义等，依然扮演着使文化、商贸和外交相融合的角色。甚至西方街头运动、颜色革命的输出，也打着公共外交的幌子。

因此，在民间交往中着力塑造正面的国家形象，减少对立因素的影响，推进改革开放与和平发展，是中国经济和文化全球化过程中的一项事业，也是实现中国梦、亚太梦和世界梦进程中最重要的助力之一。

中国梦在很大程度上不同于美国梦，不同于依靠个人奋斗获得成功的西方梦。中国梦是中国人民的共同富裕梦，中国梦是睦邻友好、合作共赢、缔造和平之梦，中国梦其实也是世界大同梦。

近代以来，西方对中国时时提防，有时鄙视，有时恐惧，有时“羡慕嫉妒恨”，唯独很少正面平视。以中国在最为积贫积弱时期的形象来睥睨中国，以中国在最为急躁冒进时期的心态来度量中国，以中国在最孤立无援时期的对抗来围堵中国，殊不知今日之中国，依然有着古老的底蕴；今日之中国，开放、自信、从容。

但是，除了个别中国通，除了实惠的中国制造和出手阔绰而随便的中国游客，西方与中国的隔膜几乎如故。中国的崛起，中国的全球雄心，常常被重商主义逻辑、各种“奇葩”现象和海陆边界的纠纷所遮蔽，中国被视为咄咄逼人的捕食猛禽、以大欺小的怪兽和价值观紊乱的暴发户，这完全扭曲了真实的中国意愿和中国图景。

因此中国需要“走出去”的，不仅是产品和技术，高铁和电信装备，而且还有 FTA（自由贸易协定）、陆上海上丝绸之路，以及“仁者爱人”的中国文化。

限于硬实力，中国在“抑恶”方面一直做得不够，因而“扬善”的姿态也难以鲜明。无数的案例说明，没有硬实力作为后盾，也就无所谓软实力。近年来中国掀起的全球“猎狐”反腐行动，其意义与遍地开花的孔子学院一样显著。但不管怎么说，中国的公民、企业、媒体、教育机构以及海外华侨华人，实负有极其重要的外交责任——弘扬中国传统，传承中国文明，讲述中国故事，传递中国声音，从而造福中国和世界人民。

（作者系暨南大学新闻与传播学院教授、常务副院长，舆情与社会管理研究中心研究员）

CONTENTS 目录

华文媒体

第三只眼

枫行纪事

后记

重磅

加拿大民众眼中的中国形象调查报告

刘晓彤（Liu Xiaotong） 李丹青（Li Danqing）

全球化时代背景下，国家形象是国家“软实力”的重要组成部分，体现了国家的综合实力、影响力、民族凝聚力等，国家形象的塑造是每个国家都需要面对的重大课题。中国作为一个正在崛起的大国，其国家形象的传播不仅是中国整体实力的体现，更是其他国家关注的焦点。特别是北京奥运会的成功举办、中国国家形象宣传片的录播及其在纽约时代广场的亮相等，无不是塑造良好中国形象的战略举措，呈现了真实的中国形象，拉近了中国与世界的距离。

2014 年 6 月 3 日，英国广播公司（BBC）公布了国际民意调查公司 GlobeScan 进行的全球 24 国民意调查结果。该调查询问了 24 个国家的约 2.5 万名受访者，提出的问题是“你认为这个国家对世界的影响主要是积极的还是消极的”。在除去中国的 23 个被调查国家中，10 个国家的民众对中国的看法明显较为正面，9 个明显较为负面，4 个国家的民众正负面看法比例旗鼓相当。对中国持正面看法的国家主要集中在非洲、拉丁美洲和亚洲部分国家，尼日利亚是对中国持正面看法比例最高的国家，日本是最低的国家。在各国受欢迎程度的总体排名中，德国继续名列第一，正面 60%，负面 18%。之后是加拿大、英国、法国、日本，美国名列第八，中国名列第九。

虽然加拿大是不少中国人移民的首选国家之一，但根据一项最新民意调查的结果显示，加拿大人对中国的印象可能并没有我们想象中的那么正面，只有 10% 的加拿大人表示对中国有好感。

根据加拿大亚太基金会（Asia Pacific Foundation of Canada）最新公布的民意调查《2011 国民意见调查：加国人看亚洲》，只有 10% 的加拿大人表示对中国有好感，而对英国、法国以及澳大利亚的好感率则分别高达 51%、36% 和 64%。同时视中国崛起为加拿大机遇的民众的比例也从 2008 年的 60% 剧减到了 2011 年的 43%；认为中国是加拿大发展的助力的民众的比例也从 59% 降到了 44%。这项由 2 926 位加拿大人参加的调查同时显示，大部分加拿大人认为中国已经崛起，成为全球排名仅次于美国的第二大经济实体；67% 的加拿大人认为中国的影响力会在未来十年内超过美国；62% 的加拿大人认为亚洲经济对加拿大发展有着至关重要的影响。

这次民意调查显然揭示了加拿大人对亚洲国家崛起的忧虑。越来越多的加拿大人视亚洲国家为竞争对手而非伙伴。

近十年，包括皮尤研究中心（Pew Research Center）、美国马里兰大学的国际政策态度项目组（PIPA）、盖洛普（Gallup）、英国广播电视台和美国有线电视新闻网（CNN）在内的机构都相继开展过各国民众对华态度的调查。结果就总体而言，中国形象呈上升趋势，但对中国持负面印象的民众比例也依然较高。中国的硬实力得到了迅速增长，相比之下，软实力虽然也在提升，但是速度很慢，中国的国际话语权也非常有限。

随着国际大事的接连发生，中国的国家形象会有一定程度的波动，定期对海外舆情进行考察可以发现国外民众对中国国家形象认知与态度的变化，从而为中国国家形象的塑造提供参考与借鉴。

一个国家无论是由于历史还是现实原因，如果在他国形成了不良的形象，将直接影响其文化吸引力的增强和国际活动的开展。在若干情形下，国家形象被“妖魔化”甚至可以直接损害实实在在的利益。一个良好的中国国家形象的树立首先需要让世界了解中国。目前对中国形象的宣传有两个方面：一是中国的自我宣传，二是他国传播媒介的宣传，这两者皆有利弊。中国的自我宣传往往可能被他国定义为缺乏客观性，而且我国长期以来选择的正面宣传，反而把原本真实的中国变得不真实，形成了中国媒体和外国媒体对同一事件的两种评价和声音，这种信息的不对称使得外国民众对中国的自我宣传持强烈怀疑。而他国对中国的宣传则可能带有更大的主观色彩，有些大国对中国进行选择性宣传，往往会导致他国国民的曲解。加拿大作为一个移民国家，多伦多市享有“全球最多元化城市”的美誉，包容了来自一百多个国家的移民，作为一个全球性都市，这里民众的意见往往反映了国际的主流意见。如果我们可以了解加拿大民众对中国情况的认知渠道，从而得知中国形象是如何形成的，或许可以找到有效扩大中国影响力的方法。此外，全面了解目前加拿大民众对中国或中国人的印象，以及加拿大民众对中国感兴趣的方面，也有助于有针对性地建构中国国家的良好形象。所以，开展将国家形象提升到战略层面的议题是非常有必要的。

本文属于实证研究，着眼于加拿大普通民众，使用问卷调查法较为全面地考察调研对象对于中国形象的认知和态度以及加拿大民众对中国感兴趣的方面，研究中国形象是如何形成的，并对塑造国家形象的战略提出针对性意见。

一、国家形象与软实力

国家形象是综合国力和民族精神的总体呈现，因此与国家的国际地位和国际威望密切相关。在这个国际互动日益频繁的全球化时代，国家形象作为国家的重要无形资产，必须加以塑造与维护。基于国家形象对国家的政治、经济、外交、军事、文化、教育等方面的深远影响，应该把国家形象的建构提升到国家战略的高度进行思考，并将其视为整合国家资源、增强国家竞争力和发展国家软实力的重要基础。

正如一个人展示给他人的形象会影响他人的情感判断和行为反应，应用在品牌中的形象理论在市场竞争中发挥着至关重要的作用，国家的形象也同样可以在世界舞台上引领示范。“国家形象”一词并非舶来品，也无对应的外语单词。它的概念包括在国际政治、国际关系和跨文化交流传播领域里的“perception of the nation”（对国家的认知）、“cultural representation of the nation”（国家文化的再现与表述）等。[①]虽然国家形象并无学术上的系统研究，却是每个国家在国际传播中极为重要的一部分。国家形象并不仅仅是外在的“形象”，而是内容与形式的统一体。[②]

“国家形象”的研究早在20世纪60年代就已经展开。迄今为止，已有许多学者对其进行定义。罗伯特·史库勒（Robert D. Schooler）认为：“国家形象的形成，乃是根源于历史与环境的因素，所产生对于某国人民或社会组织、机构的态度。”长岛昭久则将其定义为人们心目中对于某个特定国家的描述及刻板印象，其形成取决于国家特征、历史、传统、政治与经济背景及代

---

① Eugene D. Jaffe & Israel D. Nebenzahl. *National Image and Competitive Advantage: The Theory and Practice of Country - of - Origin Effect*. Copenhagen: Copenhagen Business School Press, 2001.

② 程曼丽. 大众传播与国家形象塑造. 国际新闻界，2007（3）.

表性商品等因素。[①] 达琳（Darling）认为，国家形象是对特定国家所赋予的评价与情绪。马丁（Martin）和埃尔奥卢（Eroglu）主张国家形象是一个对于某特定国家具有的所有描述性、推论性及信息性印象的总和，且这个印象主要蕴含在国家政治、经济和科技三个层面之中。[②] 综合上述定义可以发现，国家形象是对某个特定国家的整体性感知，这种感知是由该国的政治、经济、文化等背景因素混合而成，并会因为各国发展程度的不同而存在个别差异，因此，国家形象是一个动态的比较概念，无法以绝对的方式加以探讨。此外，国家形象的优劣不仅与该国的实际状况有关，也与赋予形象的国家和人民有关，例如非洲人民和美国人民赋予中国的国家形象就显然不同。

在国家形象的定义上，张昆和徐琼在《国家形象刍议》（2007）一文中认为，国家形象是国际舆论和国内民众对特定国家的物质基础、国家政策、民族精神、国家行为、国务活动及其成果的总体评价和认定。这种评价和认定，虽来源于主权国家的客观实在，却是国家实在的主观反映。国家形象的构成要素主要包括物质要素、精神要素和制度要素三个方面。它通过国际新闻流动，并主要以国际新闻媒介的新闻报道来呈现。国家形象的主要特点有系统性和多维性，动态性和相对稳定性，对内对外的差异性。只有全面把握这些特点，理清国家形象的形成机制，才能塑造出理想的国家形象。[③] 可见，国家形象是可以通过一定的方式和举措进行塑造和构建的。

目前，学者们更倾向于以传播学的视角来审视国家形象的塑造，刘小燕（2002）认为国家行为是否妥当及国家本身是否完善，是国家形象的客观基础和基本内涵，但国家形象的塑造离不开大众传播，大众传播能影响公众舆论，传播的过程就是在公众心中“投影”国家形象的过程。借助大众传媒塑造与国家本体相互支撑的国家形象，已成为当今国际事务的重要环节，也成为各国外交制胜的有效策略。[④] 程曼丽（2007）认为当前中国正处在面向未来持续发展的关键时期，需要通过国家形象的塑造与传播，为自己营造良好的舆论环境及与外部世界和谐互动的氛围。

---

① Nagashima Akira. A . Comparison of Japanese and U. S. Attitudes Toward Foreign Products. *Journal of Marketing*, 1986（34）: pp. 66 – 74.

② Martin I. & Eroglu S. Measuring a Multi-Dimensional Construct: Country Image. *Journal of Business Reseach*, 1993（28）: pp. 191 – 210.

③ 张昆，徐琼. 国家形象刍议. 国际新闻界，2007（3）.

④ 刘小燕. 关于传媒塑造国家形象的思考. 国际新闻界，2002（2）.

中国政府有必要为此进行长远规划，将其作为国家总体发展战略中的一项重要内容。① 范红（2013）在《国家形象的多维塑造与传播策略》一文中认为，国家形象应主要围绕国家形象标识、国情综合形象、政府形象、企业形象、城市形象、历史形象、文化形象和国民素质等核心要素进行多维塑造。同时，通过新媒体传播、广告传播、事件营销、口碑营销、公共外交、公共关系等主要策略来进行立体传播。②

阎学通、徐进等学者，提出定量衡量方法来比较中美两国的软实力。他们认为软实力由国际吸引力、国际动员力和国内动员力三项要素构成。中国与美国在国际吸引力上的差距主要源于中国政治制度和民族文化的国际普遍度低于美国；在国际动员力上的差距主要源于中国的盟友数量太少，但中国的国内动员力则强于美国。短期内，中国难以在国际吸引力上缩小与美国的差距，但通过政策调整则能较大幅度缩小在国际动员力上与美国的差距。而塑造良好的国家形象是增强软实力的重要途径，国家形象的塑造应当是在政府、企业和民众合力作用下完成的。李希光认为“当代中国的软实力源自其政治理念、政治制度、国内政策和对外政策”。政府的政治理念、政策出台都影响着对外话语权和对外吸引力，领导人的国际活动也是能引起关注的重大外交事件。同时，在政府方面，不光要输出国家理念，也要有效利用国外媒体来进行议程设置；在企业方面，应该努力转变中国世界工厂、生产大国的形象，缔造属于自己的品牌，增值品牌资产，在国际上树立自主创新的形象；在民众方面，应在涉外交流中更加注重自身的素质，尊重当地文化习俗，提升国民的整体形象。

二、中国形象的国内外实证研究

近些年来，随着综合国力的增强，中国更加重视国家形象的海外传播，与此相关的一系列调查研究层出不穷，其中不乏问卷调查等实证研究。本文参照了这些中国形象实证研究，并对近年来较为典型的实证研究列表进行梳理。

---

① 程曼丽. 大众传播与国家形象塑造. 国际新闻界，2007（3）.

② 范红. 国家形象的多维塑造与传播策略. 清华大学学报（哲学社会科学版），2013（2）.

表1 近年来较为典型的中国形象实证研究

论文题目	作者	年份	研究内容	研究方法	结论
“中国制造”与国家形象传播——美国主流媒体报道30年内容分析	王秀丽、韩纲	2010	选取1979—2008年美国四家主流报纸上有关“中国制造”的报道，中国的产品形象与国家形象紧密相关、彼此影响，“中国制造”的形象受到产品质量、中美关系和大众传媒等因素的影响	内容分析法	美国媒体上有关“中国制造”的报道数量逐年增多，呈不均衡分布；“中国制造”报道中呈现出多个新闻框架，包括产品风险、责任归因、民族中心主义、贸易保护等，这些框架的出现频次随中美贸易的发展和危机事件的出现而有所变化；媒体上“中国制造”的产品形象和中国的国家形象相互影响、不可分割；研究国外媒体有关“中国制造”的报道对我国政府和企业公关以及产品形象和国家形象的塑造和传播有一定的理论和实践意义
论中国国家形象宣传片的文化公关与价值输出	汤天甜	2011	2011年1月，以《人物篇》与《角度篇》为代表的中国国家形象宣传片在英美等国的媒体上正式播出。本文在对国家形象宣传片进行由表及里的立体分析的基础上，解读国家形象宣传片的核心价值与文化影响	内容分析法	在国家形象的推广和传播过程中，国家形象宣传片及媒体起着不可替代的作用。从“宣传”到“传播”，在国家形象推广的背后，隐含着中国把握国际话语权的意图，在一个大国崛起的过程中，国家主动传播意识形态和文化，是其真正融入世界性话语体系的积极表现。中国在国家形象塑造方面的主动作为，对其在国际社会中营造有利发展环境具有深远意义

（续上表）

论文题目	作者	年份	研究内容	研究方法	结论
中国国家形象定位分析	何辉	2006	对《纽约时报》《时代周刊》《泰晤士报》《经济学家》等8家媒体2000年12月20日—2003年12月20日三年有关“中国”和“中国人”的新闻报道进行了内容分析	内容分析法	①中国国家形象构成要素较为复杂，经济要素是其定位核心 ②中国的政治形象、军事形象定位应突出“自信”“透明”趋势 ③信息爆炸、媒体融合时代的中国国家形象具有很强的动态性，要保持国家形象的动态性与相对稳定性的平衡 ④塑造中国国家形象应重视改变世界主流影视、网络等多种媒体对中国形象的扭曲定位或不当定位等
北京奥运会与文化中国国家形象构建	冯惠玲、胡百精	2008	通过海外意见领袖研究、海外媒体报道监测与内容分析研究、国内媒体报道监测与内容分析研究三组实证研究，廓清国家形象战略的目标导向与战略重心、要素排序与结构方式、表达主题与实践路径等核心问题	问卷调查法、内容分析法	2008年8月在北京举行的第29届奥林匹克运动会必将对呈现、塑造我国的国家形象产生显著的、深刻的影响。“文化中国”国家形象战略体系围绕北京奥运会语境下的文化叙事框架，通过大规模实证研究，全面系统地廓清了国家形象战略的目标导向与战略重心、要素排序与结构方式、表达主题与实践路径等核心问题，主张以“文化中国”替代近30年来的“经济中国”作为国家形象战略的目标导向，并通过对中国文化要素进行价值排序，将之整合建构为

（续上表）

论文题目	作者	年份	研究内容	研究方法	结论
					国家形象战略的议程框架。对话范式是系统阐述国家形象的全新学术范式，它筑基于哲学、社会学、政治学、管理学、传播学和公共关系理论中的三组“二分法”，提出对话既是国家形象之体，也是国家形象之用；强调国家形象是作为对话的话语体系而存在、延展的，主旨在于促进国家主体与他国公众之间的利益互惠和意义分享
媒介接触下的国家形象构建：基于美国人对华态度的实证调研分析	徐剑、刘康等	2011	假设一：媒介的接触频率会影响美国人对华好感度；假设二：电视媒体的党派属性会影响美国人对华好感度；假设三：媒介的传播形式会影响美国人对华好感度；假设四：人际传播的频率即是否来过中国会影响美国人对华好感度	问卷调查法	电视媒介的接触频率会对美国民众的中国评价和感知产生影响，其他媒介的接触频率则未发现与美国民众的对华态度有显著关系；人际传播经历即是否来过中国会对美国民众的中国评价和感知产生正面影响

（续上表）

论文题目	作者	年份	研究内容	研究方法	结论
美、德、俄、印民众眼中的中国国家形象问卷调查分析	关世杰	2012	使用“可靠可信、令人愉悦、有领导力、充满活力、颇具魅力、坚定不移、不断发展、有创新力”8个维度测量中国形象	问卷调查法	喜欢中国文化的受访者的百分比为33.8%；中国整体形象在德国尚可；首选最喜欢中国的399名受访者中，有276人选择了灿烂文化，占喜欢中国者的69.2%
中国国家形象调查报告2012	察哈尔学会等	2012	选取美国、英国、澳大利亚、印度、马来西亚和南非6个国家的数千名受众为调查样本，调查对中国、中国人及中国品牌的看法	问卷调查法	70%的海外民众对中国有所了解，电视、互联网和报纸杂志是最主要的媒介；在海外民众眼中，中国是神秘而有魅力的，发展中国家民众更认可中国“和平”“中立”的外交立场；“幸福”“温顺”“理性”“神秘”是中国国民的主要特征，联想、海尔等中国品牌在海外已经建立起一定知名度
公共外交中的国家形象建构——以中国国家形象宣传片为例	檀有志	2012	当前，中国国家形象面临着严峻挑战，亟待借助公共外交塑造良好的国家形象。本文结合拉斯韦尔传播过程模式，从信源、信息、媒介、受众及效果	内容分析法	在国际平台上投放中国国家形象宣传片，这既是中国国际传播的一次技术尝试，又是对中国公共外交理念的具体践行。主体层面上，宜尽可能淡化过于生硬的官方色彩，积极推进从“政府主导”到“政府辅导”的转变。客体层面上，需要下大功夫加强对目标受众的细分工作，力求做

（续上表）

论文题目	作者	年份	研究内容	研究方法	结论
			五个方面对中国国家形象宣传片这一个案的公共外交效用进行较为系统客观的评析。在此基础上，主张从主体、客体、内容、形式、体系等几个层面着手积极塑造未来中国的国家形象		到国家形象传播上的“分众化”“本土化”，并保持充分的信息投放量。内容层面上，需要花大力气凝练中国社会的核心价值理念，使中国国家形象在对外传播过程中不至于失焦或失重。形式层面上，应继续扩大与国际主流媒体之间多样的交流合作，同时也应加紧苦练“内功”。体系层面上，需要尽快完善对国家形象塑造举措的公共外交效用进行评估并做出反馈的机制建设，努力打造一个反应灵敏、运作高效的国家形象塑造联动系统
中国文化软实力：在美国的现状与思考	关世杰	2012	本文根据1 175份美国受访者数据，利用SPSS数据分析软件对中国软实力在美国的现状进行描述性分析	问卷调查法	利用李克特5级量表，得出政治制度软实力2.93分（折合百分制58.6分）、对外政策软实力3.10分（62.0分）、文化软实力4.09分（81.8分），中国在美国的整体形象好于在德、日、俄、印的，其中文化的贡献最大

（续上表）

论文题目	作者	年份	研究内容	研究方法	结论
国家文化软实力评价及提升路径研究	熊正德、郭荣凤	2011	本文认为国家文化软实力是由文化价值吸引力、文化知识生产力、文化体制引导力以及文化产业竞争力构成，据此构建了国家文化软实力的评价指标体系，通过主成分分析法从时间维度和空间维度上证实了我国文化软实力的总体发展趋势及各省域文化软实力发展对国家文化软实力的推动和制约作用	内容分析法	研究结果表明：我国文化软实力逐年稳健提升；各省域文化软实力整体上是自西向东逐步增强；由于地区优势不同，各省域对国家文化软实力的作用效果不同，西部省域文化价值吸引力和文化产业竞争力普遍低于全国平均水平

除中国之外，近年来国外研究机构或大学也致力于调查各个国家尤其是有影响力的大国在其他国家民众眼中的形象。其中有关中国的调查研究并不罕见。皮尤研究中心、美国马里兰大学的国际政策态度项目组、盖洛普、英国广播电视台和美国有线电视新闻网都相继开展过美国人对华态度的调查。

一项由百人会（Committee of 100）发起的调查显示：与 1994 年相比，2004 年美国普通公众和意见领袖都普遍认为他们对中美关系更加熟悉了。对中国有好感的公众从 1994 年的 46% 上升到了 2004 年的 59%。①

① 徐剑，刘康，韩瑞霞，曹永荣. 媒介接触下的国家形象构建——基于美国人对华态度的实证调研分析. 新闻与传播研究，2011（6）:17～24.

总部设在华盛顿的皮尤研究中心称，总体而言，全球公众对中国正面评价居多。 在大多数受访国家中，公众普遍把中国的经济增长视为积极因素，而且多数受访者认为中国即将或已经取代美国成为全球头号超级大国。 皮尤研究中心在 44 个国家进行的一项广泛调查显示，即使是在中国国内，也有 62% 的民众担心中国与其邻国间的领土争端可能会引发武装冲突。

三、研究方法

（一）抽样方法和样本情况

本研究采用问卷调查法，所得数据利用 Excel 和 SPSS 等软件进行定量分析。 调查对象为具有加拿大国籍的常住居民。 为便于抽样，调查对象为在商场消费的当地人、街头路人、公园等公共场合的行人。 抽样区域为多伦多市。 发放问卷 315 份，有效问卷 300 份。 表 2 至表 4 为样本构成情况：

表 2 性别构成表

性别	频率	有效百分比（%）
男	136	45.3
女	164	54.7
合计	300	100.0

表 3 年龄构成表

年龄	频率	有效百分比（%）	累积百分比（%）
16～24 岁	112	37.3	37.3
25～34 岁	77	25.7	63.0
35～44 岁	49	16.3	79.3
45～64 岁	48	16.0	95.3
64 岁以上	14	4.7	100.0
合计	300	100.0	

表 4 教育水平构成表

教育水平	频率	有效百分比（%）	累积百分比（%）
小学	7	2.3	2.3
初中	14	4.7	7.0

（续上表）

教育水平	频率	有效百分比（%）	累积百分比（%）
高中	64	21.3	28.3
高级大专	67	22.3	50.6
学士	113	37.7	88.3
硕士及以上	35	11.7	100.0
合计	300	100.0	

（二）研究内容

调查内容主要分为“中国形象”和“中国人形象”两个部分。其中，“中国形象”主要采用单选题、多选题及量表，对中国的政治发展、经济发展、文化以及整体形象进行调查。“中国人形象”则使用李克特5级量表，对中国人的品质、特质以及中国人的行为方式进行调查。

四、调查结果

（一）加拿大民众对中国威胁性评价的调查结果

本课题组通过设定中国经济发展是否对世界和平造成威胁和中国人或中国企业来本国工作或开拓市场是否令人担忧两方面的问题来了解加拿大人对中国威胁性的评价。

调查显示，近三成（27.0%）的加拿大民众认为中国经济的快速发展对世界和平存在威胁，其中9.0%的民众认为有很大威胁。同时，超过四成（40.7%）的加拿大民众认为没有什么威胁。另外，超过三成（32.3%）的人对此表示“不确定或不知道”。

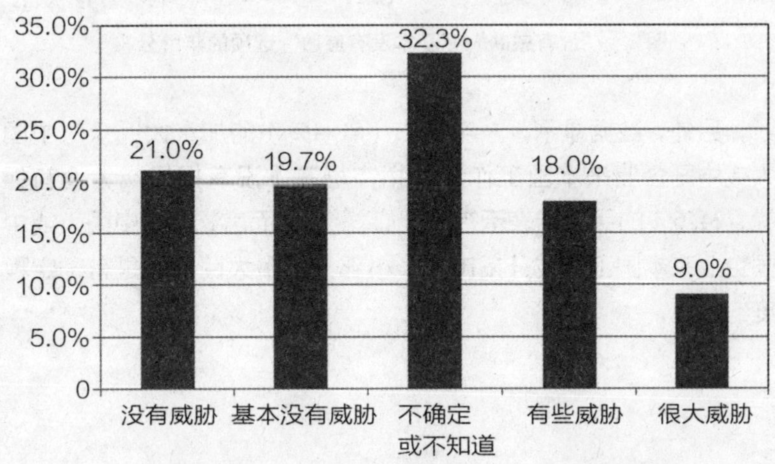

图1　当今中国经济的快速发展是否对世界和平存在威胁

此外，通过性别与本题的交叉对比发现，女性中选择“有些威胁”“很大威胁”选项的占26.2%，低于男性的比例27.9%，同时，女性中选择“不确定或不知道”的人占34.8%，要高于男性的29.4%。说明男性中有更多人认为中国经济的快速发展会对世界和平造成一定威胁，相对而言女性则保持一种温和中性的态度。

对不同年龄层次的人来说，选择“没有威胁”和“基本没有威胁”两个选项的人中，16～24岁中有39.3%，25～34岁中有46.8%，35～44岁中有36.7%，45～64岁中有31.3%，64岁以上则有64.3%。由此可见35岁以下的群体及64岁以上的群体中，有更多的人认为中国经济的快速发展对世界和平基本没有威胁，比例高于35～64岁的群体，其中64岁以上的群体中认为“没有威胁”和“基本没有威胁”的人数比例最高，同时这个群体中选择“有些威胁”“很大威胁”的比例也是所有年龄层中最低的。可见64岁以上的加拿大民众对中国的经济发展持比较正面的态度，更多的人倾向于中国经济的快速发展对世界发展威胁不大。

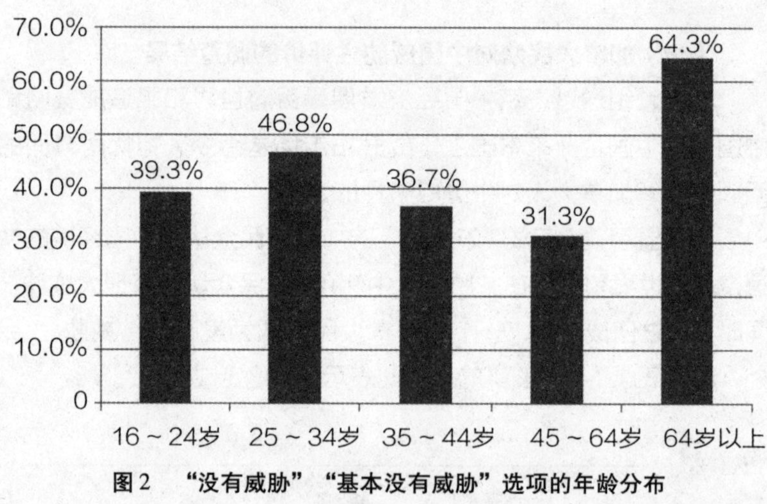

图2　“没有威胁”“基本没有威胁”选项的年龄分布

另外，数据显示，一半左右（51.4%）的加拿大民众对中国人或中国企业来本国工作或开拓市场基本没有担忧或者没有担忧，24.6%的民众则表示有所担心。总体而言，对于中国人或中国企业来本国工作或开拓市场，小部分加拿大民众还是有一定程度的担忧。

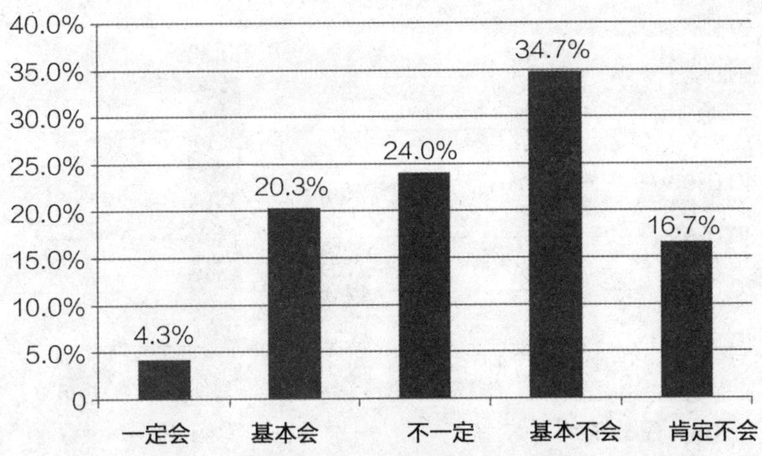

图 3　中国人或中国企业来本国工作或开拓市场是否令人担忧

根据年龄段交叉分析数据，16～24 岁的加拿大青年（35.1%）担心“中国人或中国企业来本国工作或开拓市场”，而 64 岁以上的（4.1%）最不担心这一问题。另外，“25～34 岁”“35～44 岁”“45～64 岁”人群对这一问题表示有所担心的比例分别为 27.0%、16.2%、17.6%，说明尚未入职以及刚刚入职的加拿大青年比较担心中国人或中国企业来本国工作或开拓本国市场，而已深入职场或熟悉职场的加拿大人则较少担心这个问题。

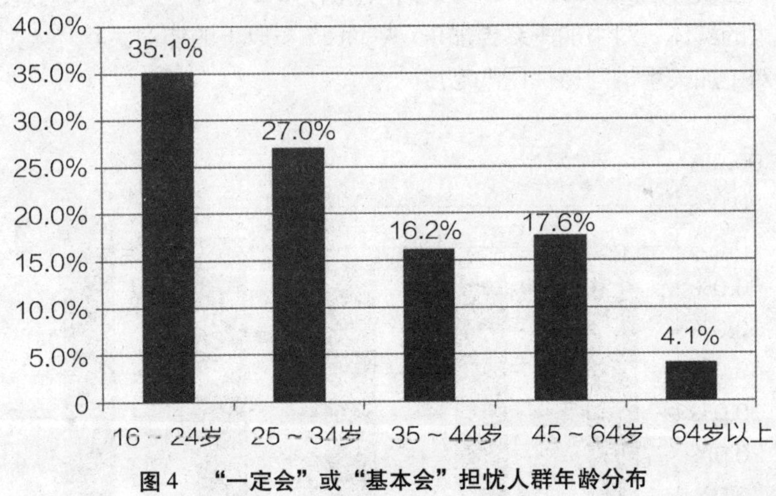

图 4　“一定会”或“基本会”担忧人群年龄分布

（二）加拿大民众对中加关系的评价结果

调查显示，有超过六成（60.3%）的加拿大民众认为中加关系较好，另外只有 0.4% 的民众认为中加关系很不好，4.0% 的民众认为不好。总体看来，逾六成（66.3%）民众认为中加关系整体上是不错的。

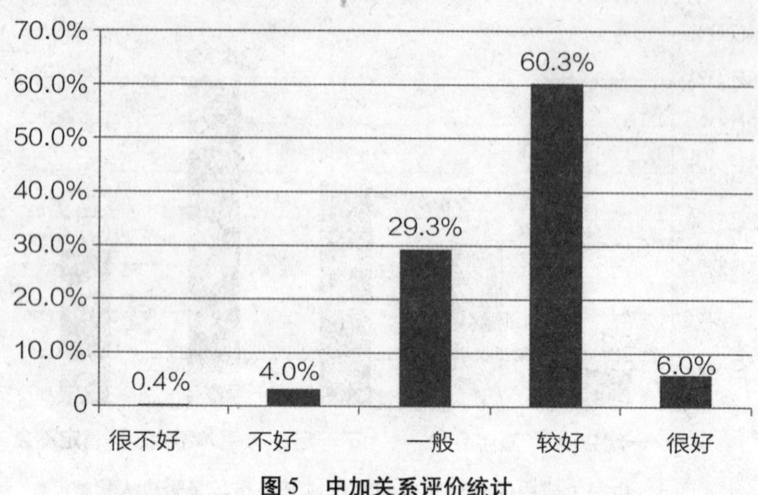

图5 中加关系评价统计

通过中加关系与性别的交叉数据发现，更多的男性倾向于中加关系良好，男性中选择“较好”和“很好”的比例之和为71.3%，而女性相对应的数据为62.2%。女性选择“一般”的比例更大（32.9%），高于男性选择比例（25%）。

另外，根据年龄段交叉数据，可以发现更加明显的差异，64岁以上的加拿大人中，选择“较好”和“很好”的比例为78.6%，而在25～34岁的人群中，这一比例仅为63.6%。另外三个年龄段选择水平较为相似，16～24岁的比例为64.3%，35～44岁比例为65.3%，45～64岁的比例为72.9%。这说明年龄较大的群体，对中加关系更加乐观，而35岁以下的加拿大年轻人则对中加关系相对持保留的态度。

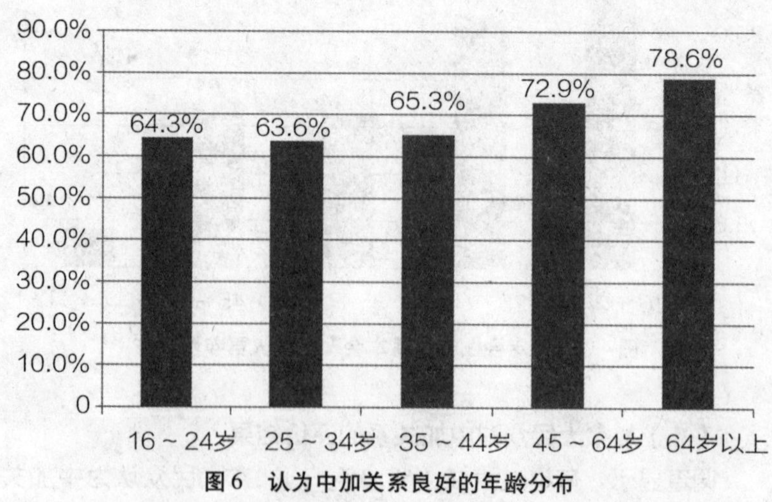

图6 认为中加关系良好的年龄分布

（三）加拿大民众中国好感度评价结果

对一国的好感度与该国国家形象具有内在一致性。对于国家形象好感度调查，以往的研究大多采用直接询问“您是否对××国有好感”或者根据好感度对若干国家进行排序。本课题组更进一步，要求受访者根据对中国的整体印象，采用打分的方式反映对中国的好感度。

从图7中的数据来看，仅有11%的人打分在4分及以下。而相反，有43%的人打分偏高（7分及以上）。选择分数靠中间的占46%（5分22.7%，6分23.3%）。这说明加拿大人对中国整体好感度较高。

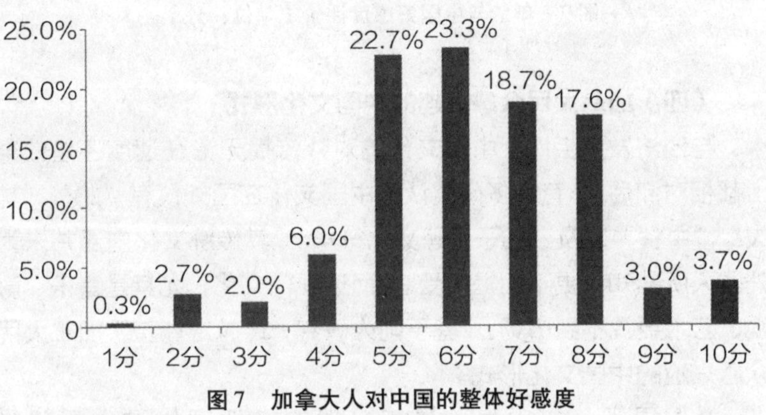

图7　加拿大人对中国的整体好感度

根据性别交叉数据分析，男性对中国整体好感度较女性更高，男性平均打分6.42分，女性平均打分6.10分。根据年龄段交叉数据，对中国好感度最高的是大于64岁的群体，平均分为7.50分；最低的是45~64岁的群体，平均分为6.08分。好感度居中的分别为“35~44岁（7.00分）”“25~34岁（6.79分）”以及“16~24岁（6.25分）”的群体。

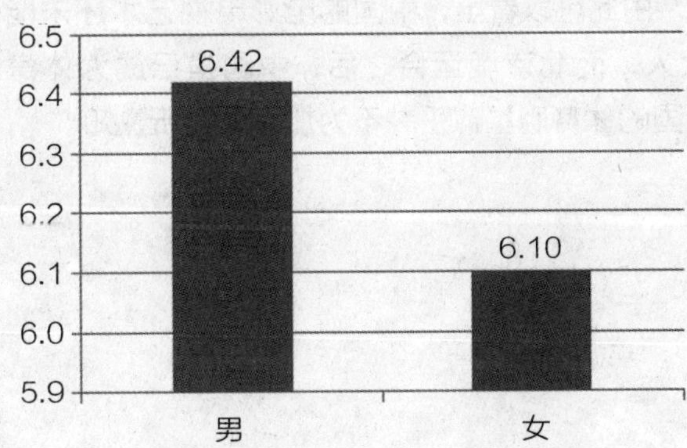

图8　性别与中国好感度评价（单位：分）

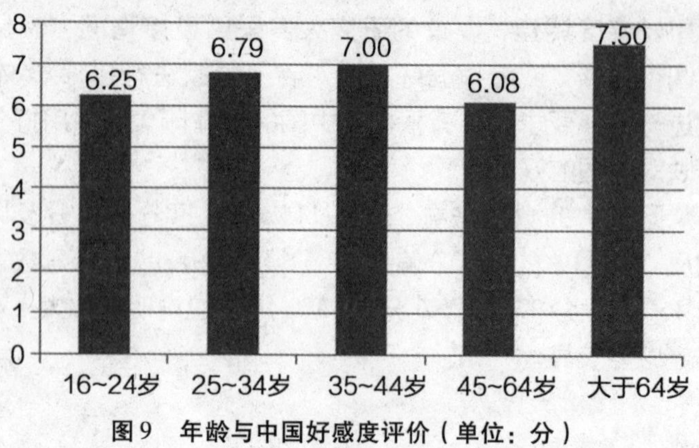

图9　年龄与中国好感度评价（单位：分）

（四）加拿大民众感兴趣的中国文化形式

与经济发展相比，中国文化的对外传播无论在速度还是效果上都相对滞后。有许多研究认为中国文化在国外仅有“龙”“功夫”“中餐”以及“孔子”等文化符号。其传统文化内涵并未为外国人所熟知，更不用提接受。而近现代文化，尤其是音乐、影视、艺术更找不到市场。基于前人研究，课题组调查了加拿大民众感兴趣的中国文化形式。

数据显示，加拿大人最感兴趣的前四项为“中国餐饮（64.7%）”“中国名胜古迹（40.7%）”“中国传统节日（39.7%）”以及“中医（38.3%）”。20%以上的加拿大人感兴趣的文化形式还有“中国工艺品（32.0%）”“中国绘画（29%）”“中国历史（28.3%）”“中国功夫（27.7%）”“中国杂技（23.7%）”“汉字（21.0%）”。排名靠后的几种形式分别是“中国舞蹈（11.7%）”“中国电影明星（11.7%）”“中国体育明星（9.7%）”“中国民俗（7.7%）”“中国哲学（0）”。由此可以看出，中国的电影电视艺术还未能更多地吸引加拿大人，而北京奥运会之后，中国虽已成为体育大国、强国，但中国的体育明星似乎并不为加拿大人所熟知。

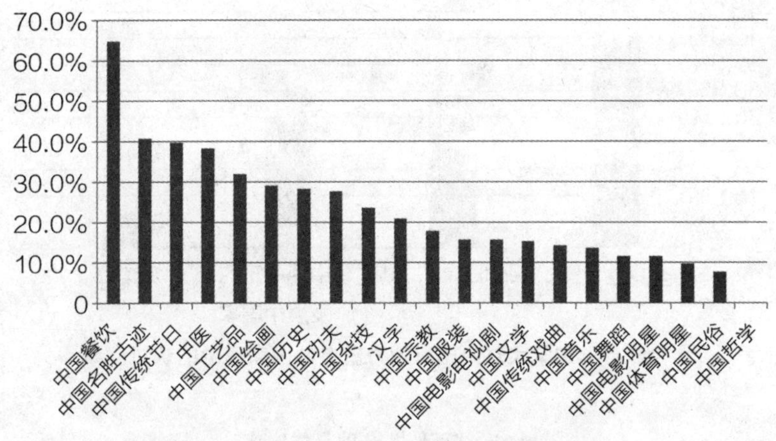

图 10　加拿大人感兴趣的中国文化形式

根据性别交叉数据，在感兴趣的中国文化形式上，男女表现出较大的差异。例如男性有更多比例的人喜欢“中国餐饮（24.3%）”“中国名胜古迹（17.3%）”和“中国传统节日（15%）”。而女性更加感兴趣的文化形式有“中医（26.0%）”“中国工艺品（20.7%）”“中国绘画（18.0%）”“中国历史（16.0%）”，在这几项中男性选择的比例分别仅为 13.0%、11.3%、11.0%和 12.3%。在“中国传统戏曲”“中国电影明星”“中国音乐”等选项上，男女差异极小。

（五）加拿大民众对中国国家形象的认知与评价

在对中国致力于塑造的国家形象的认知上，四成（40.0%）的加拿大民众认为中国希望把自己塑造成“全球性大国”，约三成（29.0%）的民众则认为中国力图成为“亚洲主导性大国”，近四分之一（24.3%）的民众认为中国以后要走的也是“中规中矩的发展中国家”之路，6.7%的民众选择了“其他”，并给出了不同的答案。大多数人认为中国希望成为世界强国和主导性大国，有的认为是“与美国相抗衡的主导性国家”“一个强有力的全球性合作伙伴”和“发达的世界强国”；有的侧重于制造业，如“主导性的制造业国家”；有的侧重于经济方面，如“主导性的经济强国”；也有小部分人对中国国家形象持消极偏激的态度，如“无民主”“无人权”“无道德”“霸权式”“注重经济利益超越伦理道德”等，这反映了中国某些方面的境况在少部分加拿大民众的认知中留下了不良印象。

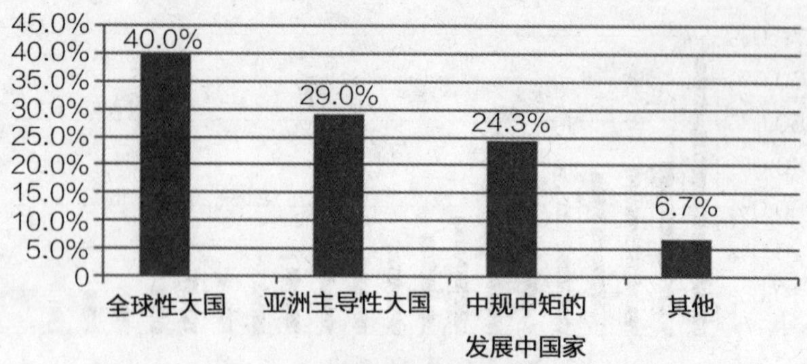

图 11　加拿大对中国所致力塑造的国家形象的认知

表 5　“其他”选项具体内容

A dominant power competing with the USA	与美国相抗衡的主导性国家
A strong global partner	一个强有力的全球性合作伙伴
Dominating manufacturing country	主导性的制造业国家
Dominating economic powerhouse	主导性的经济强国
The developed world power	发达的世界强国
Traditional country	传统的国家
Without democracy and human rights	无民主无人权国家
Good	好的国家
Slow	缓慢发展的国家
Number 1 human rights violator	无人权的国家
Hegemony country	霸权式国家
Dominant, opposed and immoral country	主导性的国家，对立的，无道德的国家
Focus on economic benefits rather than ethics	注重经济利益超越伦理道德的国家
Downplay its role in world powers, downplay its role in Tibet	没有在世界强国中发挥自己的力量，没有在西藏的发展中发挥国家的重要性的国家

（六）中国国家形象调查结果

在对中国的国家形象描述的维度设置上，本课题组沿用了关世杰在《美、德、俄、印民众眼中的中国国家形象问卷调查分析》中所引用的美国人乔舒亚·库珀·雷默的“可靠可信、令人愉悦、有领导力、充满活力、颇具魅力、坚定不移、不断发展、有创新力”维度。① 问卷通过李克特5级量表，以“非常不同意（1分）”“不同意（2分）”“一般（3分）”“同意（4分）”“非常同意（5分）”来度量加拿大人眼中的中国国家形象，调查组要求受访者在国家层面而非中国人层面来回答。

从8个维度的雷达图来看，平均分从最高到最低依次为“中国不断发展（3.95分）”“中国有创新力（3.73分）”“中国有领导力（3.65分）”“中国充满活力（3.58分）”“中国坚定不移（3.49分）”“中国可靠可信（3.45分）”“中国令人愉悦（3.41分）”“中国颇具魅力（3.23分）”。由此可以清晰地看出，加拿大人较为认可的中国国家层面形象为“不断发展”和“有创新力”，认可度最低的是“颇具魅力”。

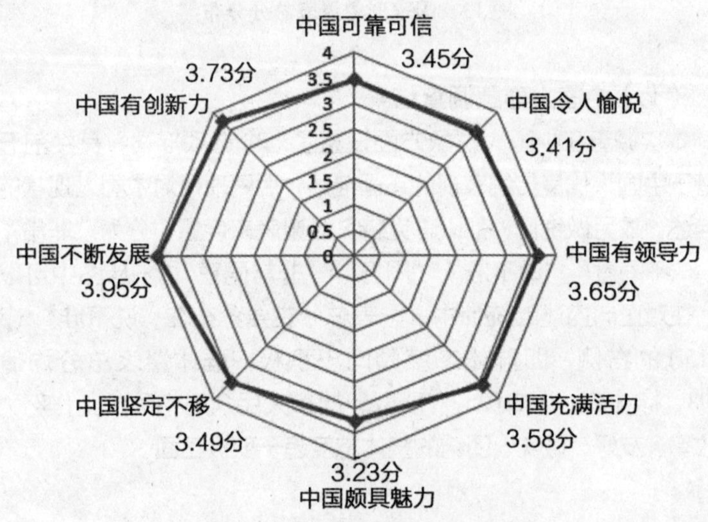

图12　中国国家形象维度雷达图

由于表述都是正面的，因此相加总分能够反映受访者对中国国家形象的整体观感，总分越高，国家形象越正面。量表总分的频数分布如下图所示，总分主要分布在“一般”（3×8=24）右侧，即群体态度倾向积极。群体量表总分均值为28.48分（最高分为40分），标准偏差为4.159。

① 关世杰. 美、德、俄、印民众眼中的中国国家形象问卷调查分析（上）. 对外传播，2012（12）:39.

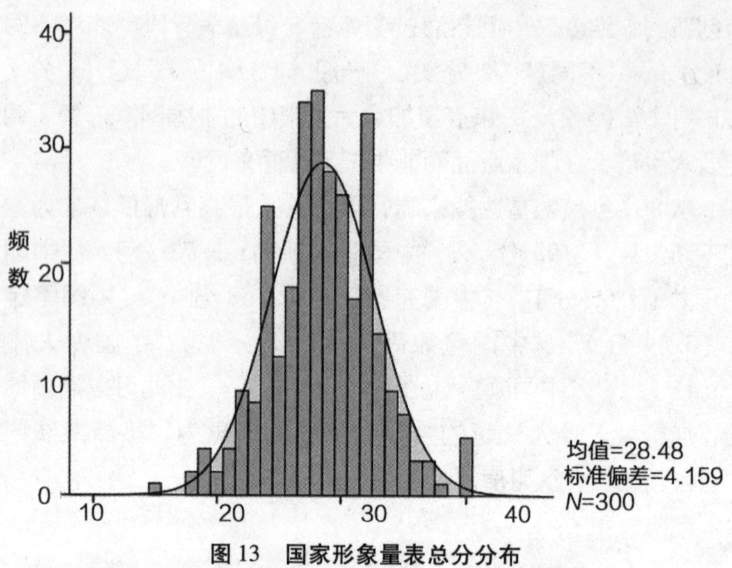

图 13 国家形象量表总分分布

（七）中国人形象调查结果

本次调查在中国人形象方面设置了七个选项描述，其中前五项是基于中国人优良传统表现的正面描述，后两项是对中国人现状的中性描述，故另做统计，都以李克特 5 级量表来度量，分为“非常不同意”“不同意”“说不准”“同意”“非常同意”。从图中可以看出，在对正向描述的统计中，量表总分主要分布在“说不准”（3 × 5 = 15）的右侧，即群体态度倾向于积极，群体量表总分均值为 18.98，标准偏差为 3.035。所以，加拿大民众对中国人工作努力、有效率、友好、诚实、团结的整体态度趋于积极正面。

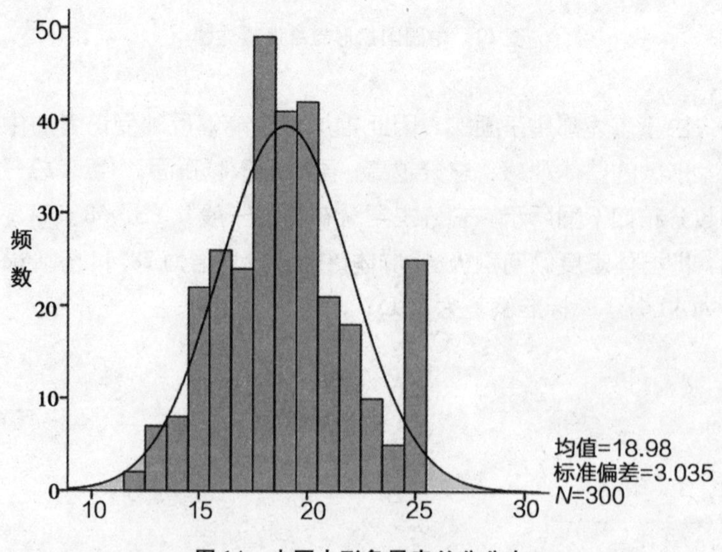

图 14 中国人形象量表总分分布

通过统计中国人形象量表每个选项的平均值，得出下图所示的雷达图，可以看出，“中国人工作起来能吃苦”这一选项得到了4.47的高分，是最被加拿大民众所认可的；其次则是“中国人办事有效率”，得分为4.12；其余三项“中国人待人友善”“中国人很团结”“中国人守信用”得分分别为3.55、3.44、3.41。“中国人守信用”这一项是得分最低的，总体来看加拿大民众对中国人诚信的认可度均低于其他品质。

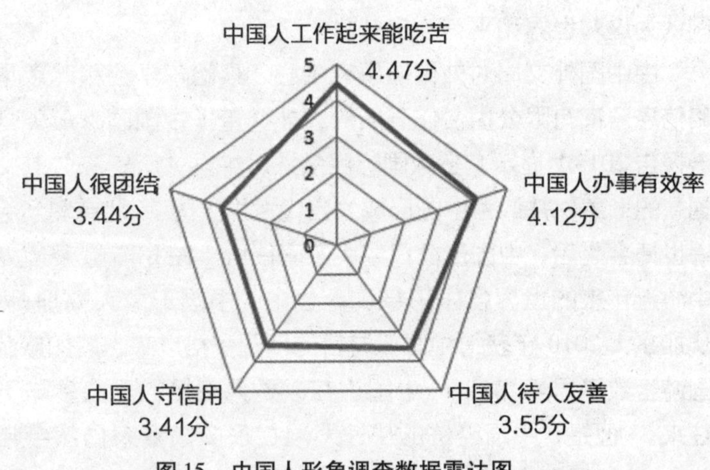

图15　中国人形象调查数据雷达图

在对中国人形象的中性描述中，课题组设置了两项说法：“中国年轻人很喜欢西方生活方式”“在中国，男人有更大的权力做决定”。对此的调查统计显示，有六成以上（61.7%）的加拿大民众对“中国年轻人很喜欢西方生活方式”表示同意或者非常同意。而有接近一半（47.7%）的加拿大民众在“在中国，男人有更大的权力做决定”这一选项上选择了“不一定”，持比较中立的态度，同时也有四成以上（43.3%）的人表示同意或非常同意，其中男性选择这两项的比例要高于女性的比例，分别为51.1%和40.5%。

五、结论与下一步研究建议

（一）加拿大民众对中国好感度较高，威胁论仍部分存在

本研究使用1～10分打分制来调查加拿大人对中国的整体印象。调查发现，加拿大人对中国整体好感度较高（平均分6.25），中国整体形象较为乐观，其中男性（平均分6.42）对中国整体好感度较女性（平均分6.10）高。

针对所谓“当今中国经济的快速发展是否对世界和平存在威胁”这一命题，调查组发现，超过四成（40.7%）的加拿大民众认为中国的快速发展对世界和平并没有什么威胁，但仍有近三成（27.0%）的民众认为存在部分威胁。就性别层面来看，男性（27.9%）中有更大比例认为中国经济快速发展会对世界和平造成一定威胁，而女性（26.2%）相对而言保持一种温和中性的态度。就年龄层面来看，64 岁以上的加拿大民众对中国经济的快速发展持更为正面的态度，而35～64 岁的加拿大人中则有更大比例认为这对世界和平有一定威胁。

由中国外文局对外传播研究中心、察哈尔学会和北京华通明略信息咨询有限公司合作开展的海外调查《中国国家形象全球调查报告 2013》显示，多数国际民众认可中国“历史悠久的文明古国”的形象，并认为中国已成为当代世界大国。北京奥运会、上海世博会之后，中国形象已经大不同往日，在 BBC 以及皮尤研究中心近年来的世界各国形象调查当中，中国形象大幅提升。自从加拿大 2010 年获得中国旅游目的地国资格以来，赴加旅游的中国游客数量显著增加。中国正在以更为积极的形象参与国际间往来。但是，中国经济的快速发展在很多人看来仍然会带来威胁。尤其是在中青年群体中，“中国威胁论”得到了相对更多的认可，这一群体代表着加拿大的现在与未来，所以应当对其有所重视。

由于中国硬实力的迅猛发展和软实力的长期缺位，“中国威胁论”的存在是正常的警惕心理反射。国家形象的提升是中国梦的重要组成部分，党的十八大报告明确要求“扎实推进公共外交和人文交流”。一方面，打造国家级的公共外交智库，建立公共外交协调统筹机制，提升国民素质，强化国家情怀，培养国际视野；另一方面，要重视新闻信息沟通以及文化产品输出，重视企业公共外交的作用，多管齐下，着眼未来，国家形象则有望进一步提升。

（二）中加关系逐步“解冻”，逾六成民众认为整体关系良好

40 年前，加拿大是最早与新中国建立外交关系的西方国家之一，中加关系有着不错的起点。但是，两国关系的发展并不顺利，一方面是因为两国在政治制度和价值观认同上存在差异，政治上一直不太互信；另一方面是因为地缘上不够亲近以及经济发展模式上的互补性并不强，因此两国对彼此的重视程度也相对有

限。伴随着2009年至2010年间，双方首脑的“破冰”互访之旅，中加关系逐渐回暖，两国也越来越意识到对方的重要性，中加关系的推进是大势所趋。

在调查中显示，逾六成（66.3%）民众认为中加关系整体良好，似乎并没有过多地受到中加关系“冰冻期”这一议题太大影响。其中，年龄最大群体对中加关系更加乐观，而45岁以下的加拿大中青年则对中加关系持相对保留的态度。2009年12月，加拿大总理哈珀曾表示，加中建交以来，两国关系取得了长足发展。双方贸易和投资显著增长，人员往来日益密切。两国之间有广泛的共同利益，合作空间广阔。加拿大将中国作为“亚太门户计划”的重点对象国，希望同中方共同探讨扩大和寻求经贸投资合作的新领域、新途径。

近年来，中国企业针对能源、食品、电子等行业在加拿大的投资与合作，加深了两国之间的贸易发展。2014年6月，中国山东省和加拿大安大略省在多伦多召开投资合作高层圆桌会，双方政府和企业界代表就加强彼此经贸合作进行了广泛、深入的交流和探讨，并寻求相互投资的机会。这些都表明了中国政府愿与加拿大在经济、文化等方面开展互利、合作的诚意。这次会议一方面是国内经济结构升级转型的重要机会，另一方面也是山东省政府作为国家一级行政区，走出国门，同时兼顾整个国家的形象的一次登台表现机会。由省政府批准、“牵线”的企业及项目，其在加投资、发展的状况，可能影响着国外民众对中国的看法，政府及企业在国际舞台上的一言一行也代表着中国的国家形象。

2014年2月，加拿大联邦政府再做政策调整，关停实行了28年的联邦投资移民计划，同年6月正式宣布所有积压的申请将被全部清退。为此，1 335名在中国香港特别行政区提交加拿大联邦投资移民申请的申请人委托多伦多移民律师蒂姆·莱希代理，向加拿大联邦法院起诉加拿大联邦移民当局，原因是今年早些时候其将所有经济类移民申请旧案“归零”，导致这些申请人无法成功移民加拿大。这类法律诉讼虽是个人行为，但是其在“国际法庭”上的表现，将代表着中国高收入民众甚至是中国民众的整体素质。因此，不论是政府、企业还是个人，在提高经济影响力、维护个人利益的同时，更要注重维护中国的国家形象。

对于中国人或中国企业来加拿大工作或开拓市场，一半左右（51.4%）的加拿大民众表示并不会带来什么困扰。在某种程度上，中国作为加拿大新移民人数最多的国家，加拿大民众对中国人或中国企业来加拿大工作或开拓市场还是存在担忧的。在不同年龄层中，16 ~ 24 岁的在学习或者刚刚进入职场的加拿大青年更加担心这个问题，而年纪稍大、深入职场或熟悉职场的加拿大民众则较不担心这点。

（三）中国传统文化更受欢迎，近现代文化示弱

在本课题组列出的 21 项文化形式中，位居前列的有“中国餐饮”“中国名胜古迹”“中国传统节日”“中医”“中国工艺品”“中国绘画”“中国历史”“中国功夫”“中国杂技”“汉字”“中国宗教”等，全部为中国传统文化。然而，如“中国电影电视剧”“中国音乐”“中国电影明星”“中国体育明星”等近现代文化却未能引起加拿大人尤其是加拿大女性的兴趣。

过去，一提起中国，总有两种形象浮现在眼前：一是龙，二是熊猫。这是对中国片面、肤浅的认识。从调查中应当看到，加拿大民众对中国文化的了解，已经不局限于传统的“中国餐饮”“中国功夫”等中国元素，他们开始关注“中医”“中国历史”“汉字”“中国宗教”等更深层次的中国文化。这一方面体现了加拿大人探究中国传统历史文化的意向，另一方面也说明中国在通过传统文化进行对外文化传播方面颇显成效。文化传播是构成和影响一个国家“软实力”的重要变量，与国家形象塑造之间有着密切的联系。四大文明古国中，只有有着五千年历史的中华文明延续至今。党的十八大报告在全面建成小康社会、深化改革开放的框架中，提出了“文化软实力显著增强”的文化建设目标，专门阐述、部署了扎实推进社会主义文化强国建设发展战略。此举将文化的考量和运用上升到国家战略的层面，可见我国要通过增强文化软实力，来提升中国在国际社会的美誉度，进而塑造良好的中国国家形象。近日，诸如大运河、丝绸之路申遗成功，充分体现了中国向世界彰显我国传统文化魅力的决心和信心。此外，在采访中，我们发现加拿大民众学习中文、汉字的热情高涨，一些家长更是在假期把孩子送去中文学校学习，中国传统文化的影响力可见一斑。

相比传统文化，目前中国的近现代文化在加拿大的认知处境较为尴尬。首先，影视剧作品在文化出口方面具有天然优势，欧美文化之所以在全球大受欢迎，与好莱坞电影、欧美剧等的全球影响力有着很大的关系。为此，中国今年也在不断加大对影视剧出口的支持力度，但其出口存在较大的贸易逆差。中国影视剧在加拿大等国难入主流，一方面是由于文化认同度低和渠道不畅，另一方面是这些出口的影视剧作品未能真实而深刻地反映中国的社会和文化现状。其次，近年来中国不断加大在体育方面的投入。从悉尼到北京再到伦敦，中国体育代表团在奥运会上表现不凡，披荆斩棘，勇夺桂冠，使中国逐步发展为“体育大国”。虽然如此，但是在我们的调研和采访中，我们发现中国的体育明星并不被加拿大民众熟知。同时，在 2014 年的劳伦斯世界体育颁奖典礼中，中国元素稀缺，邓亚萍是唯一出现在典礼中的中国身影。在 2014 年的两会中，代表们亦建议要改变中国体育未来的发展路径，摒弃“唯金牌论”，以创新精神推动体育事业发展，加快迈向体育强国的步伐。

此外，通过文化来提升中国的国家形象，有很多渠道可以实现，如开展各种形式的文化节、文化年，开展学术交流活动等。而且文化传播作为软实力的重要组成部分，其对国家形象的提升需要一定的周期来完成，而非一朝一夕。因此，中国在借助文化来塑造良好的国家形象时，要深谋远虑，切不可急于求成。

（四）中国人勤奋有创新力，但诚信可靠形象不佳

通过对中国国家形象的描述调查，加拿大民众在“中国不断发展”“中国有创新力”方面得分最高；通过对中国人形象的描述调查，加拿大人认为中国人很勤奋、办事效率很高。但是在这两个调查中，诚实可信方面的认可度均较低，可见中国在塑造诚信可靠的形象上表现不佳，仍有待提高。不仅如此，以提供公关咨询服务著称的美国爱德曼公司推出的《2013 年度爱德曼全球信任度调查》显示，中国企业在全球的诚信度排名不高，在被调查的 17 个国家中位列倒数第三。同时，过往调研显示，中国的诚信度在很多国家都不被认可，因此应该加以重视该情况。

实际上，中国的诚信问题由来已久，从毒奶粉、红十字会到“扶老人”事件，中国的信任危机也在不断地发酵。不仅仅在国际舞台，生活在中国的很多人都已经深刻地感受到了当下的信任危机弥散在社会的各个方面。中国之所以诚信形象不佳，信任危机加大，有着多方面的原因：中国社会转型，市场经济难免带来个别地方工具理性与价值理性脱节；部分以权力部门为代表的政府缺乏公信力；法制不够健全，对缺乏诚信的造假行为的规范力度不够；无神论的中国，缺乏宗教信仰；中国长期缺乏诚信教育……一次次的信任危机不断在国内上演，走出国门的中国国家形象及中国人形象令人担忧。随着中国经济的快速发展，中国在大国合作中扮演着越来越重要的角色，缺乏诚实可信将不利于塑造中国整体的国家形象。

（五）国家形象塑造愿景，民众视野和想象中的大国形象深入人心

调查中有关中国想要塑造的国家形象的问题设置上，四成（40.0%）的加拿大民众选择了“全球性大国”，约三成（29.0%）的民众选择的是“亚洲主导性大国”。亦有过两成（24.3%）的民众选择了“中规中矩的发展中国家”，可见近七成（69.0%）的民众认为中国想要塑造世界舞台上的大国形象，同时在选择“其他”选项的6.7%的民众中，大多数人认为中国希望成为世界强国和主导性大国，有的认为是“与美国相抗衡的主导性国家”“一个强有力的全球性合作伙伴”和“发达的世界强国”，有的侧重于制造业，有的侧重于经济方面。也有部分对中国国家形象持消极偏激的态度，如“无民主”“无人权”“无道德”等。总之，中国在国际事务中的影响力日渐增强，在世界舞台上扮演着越来越重要的角色。同时，在部分加拿大民众的视野和想象中，中国塑造的大国形象已经深入人心。

俗话说，十年树木，百年树人，更何况是针对“国家形象”这样一个大课题。国家形象是一个国家对自己的认知与国际体系中其他组成部分对它的认知的结合。它被认定是国家“软实力”的重要组成部分之一。一个良好的国家形象的塑造需要长久的多方面的努力。在这样一个瞬息万变的国际环境里，中国作为一个正在崛起的大国，到底希望传播给世界怎样的国家形象，达到什么样的目标，而过去和现在的中国又给世界形成了怎样的印象，中国需要继续维持什么，又需要做些什么改变？这一系列问题是国家政府正在面对同时也高度重视的。党的十八大报告强调，必须推动社会主义文化大发展、大繁荣，掀起社会主义文化建设新高潮，提高国家文化软实力，发挥文化引领风尚、教育人民、服务社会、推动发展的作用。党的十七届六中全会将提升国家形象作为文化强国的一个重要环节，指出要向世界展示一个文明、民主、开放、进步的中国。党的十届人大第五次会议曾指出，要树立中国和平、民主、文明的形象。这些都足以说明我国对于塑造良好国家形象的重视程度。尽管我国通过国家形象宣传片等渠道来让世界重新认识中国，但由于政治制度、意识形态、文化传统等方面的差异，中国还是难免被西方传媒“妖魔化”，特别是在突发事件及西藏问题上。因此，中国国家形象的塑造，是一个长期的战略性议题，需要结合不同的意识形态、文化传统及传播方式。

著名公关专家吴友富教授在说起中国国家形象时，认为国家形象是个重大的系统工程，涉及国家社会、政治、经济的各个层面、各种努力，必须整合资源，形成合力。国家形象的塑造和传播，一定是软实力和硬实力的整合，软实力包括文化、核心价值以及模式等，硬实力则指经济，包括创新能力等；此外还包括文化外交和经济外交的整合，公共外交和各种外交事件的整合，政府、媒体、企业行为的有效整合等。这些整合都是很复杂的过程，更是一个战略问题。谈及中国需要塑造一个什么样的国家形象时，吴友富教授说要塑造和平发展的国家形象，和而不同，合作竞争，共享共荣，关注人的价值等。政府形象是其中一个重点，一定要打造民生、法制、廉洁和民主的政府形象。此外，可能还需要打造强有力的对外宣传媒体，扩大对外信息覆盖面。

由于人力、水平和精力等的限制，此次调查研究还存在一些不足，主要表现在：

（1）关于样本量和样本分布。由于人力和时间限制，本次调查的样本量共有300个，相比其他学者千万级别的样本量设置偏少。同时，虽然本次调查由访问员在多伦多市各地进行街头随机访问，但毕竟不能代表加拿大民众的整体，可能对调查结果也有所影响。

（2）关于中国形象和中国人形象的描述。对中国形象和中国人形象的研究至今仍没有非常完善成熟的量表，本次调查借鉴了关世杰在《美、德、俄、印民众眼中的中国国家形象问卷调查分析》中所引用的美国人乔舒亚·库珀·雷默的“可靠可信、令人愉悦、有领导力、充满活力、颇具魅力、坚定不移、不断发展、有创新力”维度，以及中国传媒大学教授柯惠新在奥运背景下对中国人形象研究中的量表描述。调查过程中量表也存在某些细节问题，如国家形象量表是美国人所创建，而在加拿大人语系中对于某些词语的理解不是很准确。同时加拿大民众对于国家整体形象宽泛的描述和表达比较难以联想和做出评价，有些人还提出可以针对具体某个方面设置问题，这也为我们的研究提供了有益的参考。

（3）关于深度了解方面。受访者做完问卷时，我们并没有太多时间与每个人进行深度交流，所以对于某些问题的回答我们并不能完全了解他们做出选择的原因和真实的想法，而且由于文化背景的差异，我们对于国家形象的理解和对相关问题的设置与他们的文化体系并不是完全对等的，所以在调查中需要更多地站在对方的思考角度来进行提问。

通过对之前学者的中国形象研究的梳理，我们总结出了两个角度，分别为历史角度和文化角度。

（1）从历史角度看中国形象研究。周宁在《西方的中国形象史：问题与领域》中，提出西方的中国形象出现于1250年前后，从1250年前后到1750年前后，西方的中国形象不断被美化；西方美化中国形象的传统在“中国潮”世纪达到高峰。“中国潮”开始于1650年前后，结束于1750年前后，此后欧洲的中国形象发生了明显的转变，五个世纪的美好中国形象时代结束了。

李娅菲在《“中国形象”的历史与变更探析》中，认为“中国形象”是一种想象性的建构物，是一整套内涵话语机制的隐喻符号系统。从《马可·波罗游记》到《曼德维尔爵士漫游记》再到《大中华帝国风物志》，“中国形象”已经成为一个关于一切美好事物的系统，一种优越的典范文明。但是1735年，杜赫德的《中华帝国全志》问世，文中流露出对中国停滞不前的历史忧患，自此妖魔般的“中国形象”便慢慢显现，并越来越狰狞。西方对于中国的构想从想象的误解性描述转化成实质的构造性描述。在中国闭关锁国的很长一段时间内，“中国形象”并没有成为中国人关注的对象，直到中国被卷入西方现代进程之后，它才真正成为话语霸权“规训”弱势文化的中介。

吴光辉在《中国形象的现代建构：探讨中国形象的现代性根源》一文中认为，17世纪以来的西方人为什么会以唯我独尊的姿态试图“改变中国”呢？究其根源，是他们将自身的近代化进程视为历史的典范，并将由此衍生的方法论或者发展目标作为其理论支撑。这一理论的实质，也就是“中国停滞论”。欧洲人或者西方人，正是依循了这一“进步历史观”，以西方民族国家为这一历史的“主体”，从而在一个所谓的“合理性”结构下去改变东方，改变中国。应该说，正是这样的“中国停滞论”的理论基础，给予了西方主义者经营中国、冲击中国乃至于侵略中国的所谓“合法性”。

（2）从文化角度看中国形象变迁。文化角度主要是分析文学作品中的中国及中国人形象。从早期的《马可·波罗游记》到基歇尔神父的《中国图志》，这一时期的作品都将中国描绘成“天堂”一般，实质上寄托了西方人对于最终归宿的美好理想。正如赛义德所指出的“东方形象左右漂移的另一边”，即“作为西方人归宿的旧世界——伊甸园和天堂，在那儿，人们可能依照旧世界的模样建立起一个新世界”[①]。类似的塑造积极的中国形象的作品还有英国作家迪金森的《约翰中国佬信札》（1901）以及英国小说家詹姆斯·希尔顿的小说《失去的地平线》（1933）。

但在20世纪的文学作品中，关于中国形象的描摹大多是负面的。如1906年英国人普南·威尔在其作品《北京随笔》中就片面地、极端地夸大了义和团的野蛮与血腥，而美国作家杰克·伦敦在其科幻小说《前所未有的入侵》（1910）中更是把中国妖魔化了。[②] 直至20世纪90年代的《中国觉醒了》，还充斥着“黄祸”“红祸”等“中国威胁”论调。

总体来说，中国形象在西方几经变化。最初，13世纪马可·波罗对富庶的中国都市的描写引起了西方人极大的兴趣，因此才出现了探寻东方世界的狂热。受马可·波罗的影响，哥伦布企图开辟从海上通向中国的航路，无意中竟发现了美洲大陆。17、18世纪西方人还对中国充满崇敬之情，哲学家莱布尼茨、伏尔泰等都在其著作中极力赞赏中国。然而，进入19世纪，在西方政客、商人眼中，中国形象大变，成了一个“堕落的黑暗王国”。而到了19世纪六七十年代，西方“黄祸论”盛行，中国成了野蛮的代名词。20世纪上半叶，中国几遭侵略，已经虚弱不堪，西方对中国的态度则是“怜悯”加上“恩赐”，表示愿意对中国提供援助，特别是抗日战争时期，中国人民不愿做亡国奴的反抗精神感动了世界。但是，从1949年开始，出于对红色中国的恐惧，西方进入了对中国的敌视时期。冷战时期的封锁使中国吃尽了苦头。改革开放初期，中国实行韬光养晦政策，淡化意识形态对立，一心发展经济，西方对中国的敌意也淡化了不少，开始在一些领域与中国开展经济合作。但是，西方媒体对中国的报道仍以负面新闻居多，这一现象一直持续到现在。

从以往的调查来看，单一针对加拿大民众的中国形象调查还没有先例，《中国国家形象全球调查报告2013》没有涉及对加拿大民众的调查，北美的代表国家则是选择了美国。大部分结果是与其他几个国家合并的数据。根据这份报告，调查共覆盖了不同地理区域和经济发展水平的七个国家：既包括重要发达国家英国（欧洲）和美国（北美），也涵盖了受关注程度较高的金砖

---

① 转引自[美]爱德华·赛义德. 想像的地理及其表述形式：东方化东方. 见张京媛主编. 后殖民理论与文化批评，北京：北京大学出版社，1999. 31.

② 吴秀明. 文化转型与百年文学“中国形象”塑造. 杭州：浙江工商大学出版社，2011. 3～23.

国家南非（非洲）、印度（亚洲）、俄罗斯（欧洲）、巴西（拉丁美洲）和中国（亚洲）。本次调查单独针对加拿大民众进行，但在问卷设计上较多地借鉴了先前学者或者媒体、机构的调查问卷，其实针对不同地域、不同文化的海外民众仍应结合具体情况来设计问卷，得出的结果才能更加真实地反映民众的心理状态。结合之前有关国家形象调查普遍存在的问题设置的宽泛性，也许这将是我们在今后的调查研究中所要注意的事项。

（作者单位：暨南大学新闻与传播学院）

从加拿大人对中国国家形象认知的历史变迁看当代中国提升国家形象的路径

■刘晓彤（Liu Xiaotong）　李丹青（Li Danqing）

国家形象，即社会公众对于一个国家的整体认识和综合评价，它是一个国家综合国力在社会公众心目中的投影。它主要由以经济、军事为主的硬实力和以文化、价值取向为主的软实力组成。一个良好的国家形象不仅可以提高国家的社会地位，增进与其他国家的交流，还可以提升民族自豪感和国家认同感。本文拟从加拿大人对中国国家形象认知的历史变迁看当代中国如何提升国家形象。

在不同的历史时期，由于受到不同因素的影响，加拿大人对中国的国家形象自然也呈现出不同的认知。总体上看，加拿大人对近现代中国国家形象的认知，主要是从历史和文化的维度出发，而对当代中国国家形象的认知，则主要受到国家实力以及意识形态的影响。

一、历史变迁中的近现代中国国家形象

西方人早期的中国国家形象主要来自他们的先辈们对 16 世纪到 18 世纪中期中国的记述，诸如《马可·波罗游记》对中国广博与富饶的描述，西方传教士门多萨和利玛窦对“大中华帝国”形象的塑造。这是中国国家形象被美化的时期，中国在西方人眼中是一个繁荣、富饶和强大的东方帝国，中国的四大发明让西方人赞叹不已。然而，从 18 世纪后期到 19 世纪初，资本主义民主革命和工业革命在欧洲蓬勃兴起，与此同时，古老的中国却闭关锁国，高傲地将来自西方的商人以及外交官一次又一次拒之门外，使得中国国家形象逐渐呈现出下滑的趋势，自大而落后开始

成为中国国家形象的总体概括。鸦片战争中国战败之后，在接踵而至的战争和外交危机下，中国不断地以委曲求全的姿态示人，封建落后的中国逐渐成为西方列强嘲笑的对象，随之而起的是屡战屡败被迫签订不平等条约的弱国形象。具体微观形象有"东亚病夫"的精神形象，"小脚女人"和"猪尾巴"的社会风俗形象，"面黄肌瘦""食不果腹""流离失所"的民众形象，"一盘散沙""满地烟馆"的民族形象，"兵丁羸弱"和"鸟枪古炮"的国防形象，官员无知、贪墨的官场形象等。这些形象并非凭空捏造，从西方人的日记、报纸、杂志上可以看到更加犀利的描述。笔者认为，近代中国国家形象的反面凸显是将中华民族本身某些劣根性在近代特定历史条件下的放大，外力冲击下的近代中国由于封建制度的僵化与民族自身对于外界反应的抗拒，使得国家形象在这个时候陷入了一种前所未有的黯淡时期。

此外，那时西方人眼中的中国国家形象也能从早期移民海外的中国人形象中看出，或者说那时移民海外的中国人的形象深深地影响中国国家形象。在加拿大，移民初期，华人被加拿大政府和白人视为"低等"人群，肮脏、愚蠢、怪异。中国移民加拿大的历史始于1858年弗雷塞河的淘金热，当时加拿大白人在情感上对华人厌恶至极，华人当时的处境极端困难。移民大部分是中国南部的农民，在加拿大从事体力劳动或卑微职业，当淘金工人，开旅店、饭馆等，中国人被白人称为"yellow bellies"（黄色的肚子），"chinks"（"中国人"的贬义称呼）以及"猴子"等，中国人甚至被认为是"不忠诚的"和"不诚实的"，因为形象恶劣，华人遭到殴打、侮辱的事情时有发生。

一方面，华人早期的负面形象源于加拿大政府和白人的种族偏见，而不是在对个体特征严谨、仔细调查的基础上形成的。基于巴柔的形象学理论，对他者的形象建构是与本民族意识形态基本内容和运作机制相共谋的。首先，种族优越论在白人中流行，种族优越感让白人歧视任何种族，尤其是黑人和黄种人。其次，中国的落后加剧了华人的卑微形象。1840年爆发的第一次鸦片战争，使东西方关系从彼此尊重、敬仰变成了殖民和被殖民，这一状态因为清政府在接下来的战争中屡败和国家多年混乱的局面进一步恶化。由此，中国被视为落后和贫穷的国家，中国人是"东亚病夫"，华侨在白人眼里，同样是中国人的一部分，不可能因为移居西方土壤就改变他们的形象，即便他们更改了国籍和语言，也不能改变他们的肤色和民族传统、特征，也难逃被西方人贴上根深蒂固的模式化中国人形象的标签。再次，白人社会的种族偏见由于政府宏观权力运作得以深化。政府把极偏僻和租金低廉的地段卖给或租给中国人，使华人远离白人居住区，并且颁布一系列的歧视政策，使华裔加拿大人的地位降到加拿大社会等级体系的最底层，加拿大政府和人民拒绝承认华人是加拿大社会的一员。同时，加拿大政府推行同化政策，要求中国人放弃自己的语言、传统和价值观，放弃自己的身份。最后，主流媒体从微观意义上也助长、形成和固定如此负面的华人形象，在耻辱的年代，中国人是每日新闻的一部分，“与时代排华趋势相伴的是报纸上关于中国移民带来的邪恶的恐怖故事，媒体用邪恶来合理化对华裔加拿大人的虐待”。另一方面，模式化的华人负面形象造成的忧虑和恐慌更加深了白人群体对华人的排斥，早期的移民试图逃离白人圈，同时维持自己的生活方式，才建立起唐人街。

在1885—1922年限制移民期间，华人在加拿大的形象更加丑恶、堕落。自1885年起，加拿大政府强行向华人征收额外的人头税，从1885年的50加元，增加到1900年的100加元，1904年的500加元，以此限制华人移民。在限制移民政策的推波助澜下，白人甚至把卖淫、赌博、吸食鸦片、不讲卫生等恶习和陋习与中国人画等号。直到唐人街和华人职业的转变，华人的形象才慢慢有所改观。1885年，加拿大太平洋铁路全线贯通，所有华人全部被解散为界，华裔加拿大人无论是在地域分布，还是居住方式上都发生了翻天覆地的变化。此前，华人主要居住在矿山乡镇和旷野工地形成的唐人街里，以矿山工人和筑路工人为主，人员流动性大；此后，华人主要迁往城市，职业从以矿山工人和筑路工人为主变为以服务业者为主。1886年至1900年间，洗衣业成为唐人街最赚钱、最稳定的行业。20世纪初建立起的唐人街具有稳定性特征，华人身份意识、维权意识开始苏醒。同时，华人自身也为生存做出了一定努力，加拿大社会也从藐视华人转为开始予以关注，这些都为华人形象的改观奠定了基础。华人主动的身份探求始于20世纪初的一些华人商界领袖和基督教徒的尝试。

在新的历史时期，加拿大唐人街向华人精神家园的转变与加拿大政府奉行的多元文化主义有密切的关系。多元文化政策最先是1971年由特鲁多政府提出，旨在保证每一个种族，任何文化背景的加拿大人在加拿大都有平等的机会，这个政策还承认任何加拿大人均有保留和维护自己文化传统的基本权利。如今，在推崇多元文化主义的加拿大，各民族文化如鱼得水、百花齐放，如此宽松的环境更使唐人街成为华人的精神家园，成为华人正面形象的塑造地。首先，如今的华人都能说一口流利的英、法语，语言已经不是他们融入加拿大社会的主要障碍；其次，新一代的华人移民以技术移民居多，他们大部分是医生、工程师、教师等，有一技之长，相对有竞争力；再次，华人的身份意识加强，华人逐渐认识到要真正融入加拿大主流社会，必须融入白人的日常生活，因此他们选择由以前的集中居住，改为浸润到加拿大的每一个角落，了解白人文化，也易于白人了解华人和中国文化，有利于互相尊重。新唐人街代表了华人的新态度：与加拿大主流社会融合，同时又保留中国文化。加拿大当代作家、编辑、教育家罗伯特·汤普金曾经这样描述新唐人街："不再贴有歧视标签，唐人街如今象征着不畏艰难险阻的中华民族的不屈精神。"

二、意识形态、国家实力交织下的当代中国国家形象

（一）新中国成立到 2008 年北京奥运会

新中国成立初期，中国也割断了与西方世界的联系。西方人对中国的认知只能来自新闻报道或者书籍，中国从"香格里拉"变成了"人间地狱"，被视为恐怖的红色恶魔。比如说 1955 年法国记者罗伯特·吉兰的畅销书《共产党统治下的中国》，虽然承认现在中国人已经不挨饿了，承认中国已经开始了真正的工业化，但又认为中国的经济发展是以人性为代价的。"人们不管走到哪里，都穿着蓝布衣服……6 亿中国人都穿着同样的制服。""今天的中国人越来越顺从，最后变成一群绵羊，或者说，一座蚂蚁山。"在西方国家的舆论报道中，常见这样的描写：中国是一个十分落后的地方，中国人不仅没有自己的独立意识，在物质上也是极度匮乏。

这种情况一直持续到 20 世纪 80 年代后才有了根本性的改变。在中国改革开放以后，西方许多国家的民众发现其实中国人并不像奥威尔在《1984》中描写的那样：每个人都像一个机器人，监视无处不在。中国人也有丰富的感情，中国也是一个热爱世界和平的国家。在 1997—1999 年的亚洲金融危机中，中国履行人民币不贬值的承诺，并向一些周边国家提供金融援助和贷款，塑造了一个负责任的大国形象，这进一步使得中国形象在西方得到了改善，特别是吸引了不少西方国家年轻人的注意，这从 21 世纪初在西方多个国家掀起的中国热便可见一斑。

（二）2008 年北京奥运会之后

如果说中国 20 世纪 80 年代开始的改革开放是新中国国家形象改变的开始，那么 2008 年的北京奥运会则是中国国家形象进一步提升的一个里程碑。奥运会是全球的体育盛事，世界各大媒体蜂拥而至，各类宣传不断，中国站在世界媒体的聚光灯下成为世界的焦点，因此这也是中国塑造国家形象的最好时机之一。此次暨南大学新闻与传播学院赴加拿大的调研则是希望获知北京奥运会后加拿大人对中国形象的整体认知。在这次调研中，笔者采访了不少加拿大人，并从他们口中了解到不少加拿大人对中国的看法。在采访中，不少加拿大人表示他们主要是通过网络和电视来了解中国，而且他们也认为许多关于中国的报道都是听西方媒体怎么说，没有更多地听到中国自己的声音。在采访的过程中，许多受访者表示对中国不甚了解，对中国的认识只是停留在表面。当问及北京奥运会对中国形象的影响时，大部分受访者表示，北京奥运会对中国国家形象的传播有着积极的促进作用，如传播了和谐理念等。在派发问卷的时候，问卷中有一项要求受访者根据对中国的整体印象，采用打分的方式反映对中国的好感度。从下页图中的数据来看，仅有 11.0% 的人打分在 4 分及以下，有 43.0% 的人打分偏高（7 分及以上），选择分数靠中间的占 46.0%（5 分 22.7%，6 分 23.3%）。这说明加拿大人对中国整体好感度较高，中国整体形象较好。

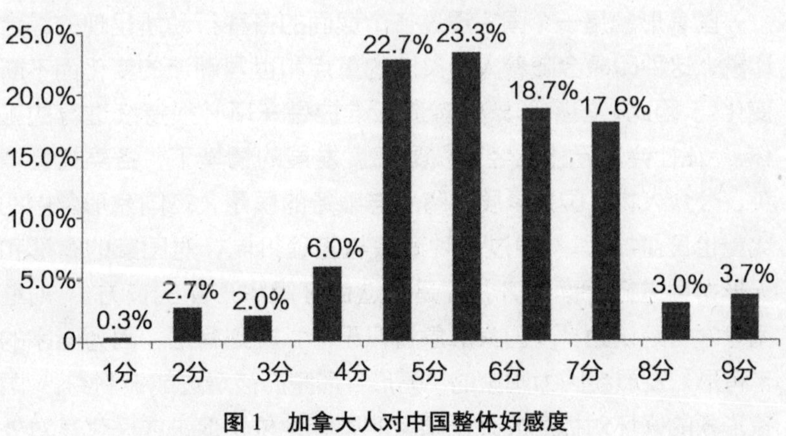

图 1　加拿大人对中国整体好感度

这显示虽然加拿大的部分民众对中国有偏见，但这并没有对加拿大民众对中国形象的认知造成很大的影响。这一点在笔者对加拿大民众进行采访的时候也得到了印证，他们大多都表示经

过三十多年的高速发展，中国已经成为全球排名仅次于美国的第二大经济实体，因此大部分加拿大人认为中国事实上已经崛起了，还指出北京奥运会对于提升中国形象产生了很大的积极作用。此外，接受采访的不少年轻人也表示，他们对中国文化感兴趣，是出于对中华文化的好奇或者热爱。这显示了加拿大人对中国形象的整体评价是比较高的，但是这其中也存在一些问题。如很多人接受采访谈及中国时，对中国的政治认同度普遍不高，误认为中国是一个无人权的国家；加拿大人对中国生产的商品如食物的看法非常负面。高达78%的人认为中国生产的食品质量差，高达69%的人认为中国制造的工业产品质量不高。此外，在对国家的看法上，年轻人与老年人存在着相当大的分歧，中年（35~44岁）和老年（64岁以上）人群在对中国好感度上的评分都在7分及7分以上，高于年轻人群体。但年青一代加拿大人观念上更倾向于平等，比起前几年，他们对中国有更多正面的看法。其中也有一些被采访的加拿大人对中国有爱恨交加的矛盾心态。接受采访的一位加拿大人这样说："我认为加拿大应该成为中国可持续发展的合作伙伴，但可惜的是，双方存在一个无法相互信任的问题。"而不了解中国的加拿大人大都持消极的看法，因为他们片面认为中国对世界和平构成威胁。这些都会对中国国家形象造成一定的负面影响，需要引起我们的密切关注。

三、国家形象与国家软实力的提升

国家形象是一个国家通过各个层面的各种行动所呈现的综合印象，这种印象会随着人们关注的重点和世界潮流的变化而不断变化。因此，国家形象的塑造和维护是一项必须持续进行的工作。在社会多元化及经济贸易高度发展的情境下，各类社会精英、公众人物、国民素质、商品与服务的质量，在国家形象中的比重也日益加大。通过各种政策与管理机制，对国家的有形和无形力量进行全面提升，才是塑造良好国家形象的良方。刘继南等学者则认为："国家形象看似无形，实则有形，因为国家的'有形'发展会因为国家的'无形'形象而被增进或被制约。国家形象的好坏对提高或降低国家的国际地位，促进或恶化其对外关系起着重要的作用。"刘明则认为，获得世界上多数国家所认同的"正面形象"是建立国家品牌的先决条件，也是一个国家走向国际舞台的"特别通行证"，并且也是在国际互动中的"特殊的润滑剂"和处理国际事务时必须占据的"道德高地"。这正是活跃在国际舞台上的世界各国，特别是各个大国，都不断努力为自己塑造良好的国家形象，让自己更为国际社会所接纳的原因。而这也正是约瑟夫·奈认为“权力来自魅力”的原因，而国家形象正是国家魅力的来源。此外，在全面提升国家形象之前必须认清国家形象与国家软实力之间的关系及国家软实力的意义。国家软实力的意义与功能就是“说服”和“同化”。要发挥这个功能，就必须先赢得他人的“信任”与“尊敬”。因为唯有在“互信”和“互敬”的环境中，才有可能达成“说服”和“同化”的目标。换言之，无论自己的主张和行动有多饱含善意，如果被他人进行负面解读，被视为一种干涉、压迫、掠夺或占有的阴谋，那么这些主张和行动就注定失败。在这种充满疑虑的情境中，是没有说服或同化对方的希望的，因此，良好国家形象的塑造是发挥国家软实力的前提。

这些年，中国政府采取的一系列输出中国文化的举措还没有见到真正效果，反而引起了西方的警惕和反对。有西方市民反对在当地建立孔子学院，中国传媒发起的海外攻势也遭到非难。有人认为，树立国家形象只需说明中国实际情况即可。笔者则认为，加强对外宣传固然重要，但这只是一个方面，仅仅说明中国实际情况并不一定有助于改善国家形象，必须下决心转变观念与思维，切实解决存在的问题。

全球化进程的加快推动世界进入以形象制胜的时代，各国都把国家形象战略作为全盘规划中的重要任务。虽然目前中国的国家形象在北京奥运会之后得到了一定的提升，但是我们必须注意到国家形象的变化是非常迅速的，一个小细节的处理不当便会有损国家形象。而且在这样一个注重国家形象的时代，中国如果不想方设法稳定乃至提升目前的国家形象及增强吸引力，那么在未来发展的道路上将会举步维艰。中国改革开放三十多年，持续的经济高速增长使中国国际影响力迅速扩大，但中国在文化与传媒领域的软实力大大落后于经济的发展，因此，国家软实力蕴藏着极大的提升空间。我们还要看到，通过外交、经贸、传播、文化与教育向世界展现出来的中国国家形象，虽然总体上是一个迅速崛起和现代化的大国的正面形象，但中国同时还展示了一个极为复杂、矛盾、不确定的国家形象，对此必须有一个基本认识。而且国家软实力是国家形象得以塑造的重要基础，因此，为了更好地提升国家形象，中国应该做到以下几点：

（一）认识和利用国际主流媒体，国内媒体变被动为主动

当代中国国家形象的塑造不仅仅依靠国外媒体在国际社会的宣传报道，还需要国内媒体及时、迅速、完整地将第一手资料输送到国际社会供公众参考。首先，媒体的报道讲求时效性，这就要求中国各大媒体在遇到公共性突发事件的时候，必须在第一时间进行相关报道，及时将事件的来龙去脉公之于众，以免给他人抹黑中国国家形象的机会；其次，我们需要了解国际传媒发展和运作的规则，在以事实说话的同时，还要注意不同的政治和文化语境，以国外受众能体会和理解的语言来说话。近年来，国际、国内媒体给公众造成一种普遍的印象，即全世界都在关注中国的发展，中国正在走向世界政治的中心舞台，成为聚光灯下的焦点。但仅靠外国媒体、政治家和学术精英的言论，并不能完整地了解国际社会对中国的认知。国外大多数民众对中国既缺乏了解的渠道，也缺乏亲自深入了解的兴趣。这种状况使得普通民众易于被西方媒体和政客所影响和利用。大多数外国人对中国看起来茫然无知，但当某种特殊刺激出现的时候，他们头脑中关于中国的模糊印象会被唤醒，形成情绪化且强烈、持久的中国观。这种刺激可能是报纸上关于中国产品质量的报道，也可能是电视上全力抢救地震伤员的中国军人，甚至有可能是在街头遇见的一个中国游客，或者突然到他们的小镇上开设商店、矿厂的中国商人。这个时候，点就会替代面，一个人会感染一群人。一个普通的中国留学生、游客或者商人，在不经意间，就会给一群对中国无所了解的外国人留下深刻的印象。就像在一张白纸上滴下墨汁一样，哪怕只是小小的一滴，都可能集中了那个外国人对中国全部的目光。在现代大众政治之下，这些民众有可能成为决定未来中国形象和中外关系的关键力量。此外，我们还要主动与各种外媒进行沟通和交流，让外国人从更多渠道获得中国的相关信息，让外国人听到中国的声音，这样他们对中国国家形象的认知也会更加客观。在报道机制上，我们应该改变传统的宣传或推广模式，在坚持主体性的同时，也应尝试更多地站在海外受众的角度，了解他们对中国知识的需求，做到有的放矢。比起通常所说的“推广中国文化”，强调中外文化的双向交流以及孔子学院在其中的作用往往能取得更好的效果，因为前者是单向进程，而后者是双向交流。

（二）积极参与国际事务，加强民间交流

随着中国综合国力的逐步提升，许多国家都发现一个现象：在国际事务中，如果没有中国的参与，许多事情根本无法得到良好的解决。对此，中国应该抓住机遇，进一步加深与国际社会的交往，认识到参与解决国际事务和国际争端的重要性，并且积极地投身其中，以实际行动塑造负责任的大国形象。著名的“软实力”概念的提出者约瑟夫·奈曾说过：“以挪威为例，挪威虽然只有500万人口，却大力投入一系列海外援助计划，并积极参与许多国际维和任务，这使得挪威拥有了超出其经济和军事实力的影响力。”挪威所定位的价值观为他国所认同，从而增强了挪威的软实力，提升了国家形象。通过积极地与国际社会交流，中国可以更加有效地传播自己的文化和价值观，使得国际社会可以深入了解中国的文化和价值观，从而得到国际社会的进一步认同，达成塑造负责任大国形象的目的。

除了在传媒上凸显当代中国外，中国民众也是国家形象塑造过程的主体之一。在资讯闭塞和改革开放之前，很多外国人只能通过当地的唐人街和海外华人间接地了解中国和中国人。随着中国人以旅游、学习和工作等方式大规模地走出国门，以及外国访华游客的日益增多，每个民众的行为都在塑造着国家形象。我们在采访安大略省旅游、文化和体育厅厅长陈国治时，他说：“截至2010年，安大略省接待了约九万的中国游客，现在游客数量翻倍增长。”此外，2013年2月，中国著名相声演员姜昆应加拿大安大略省政府邀请出任该省旅游文化形象大使，陈厅长在多伦多向姜昆颁发了聘书。他说，姜昆为中国的文化事业发展做出了很大贡献，在中国家喻户晓。同时，中国人最熟悉的加拿大人之一——大山是姜昆的徒弟，现居住在多伦多。所以，姜昆是向中国人民介绍安大略省旅游文化资源的合适人选。可以说由有一定知名度的中国艺术家担任两国旅游文化的宣传大使，更有利于中加两国的文化交流。

2006年，国家有关部门颁布了《中国公民出境旅游文明行为指南》，然而个别中国人大声喧哗、不排队、在非吸烟处“吞云吐雾”等现象仍时有发生。当然，杜绝这类不文明行为的最终目的不是给外国人看，而是为了建立一个文明、和谐与自信的中国社会。因此，从国内做起，在实现社会公平、提升人民生活水平和社会文明程度的同时，从每一个细节塑造中国的国家形象。我国的每一位出国旅游者、每一位访问学者或学生、每一位商人等，都是中国形象的代表。他们行为得当，对于中国国家形象来说，是大有裨益的。毕竟多一分了解，才能少一分误解。

（三）输出中国文化产品，学习国外传播文化的经验

熊猫、中医、京剧、功夫，这些代表中国形象的词汇早已为国际社会所耳熟能详，但是如果每次看到的东西都是一成不变的，没有任何的创新元素，人会视觉疲劳的。著名的中国问题的研究专家乔舒亚·库珀·雷默这样评价中国的传统文化产品："世界知道中国有多古老，无须再去强调。真正需要的只是以简单的方式去了解今天的中国正在发生什么。"在备受期待的北京奥运会开幕式上，中国将其辉煌的古老文化展现在世人的面前，让人赞叹不已，同时也让人略带遗憾地感慨，其中能够体现中国现代文化元素的东西实在太少了，忽略了中国现代文化发展的成果。当然，呼唤中国现代创新文化元素并不是对传统文化的全盘推翻和否定。但如果只是一味沉迷在中国的古老文化之中，中国的现代文化是不会取得进步的。在此次深度访谈中我们发现，很多没来过中国也很少接触媒体的外国人眼中的中国与现实偏差极大，极易被电影所误导，如《卧虎藏龙》《末代皇帝》等，这些电影既不能反映真实的中国历史，也不能代表现在的中国，这极易给外国人塑造一种不真实的中国国家形象。因此中国应该对传统文化进行改造，添加现代文化元素，实现传统文化和现代文化的完美结合，提高中国文化的吸引力，进而提升中国国家形象。

此外，为了更好地传播中国文化，中国应该学习西方国家向海外传播文化的经验，在传播文化的过程中，尊重外国人的学习习惯，而不是一味地限定传播内容，用中国思维来指导外国人。尊重他国人民的思维方式，或许会收到意想不到的效果。

（四）增加投入国家形象广告，让中国国家形象生动起来

一百年前，英国小说家道格拉斯说过一句话：透过广告可以发现一个国家的理想。那么国家形象广告则对国家理想的表现更具针对性、对国家良好形象的塑造更具推动性。在全球化背景下，当下的中国和世界上许多国家一样正在经历着一次空前激烈、异常深刻的社会转型，而国家形象广告则能及时地、正面地、目的明确地告诉外国友人：我们的国家此刻是什么样子。中国曾于2008 年、2009 年在美国纽约时报广场先后播过《人物篇》《中国制造、世界合作》等国家形象广告，从向世界展示中国人美丽热情的面孔，再到向世界伸出热情合作的手，潜移默化地向世人展现了中国正在和平崛起，对时下的中国威胁论给予了侧面的反击，对向海外正面宣传中国起了积极的作用。其实，国家形象广告是公共外交的重要手段之一。公共外交，是指政府外交以外的各种国际交往形式，公共外交的主要任务是运用各种现代传播手段，向世界介绍本国国情、解释本国政府的政策与观点，消除他国公众可能存在的误解；通过展示本国文化和价值观，积极影响他国公众对本国的认知，提升国家的形象和增强影响力，以维护本国的根本利益。多投放国家形象广告，是主动在更高层次与外国友人交流，无形中也体现了中国的大国气质。同时也有益于中国的正面国家形象的塑造。另外，中国国家形象广告更是一种长期投资。中国在国外增加国家形象广告，是国家主动、系统营销中国文化的良好表现。只有把中国文化营销到外国去，才能更好地应对在经济全球化背景下，英、美、日、韩等文化强国对中国的文化侵略，让中外文化拥有平等交流的机会，促进中国文化强国形象的建立与发展。

（五）注重企业在国家形象塑造方面的作用

企业品牌和国家形象是一荣俱荣、一损俱损的关系。对于企业来说，在激烈的国际市场竞争中，国家形象是企业的“公共产品”，良好的国家形象为企业的海外发展提供重要支撑。而反过来说，企业形象是国家形象的重要影响因素，也是国家软实力的重要组成部分。此外，企业在公共外交方面具有不可替代的特殊作用。世界上大多数民众对中国并不关心，其背后的原因是中国和大多数外国民众的生活没有直接关系。在这种情况下，以任何传播方式向“不关心中国的大多数人”宣传中国，其效果都是非常有限的。只有随着中国企业走出去，才能让“不关心中国的大多数中国人”与中国利益相融、相关，使中国企业活动渗透到对象国普通大众生活的方方面面。跨国企业产品的生产销售、人员的涉外交往、企业文化所折射出的国家文化都会影响外国民众对于中国国家形象的认知。国家要把企业的国际品牌形象塑造纳入公共外交的顶层设计，企业也要把维护国家形象、传播中国文化作为企业品牌树立和企业文化建设的重要基石，只有企业、政府和智库机构相互协调配合，公共外交才能更好地开展。

（作者单位：暨南大学新闻与传播学院）

参考文献：

[1] William Metcalfe. *Understanding Canada*. New York: New York University Press, 1982.

[2] 刘继南等. 国际传播与国家形象——国际关系的新视觉. 北京：北京广播学院出版社，2002.

[3] 刘明. 当代中国国家形象定位与传播. 北京：外文出版社，2007.

[4] 王思齐. 国家软实力的模式建构——从传播视角进行的战略思考. 杭州：浙江大学出版社，2013.

[5] 王希怡，蒋林. 美国前助理国务卿、“软实力”概念首创者约瑟夫·奈：中美彼此增加吸引力可减少误会. 广州日报，http://gzdaily.dayoo.com/html/2010-12/30/content_1229280.htm，2010-12-30.

[6] [美]乔舒亚·库珀·雷默等. 中国形象：外国学者眼里的中国. 沈晓雷等译. 北京：社会科学文献出版社，2008.

[7] 陈昊苏. 加强公共外交　提升国家形象. 对外大传播，2009（12）.

华人
政治

加拿大华人参政渐入佳境

■张　维（Zhang Wei）

据2012年加拿大人口统计资料显示，加拿大目前的亚裔总人口达到了221.2万，是加拿大人口最多的少数族裔。其中，华人（包括大陆、香港和台湾）人口在亚裔人口中所占的比例最大，约占61.7%，即1 364 215人。随着人口的快速增长，受教育程度不断提高，加拿大华人的参政意识也日渐觉醒。从历史脉络来看，虽然华人移民史很长，但参政史却相对短暂。这短暂的57年华人参政史，也是华人从加拿大政治社会的边缘走向核心的历史。

一、华人政治地位变迁

据明确历史记载，第一批华人移民移居加拿大的时间可以追溯到1858年，距今已经有150多年的历史。早期华人移民在加拿大居功甚伟，却遭受了诸多磨难。

1880年，加拿大开始建造太平洋铁路。上万名华工背井离乡来到北美洲这片陌生的土地，在极其恶劣的环境下参与建造太平洋铁路，并于1885年11月修筑完成。在这项艰巨又浩大的工程中，牺牲了诸多华人劳工。有研究统计，平均每公里铁路线就埋葬着一位筑路华工的英魂。

1885年，大约9 000名华人劳工修筑完加拿大太平洋铁路最后一段后，加拿大联邦政府为了限制华人入境，做出了对华人征收人头税（Head Tax）的决定，每名征收50加元，逐年递增，到1904年，税额已经增加到1885年的10倍，相当于华工两年的工资，这让早期华人移民生活维艰。随后，一些华人劳工的家属不堪生活重压，返回中国。

有资料显示，1887年温哥华曾发生历史上首次排华大暴动。1923年7月1日，加拿大联邦政府《1923年华人移民法案》通过并施行，规定除商人、外交官员、留学生和“特别个案”四类以外的华人都不可以进入加拿大，该法案实施的 24 年时间内，只有 20 多名华人移民加拿大。这让当时回国生活的华工家属再也不能踏上加拿大国土，这一代华人劳工家庭分隔两地的状况持续了 24 年。

这是加拿大华人历史上最悲惨和最艰难的时刻。“这样的排华法案几乎隔断了一代华人家庭”，万锦市市议员何胡景说。1987 年，何胡景从香港移民到加拿大，当年的排华法案对他的影响太深了。“如果当年国会里面有一个华人议员，能够发出一点反对的声音，都不至于出现这样的悲剧”，他决定参政，“为了自己，更是为了下一代”。

鉴于“二战”中华人参军为加拿大立下了汗马功劳，加拿大政府迫于压力，于 1947 年 5 月 14 日废除施行了长达 24 年的排华法案，华人有了投票权和参选权。但直到 1967 年加拿大联邦政府才开放移民政策，华人才能以“独立移民”的身份进入加拿大。同时，华人开始享有和其他国家申请者一样平等移居加拿大的权利。

而华人社会政治地位彻底改变，则要追溯到 1971 年 10 月，皮埃尔 · 特鲁多政府推行的“双语框架内的多元文化政策”（即多元文化政策）。该政策力求平等对待各民族，华人地位在该政策的实施过程中悄然提高。

二、华人开始走出边缘

华人走上加拿大政治舞台，并非多元文化政策施行以后的事情。早在 1957 年，潘协华和郑天华就先后当选阿尔伯塔省斯戴特（Stettler）市市议员和加拿大国会议员，揭开了华人参政的序幕，这也成为加拿大华人移民史上的重要转折点。以 1957 年为起点，华人参政迄今已近 60 年的历史。

两位华人同年登上政坛，并不意味着华人在加拿大参政的时机已经成熟，华人的参政意识已经很强。他们两人的成功当选，与其归因于社会背景，不如归结于个人际遇。以郑天华为例，他在太平洋战争中曾加入加拿大陆军，并取得官衔。战后，郑天华入读不列颠哥伦比亚大学，1953 年取得文学学士及法学学士双学位，1954 年取得不列颠哥伦比亚省律师牌照。从其履历来看，他具有不亚于白人的参政背景。

有学者曾做过统计，从排华法案废除的 1947 年到潘协华和郑天华成功当选的前一年，在这近十年的时间里，没有一个华人通过参选进入加拿大三级民意机构和政府。

在当时的社会背景下，华人尚未在新的环境站稳脚跟，参政的热情并不高，参党参政的人数少，少有的敢于吃螃蟹的华人参选者也屡次遭遇“滑铁卢”。华人移民对政治的关注度、认识程度不高，选举投票率偏低。即使是在潘协华和郑天华竞选成功后三十多年的时间里，这种状况也未得到改观。

据学者万晓宏统计，在20世纪80年代之前，通过选举担任国会众议员的华人有郑天华（保守党）和李侨栋（自由党）；以委任方式担任联邦政府官员的有：郑天华被委任为加拿大驻联合国代表团首席法律顾问，黄景培1964年被委任为加拿大联邦政府卫生部部长助理。在省市一级，华人以政府委任方式担任政府官员的相对较多：1964—1968年，刘光英被委任为多伦多市教育局高级官员；1967年，林志超被委任为安大略省税务财政预算主任；1972年，彭以德被委任为大多伦多地区交通部电脑维修部主任。

不过，从20世纪80年代开始，大批香港人移民加拿大。正是在那个年代，和陈国治、何胡景、陈志辉一样的香港移民开始加入加拿大的主要政党、积极参与社区活动和做义工，为之后的参政铺路。

据广东省侨办赴加拿大调研团的不完全统计显示，在20世纪90年代以前各级政府中华人参政人数仅有20人，20世纪90年代至调研时的2003年已经有40多人，为前者的两倍多。而在2003年之后的时间里，华人参政的数量几乎呈现几何级的增长，华人在加拿大政坛的活跃程度也有了显著的提高。

三、参政热潮方兴未艾

从20世纪80年代末、90年代初开始，华人参政呈现出欣欣向荣之势。有学者将原因归结于生活的安定、与主流社会的融合、对政治认识的加深以及公民意识与参政意识的增强。

据相关数据，1957年至2011年，通过选举成功担任加拿大联邦国会议员的华人一共有31人，而20世纪90年代以后当选的有29人次。而在地方一级，竞选成功的比例也明显提高。例如在1994年多伦多市市选中，有33位华人参选，其中10人胜出，成功率已经达到三成；2006年安大略省省选中，大多伦多地区有44位华裔候选人参选，最终也是10人胜出。随后几年，在各级选举中华人参选的数量都有所增加。

媒体一度对大陆华人形成的刻板印象是：早期的广东、福建等地移民由于种种局限，忙于维持生计，再加之语言和文化背景的差异，不了解西方社会的政治运作而很少涉足政治。

这种状况确实存在了很长一段时间，但也在2000年左右开始发生改观。2000年国会选举中，出现了首位大陆新移民候选人戴为群。在此后的2003年多伦多市市选中，26岁的董晗鹏参选多伦多市第20选区教育委员，得票5 300多张；28岁的杨天明竞选多伦多市第41选区市议员，得票超过3 000张；首次参选多伦多市市议员的曲涛得票1 300多张，得票率超过了三分之二。这些大陆参选者虽然都未竞选成功，但其积极参选的行为也开辟了港台华人和大陆华人共同参政的新局面。

2006年，大多伦多地区也有三位大陆华人参选，但均以失败告终。同年当选的香港背景参选者何胡景认为原因在于“大陆参选人不做义工，做事喜欢斤斤计较，没有奉献精神，而且英语也不好”。但来自北京的落选者史毅敏认为“大陆人参政的时机还没有到”。

随着参选热潮一起到来的是华人政治热情的提高，或者说这两者本身互为因果，最集中的表现是投票率的提高。温哥华市1996年、1999年和2002年的华人投票率呈现出25%、39%和45%的上升趋势，可见华人对政治的关注度和热情在不断提高。而根据加拿大选举事务局的统计，2006年联邦大选华人的投票率已经达到了65%。有加拿大媒体对华人近年来参与的联邦和省一级选举做了粗略统计，结果显示具有公民身份的华人投票率为六成，与当地公民的平均投票率65%相当接近。这些都可以说明媒体对华人参政冷漠的刻板印象是不够公允的，华人的参政热情相较20世纪已经有了明显的改观。

华人群体出现这种变化与华人参政社团的宣传不无关系。据不完全统计，加拿大有大量类似于大多伦多华人进步保守党、全加拿大华人协进会、加拿大华人参政会这样的团体为推动华人参政做出了重要贡献。以非营利组织“公民动力”（Civic Engagement Canada，简称CEC）为例，每到联邦大选或省选前夕都会举办类似“省选关你事”的宣传活动，借由一系列的民意调查和讲座、论坛之类活动的举办，鼓励华人在投票日踊跃参与投票。

但对2007年成功当选万锦市市议员并连任至今的陈国治来说，华人参政热情高涨的原因在于华文媒体的大力宣传。“媒体的报道让大家了解了更多的政党政治运作的机制，并且鼓励大家参与投票。”华文媒体在华人参政中所起的作用确实不容小觑。以 2014 年为例，各大媒体纷纷向国内喊话：“联邦安省多伦多三大选举盼 30 万华裔公民返加投票。”华人参政同盟主席陆炳雄就曾表示：“目前在市选、省选乃至联邦大选中，候选人之间有时差距仅数百票、数千票，如海外近 30 万的华裔加拿大公民都能有行使选举权的认识与认知，便能在三级政府选举时，发挥关键的影响力。”

当地时间 2014 年 6 月 12 日，首位大陆背景华人董晗鹏成功当选安大略省省议员，这开了大陆背景华人成功当选的先河。而这也将激励更多的华人参政议政，以实际行动为自己代言、为自己的族裔代言。

（作者单位：暨南大学新闻与传播学院）

参考文献：

［1］丁果，贾葆衡．郑天华与加拿大华人参政的先声．上海师范大学学报（哲学社会科学版），2013，42（4）：122～128.

［2］万晓宏．当代加拿大华人参政分析．世界民族，2011（4）：56～65.

［3］广东省侨办赴加拿大调研团．参政参党　方兴未艾——加拿大华人参政情况浅析．侨务工作研究，http://qwgzyj. gqb. gov. cn/hwzh/117/605. shtml，2014－08－08.

多伦多大陆华人的政治参与“训练”

■张　维（Zhang Wei）

2014 年 6 月 12 日晚 11 时，位于加拿大多伦多中区华埠 Beverly街 206 号的一栋灰色建筑里，来自上海的 37 岁自由党候选人董晗鹏站在讲台上发表了简短的成功竞选致辞。他以 26 569 票的成绩大胜老牌新民主党议员，成为安大略省首位大陆背景省议员。

八年前的 11 月 24 日晚 6 点 30 分，在士嘉堡的红宝石酒楼，来自北京的史毅敏也发表了答谢致辞，他说：“选举结束了。对我来说，一个新的、漫长的旅程，一个为华裔同胞、为我们社区服务的旅程才刚刚开始。”他以 926 票在多伦多第 41 选区区议员竞选中落败。那一年，同时败北的还有来自山西的卢山和来自江西的洛浩津。

加拿大华人参政史虽可以追溯到半个世纪前，但加拿大政坛上活跃的华人几乎都是港台背景。更多大陆背景的参选者，人到中年才开始参加选举，却始终未能如愿。“正心、修身、齐家、治国、平天下”是中国传统知识分子的人生理想，却最终在“齐家”画上了休止符。

一、为了庄严的一票

跟随 1995 年开始的大陆移民潮，1997 年，34 岁的史毅敏技术移民定居多伦多士嘉堡区。毕业于中国科学技术大学化工专业的他对西方的民主充满希冀：“天边的风景总是十分美丽，多少都会把它想象成乌托邦一样的世界。”他觉得，民主就是自由的意志，有权表达自己的想法，用选票选择什么样的政府为你服务。

初来乍到，还没有拿到投票权的史毅敏已经跃跃欲试，尽管他刚刚才知道加拿大有三个而不是两个主要政党。一有和老华侨吃饭的机会特别是华商会活动，他就抓紧一切机会向前辈请教。“你为什么支持这个党，你跟我讲讲”几乎成了那个时期他的口头禅。

和史毅敏同时期来到加拿大的大陆移民，那个时候更关心家庭和生计，对政治似乎并不热心。加拿大统计局公布的一份报告显示，2000 年联邦大选中，受访的 373 位有投票权的大陆新移民中有 263 人投票，投票率为 70.5%，落后于印度、菲律宾等国家，位列倒数第二。

2002 年入籍带来的第一项福利就是投票权。“当时我真的很激动，手里终于拥有了一张选票，我真的希望严肃认真地投下这庄严的一票。”史毅敏说。

于是，他开始了更系统的学习。

2002 年在一次华商会活动上，史毅敏向时任华商会会长的梁中心请教：“您能不能跟我说说每个政党是怎么回事？”梁中心爽快地答应：“好啊，你给我发邮件吧。”活动一结束，史毅敏马上跑回家给梁中心发了邮件。很快，史毅敏得到回复，梁中心告诉他要了解这几个政党的政纲分别要去哪些网站上看。在梁中心的指导下，史毅敏了解了三大政党的政纲：新民主党主张刺激就业、改善收支状况；保守党主张降低税率、削减支出和平衡预算；自由党则更关注交通运输与基础建设等方面。2011 年，梁中心成功当选国会议员，两人再次碰面，梁中心全然不记得这件事，但对史毅敏来说，却是一次难忘的启蒙。

史毅敏还花费了大量的时间去翻看加拿大历史，主动去了解这个国家的政治形势和政治发展过程。加拿大过去近一百五十年的历史中，很长一段时期对华人并不友善，政府甚至通过设立“人头税”和“排华法案”来限制华裔移民加拿大，尽管 1947 年取消了排华法案，但这种政策造成的危害，却影响了整整一代华人。涉猎历史后，他更喜欢当年特鲁多推行的多元文化政策，“正是当年联邦政府对追求更好生活的少数族裔敞开怀抱，才有了多元的加拿大”。

新闻也变成了活教材，“在新闻上看到某个政党出台了一个政策，我就会去想它为什么会推行这个政策，合理不合理，会怎样影响到身边的人”。

“去医院看病动辄就要等六个小时，这让我觉得安大略省保守党政府对民众服务的忽视达到了难以忍受的程度。”2003 年安大略省省选前，史毅敏想通过投票把当时执政的保守党赶下台。

于是，在省选投票日，他把票投给了自由党，那是史毅敏人生中第一次投票。恰好这一年省选，保守党落败，史毅敏支持的自由党上台。“省政府的工作立刻有了变化”，史毅敏有些骄傲，他第一次用选票改变了生活。“政治还是可以改变人们的生活的。”他说。不过，不久后他发现，其实自由党也没有他想象中那么完美，比如，“自由党上台第一天，之前许下的诺言就已经失信”。

二、游戏规则

董晗鹏 13 岁随父母移民到多伦多，1996 年在暑期打工时认识了资深的自由党人罗捷克。罗捷克经常向他介绍自由党人的理念，这点燃了董晗鹏内心对政治的热情，19 岁就早早加入了自由党。母亲却一直劝他找一份正经工作，母亲本身是个传统的人，大陆的生活经历也让她对政治有着天然的排斥感，“和其他族裔相比，来自大陆的老一辈不鼓励孩子接触政治”。

2003 年，受朋友鼓励，在自由党待了四年的董晗鹏参加多伦多士嘉堡区教育委员竞选，不过以 5 300 多票落败，但在当时看来已经是不俗的成绩。十五年前的一天，在上海市乌鲁木齐南路小学四年级的课堂上，班主任王雪芬老师提议让董晗鹏从小队长升任大队长，遭到了全班大多数同学的反对。劳动委员不但反对，还趴在桌子上哭了。倍感尴尬的董晗鹏主动跟老师说：“不要考虑我了。”但这次真正意义上的落选，却丝毫未打击到他。

不久之后，另一个机会接踵而至，联邦自由党政府中担任国际合作部部长的 Maria Minna 向董晗鹏发出邀请，请他去她的办公室做助理，帮助上门求助的居民解决问题。他的大陆背景，正好可以协助 Minna 和说中文的居民沟通，同时还可以做一些翻译工作。2005 年，他又担任安大略省资深议员 Jerry Philips 的助理和安大略省管理委员会主席办公室职员，负责协调省议员、居民等各方关系。在这个时候，他才发现小学时班主任写给他的评语“董晗鹏有个缺点，爱狡辩，爱辩论”并不完全是负面的，在不同的社会环境中，“缺点”也会发生转化。

与 19 岁就加入自由党的董晗鹏相比，史毅敏没有任何政党背景，参与政治的机会也就少了很多。入籍后，对民主的好奇和热情几乎激活了史毅敏身上的每一个细胞，2003 年，他主动加入华裔参选人黄志华的竞选队伍，主要工作是把英文的宣传文稿翻译成符合大陆阅读习惯的中文材料，这对从小受中国传统文化深刻影响、文笔又优美的他来说如鱼得水。2004 年和 2005 年的联邦大选，他又投身邹至蕙的助选队伍，除了文宣工作，他还参与了接访、插牌、翻译、拉票等环节。他说：“这些工作让我了解了民主的一些技术性细节。”

2006 年多伦多市市选临近，中国传统文化中“士不可以不弘毅”的理念激励着史毅敏，“（市选）越临近这种感觉越强烈”。于是，在离市选不到两个月的时候，他决定竞选多伦多第 41 选区区议员。

同年，卢山和洛浩津也做了相同的决定。此前，加拿大历史上第一位大陆背景候选人戴为群 2000 年参选国会议员以落选告终；2003 年多伦多市市选，大陆背景候选人曲涛也遭遇“滑铁卢”。

自华人 20 世纪 80 年代为建造太平洋铁路移居到加拿大已经有百年历史，但华人参政的序幕则始于 1957 年潘协华当选阿尔伯塔省斯戴特市市议员。随后背景均为香港、台湾或者土生华人的伍冰枝、林思奇等华裔名人纷纷登上加拿大政坛，大陆新移民直到 2000 年才崭露头角。

这次，史毅敏的决定下得有些仓促，“很早就在犹豫要不要参选，直到临近才下定决心”。当时已经在多伦多居住十六年的卢山则认为，初来乍到，关心更多的是家庭，等到生活稳定，就想要为社区做点事情。而恰好，大家都选择 2006 年这个时间点。他说：“来到这里大家一起成长，参选是水到渠成的事情。”

决定参选后，史毅敏找到了当年一起参加辅选的义工，迅速组成了大约 10 人的竞选团队。仿照之前辅选的模式，制定政纲、组织义工、培训义工、举行拉票活动、登门拜票……甚至到选举结束后的筹款答谢晚宴，都搞得像模像样。

不过，结果很快出炉，三位大陆背景参选者全部落选。史毅敏意识到，竞选里面有复杂的社会因素，不是理念正确就会得到选民支持。“政党、工会、宗教社团这三类竞选机器我一个都没有，只能靠自己了。当时过于天真、迷信自己政纲的力量，觉得自己看出了这个社区的问题，民众就会投我一票，事实并不完全是这样。”他说。

落选后的卢山很乐观，他称以后还会参选并推广自己的理念。“虽然以 614 票落败，但毕竟自己的口号已经为几百人所认同，这些可以作为意见传达给当选的议员，也可以让他们知道我们这个族群的想法。”他说。

在2006年的时代背景下，大陆背景的华人在华裔社区里还是相对年轻的族裔，有的还没入籍，有的入籍了但对政治并不了解，这让争取大陆移民的选票难上加难。史毅敏觉得三位大陆背景候选人的失败几乎是必然的，“大陆移民的根基还不够深，选民对你不信任或者觉得你民主训练不够都是可能的”。董晗鹏却觉得，全军覆没主要在于“政治组织经验不足”。

同年在万锦市第4选区竞选议员，以5票之差落败的何胡景则有不同的想法，1987年他从香港移民多伦多，九年后就开始在社区做义工，做满十年义工才出来竞选。他觉得，大陆背景参选者失败的原因在于“不做义工，做事喜欢斤斤计较，没有奉献精神，而且英语也不好”。

三、政治参与还须补课

在史毅敏拜票的过程中，一位来自大陆的陈先生主动给他打电话说：“我们家的4张选票都投给你。我们家的房子在面对Sheppard大街的路口，对所有要求放置竞选标牌的候选人，我们都说不行，就是要给你留着位置，等你的竞选标牌放在这里。”虽然最终竞选失败，史毅敏仍感动于这份人情。

人情在洛浩津这里却一点也不管用。他上门拜票不止一次遇到华人冷漠相待。有的说：“我已经有了一个很好的生活环境，不需要政治，也没有时间去投票。”也有的说：“让我去投票可以，但去投票要请假，起码几个小时，没钱赚，如果你能把我损失的钱补上，我就去。”据2006年市选统计数据，在洛浩津竞选的万锦市第七选区，印度裔选民投票率为70%，而华裔选民的投票率仅为7%。

大陆背景候选人的多舛命运，丝毫没有影响到政坛新星董晗鹏。2011年，受当时安大略省移民厅厅长的邀请，董晗鹏去做助理。同年，他担任士嘉堡—爱静阁选区自由党候选人黄素梅的竞选经理，并辅佐她竞选成功。他经历了竞选活动中的每一个步骤，了解了走家串户、敲门拜票、与选民交流等竞选的每一个细节。2013年5月22日，他获得自由党党内提名后，迅速组织起了五百人左右的义工团队。凭借之前积累的经验和人脉，于2014年6月12日顺利当选安大略省省议员。

董晗鹏觉得大陆移民参政可以借鉴的一个路径是：不要仅仅将热情停留在评论层面，应该进一步参加进去，加入每个区的政党，定期去开会，提出自己的政纲，政纲反映到上级政府就可以影响政策。“这在加拿大完全可以做到。加入政党之后，人脉广了，大家知道了你的能力，酝酿一段时间后出来参选，自然会有很多很有能力的人帮你组织。”他说，“我的经历证明，大陆移民可以做到。”

这在史毅敏面前变成了一个悖论。“我不愿加入任何一个政党，想保持独立。如果投身于任何一个政党，他们的理念我又不是完全认同，有些投票都是要昧着良心去投的。”他觉得自己受中国传统“独善其身”的影响太深，也把政治看得太神圣了，不愿意委屈自己去迎合任何一种理念。

董晗鹏成功竞选被媒体称为大陆移民参政的里程碑。但史毅敏觉得，董晗鹏并不具备样本意义，他移民加拿大时才13岁，世界观都是在加拿大形成的。“大陆移民当选的时机还没到，到今天可能还没到。在大陆受教育形成世界观的大陆移民参选并成功当选的，现在还没有看到。但我相信这个时间不远了。”

2006年之后，史毅敏再也没有参选。孩子长大了，他要把更多的时间和精力放在家庭。“从政是一件很占私人时间的事情，和民众接触的很多活动都是在晚上或者周末。”现在史毅敏更愿意打理好自己的生意，陪伴两个儿子健康成长，偶尔作为时事评论员在媒体上对政党政策品头论足，这样“齐家”的生活也乐在其中。至于以后还有没有“治国”的打算，他说：“还没有想好。”

当年落选的卢山虽然没有再参选，但仍定期与社区中关心政事的人士聚会。最近，他刚刚当选华裔参政同盟会主席。可能他还在等待那个时机的到来。

（作者单位：暨南大学新闻与传播学院）

华商
社团

移民社团在加拿大华人新移民身份认同过程中的角色分析

——以多华会为例

■严仪瑾（Yan Yijin）

2012 年 12 月 18 日，由中国与全球化研究中心和北京理工大学法学院联合发布的我国第一部年度国际移民报告——国际人才蓝皮书《中国国际移民报告（2012）》（以下简称“蓝皮书”）显示，中国正在经历第三次大规模的“海外移民潮”，富裕阶层和知识精英正成为新一轮移民的主力军。

蓝皮书显示，2010 年，我国海外华侨华人数量超过 4 500 万，绝对数量居世界第一。2011 年，中国对世界几个主要的移民国家永久性移民数量超过 15 万人，其中移民美国的人数达 87 017人，在中国国际移民总数中排名第一；其次是加拿大、澳大利亚和新西兰。①

加拿大这个具有排名第二的中国移民人数的国家，尽管有着多元文化的包容性，中国新移民在登陆之后仍然被标签化为加拿大人民头脑中固有的形象，在融入加拿大社会的过程中，需要中国人民自身的主动性来去掉标签、消除误解。

一、身份认同的冲突

在全球化的今天，随着科技的进步，交通工具的发展，人们具有自由选择权，移民成了常态，致使全球范围内的人口流动和移民规模越来越大。

据统计，从 1980 年至 2000 年，移居加拿大的华人数量已近

① 陈媛．中国首部年度国际移民报告发布　全面分析移民状况．中国网新闻中心，http：//www.china.com.cn/news/txt/2012－12/17/content_27438165.htm，2012－12－17.

80 万人，占加拿大外来移民总数的 20%；同时，汉语在加拿大已经成为继英语、法语之后的第三大语言。华人虽为少数族群，但其数量和影响力却不容忽视。①

移民热潮掀起后，与之相关的移民问题也凸显出来。移民的物理空间迁移给他们带来了身份认同危机和焦虑感。因为这种连根拔起式的迁移，意味着与传承数代的传统空间隔离，而身份作为一种关系，与土地、亲友网络以至于整个文化息息相关。在迁移过程中，原有的社交网络不断离散，社群文化和规范面临解体，这一切都使移民们感到自我缺失和生存意义的空虚。以加拿大为例，即使华人团体在全球范围内算规模较大的，但是华人个体和群体在与其他个体和群体空前的互动中，也仍然面临着变动、迷乱、离解甚至消失的问题。

对于身份认同，现代建构主义认为，身份是由社会所建构的。他们指出，对人或群体来说，特性的确定性和统一状态不是一种固有的本质，而是通过其在社会环境中不断和他身外的或者未曾预料到的经验相遇，并把这些经验有选择地变为属于自身的东西。因此，身份的获取是一种建构的过程，是在演变中持续和再演变的过程。② 而对于移民来说，这种身份认同冲突和建构的过程，主要凸显在新移民阶段。新移民的定义，一般认为是未拿到加拿大国籍之前的移民，因为加拿大以前的入籍要求是在申请入籍之前四年，申请者要在加拿大居住超过三年，没有任何例外。申请入籍后，可能还要一年左右才能考试，再过两个月左右才宣誓入籍。这个限制性的时间要求，实际上正是新移民过渡为移民的阶段。

新移民作为一个新群体，在加拿大主流社会是边缘群体。不同文化背景的人会形成不同的观念定式、思维定式、价值标准定式及行为方式定式。当一个人从熟悉而固定的文化环境到另一个陌生的文化环境时，常常会由于态度、信仰的差异而出现一定的危机与陌生感，这种现象被称为文化休克。“文化休克”（Culture Shock）这个概念，是由世界著名文化人类学家 Kalvero Oberg 在 1960 年首先提出的。他把这一概念界定为“由于失去了自己熟悉的社会交往信号或符号，对于对方的社会符号不熟

---

① Citizenship and Immigration Canada. *Request for Proposals: Recommendations for the Delivery of ISAP Services to Mandarin Speaking Immigrants from Mainland China*. Toronto: CIC – Ontario Region Settlement Directorate, 2003.

② 陶家俊. 身份认同导论. 外国文学，2004（2）：37 ~44.

悉，而在心理上产生的深度焦虑症”。“文化休克”大体经历四个阶段：蜜月阶段、沮丧（或敌意）阶段、恢复调整阶段和适应阶段。主要来看，新移民的身份冲突也会有这么几个阶段。①

这几个阶段因人而异，但是如多华会所说的，若一个家庭主妇在加拿大五年来都没有接触加拿大社会，那么即使她拿到了加拿大国籍，她还算新移民。新移民要主动地创造和加拿大社会接触的机会，才能顺利地度过这四个时期。

二、身份的磋商和重构

新移民身份的认同，并不是由自我单方面决定的，他必须得到与之相反的“他者”的认可。一方面，这是一个互动的过程，在互动中，行为体将自我身份的定位和对他者的期望赋予对方，他者根据自身的方式做出相应的反应，这种反应又加强了行为体自我对所获得的身份和利益的定位；另一方面，身份是自我认同和他人认可的统一。在一定程度上我们可以认为，他者的认可对于自我身份的形成更为重要。

移民群体在新的居住地为了生存和发展，在新移民阶段会不断地问自己“我过去是谁，现在又是谁”“他人认为我是谁”等一系列有关个体和群体身份的问题。并且在一系列身份认同的冲突之后，开始试图争取主流社会的认可，获取普遍权利，通过与环境和其他人群的不断互动，运用各种身份谈判策略，确立身份标识，重新界定和解释自己的身份，构建与新环境相一致的身份。②

在新移民协调身份的过程中，加入和建立某一群体社团组织，通过自己的社团组织来谋求自我认同和争取主流社会团体的认可是身份磋商的重要策略。③ 对移民来说，建立在地缘关系和血缘关系基础上的社团组织以及由此形成集体意识，是为了在“他乡”维持集体，并通过认识自己和新环境来逐步适应新环境。

多华会作为一个由政府资助的 NGO（非政府组织）慈善机

---

① 罗如春．身份认同问题三论．见钱中文主编．理论创新时代：中国当代文论与审美文化的转型．北京：知识产权出版社，2009. 280 ~ 293.

② 李其荣．新华侨华人的职业结构及其影响因素——美国与加拿大的比较．东南亚研究，2008（2）：72 ~ 79.

③ 俞可平．新移民运动、公民身份与制度变迁：对改革开放以来大规模农民工进城的一种政治学解释．经济社会体制比较，2010（1）：1 ~ 11.

构，主要是为新移民在咨询辅导、英语培训和社区发展等方面提供服务。可以看到，当新移民正视自己身份认同的冲突之后，主动地为融入社会想策略时，社会团体才会显现出它的重要性来。

第一，语言技巧的传授者。移民到了新环境，首先面临的就是语言问题。在采访过程中，多华会谈到了语言问题。语言的掌握，是在加拿大生存下来的基本要求。而即使在国内有过英语学习经验和通过雅思、托福等考试的中国人，在另一个北美国家生活，还是会面临很多沟通上的实际问题。比如语音语调、缩写俚语等，这些都需要在加拿大有意识地经过第二次语言学习才能掌握。另外，语言附带的动作语言等，也是另一国家的习惯，这些都会给新移民带来不少的困惑。多华会这些为新移民提供服务的 NGO，在新移民英语培训上多采取免费政策，并且为了保证上班族也能正常接受教育而提供免费托儿服务。语言工具的掌握，有利于新移民主动接受更多的加拿大本土信息，能从加拿大当地人身上争取到更多的认同，有利于新身份的形成。

但是这种问题也由于移民代际的不同而有所不同，第一代中国移民更多使用母语，其对中国文化语言的持守也更有韧性，内在的中国人身份特性更加突出。但是从第二代移民开始，出生地已不再是第一代移民的祖籍地，他们与所谓的故乡的联系更为模糊，反而已经能够很自然地掌握加拿大本土的语言和习俗。这种趋势表明，地理距离淡化了故乡的意义，随着时间和环境的推移，移民群体将自然而然地弱化自己原有的身份，而构建新的身份。在这个过程中，多华会开办的中文学校，旨在让第二代和第三代移民学习中国文字，保持与故乡的文化联系。①

第二，群体归属感的提供者。正如曾玲所言，社团组织磋商的过程就是要达到两大目标，一是强化宗乡文化认同，二是培育本土意识。

在多华会，对于“乡土情结”的延续和“中国文化”的继承，主要是通过社团定期和不定期的各种活动的组织和举办，以及社团的特定规范来完成的。如多华会谈到的，“2012 年，多华会花了三个月在社区招募到 5 000 名志愿者，共同舞动长达 5.6 公里的万锦中山龙，创造了一项吉尼斯纪录”。这就是一个以舞龙这样带有中国印记的活动，来深化和普及中国文化的例子。另外，瀑布会雄狮活动以及每年一次的“万锦花轿节”，也是为

① 覃明兴. 移民的身份建构研究. 浙江社会科学，2005（1）：86～92.

第一代移民寻找中国文化记忆，为第二代及第三代移民接触中国文化创造机会。

本土意识是一种对迁入地和迁入国的文化上的认同。绝大多数移民社团的活动是围绕移民适应与融入新的文化环境而展开的，多华会也不例外。在掌握语言技巧的同时，“新移民安居服务”也是多华会的服务项目之一。小到办理各种医疗卡、图书卡、获取牛奶金等福利，大到帮助新移民寻找工作、顺利获得合法的法律身份等，这一切都有助于移民文化身份的本土化。

在强化宗乡文化认同和培育本土意识的过程中，我们可以看到，移民在互动中并不总是消极的，在文化本土化的同时，他们也积极地通过对本群体传统风俗和社区历史的阐释来塑造自己的身份。第一代移民在融入加拿大群体之后，始终没有忘记中国文化的内核，并将其融入日常活动。即使是第二代和第三代移民，在第一代移民父母的影响下，基于血缘关系的认同仍扎根于本群体深层意识之中。

第三，权利的争取者。一般意义上，移民社团在身份建构过程中，主要是代表其成员向祖籍国（地）反映意见和要求，并代表其成员与迁入国或所在地建立联系，树立群体的形象，反映群体的呼声，以期得到祖籍国（地）和迁入国（地）的重视、支持和认可。多华会作为 NGO 向政府提出建议十分重要，这是协会向政府汇报人民心声的机会，能申请到更多的资金支持，也能体现出自己为政府做事的价值。比如多华会就多次提出降低进入加拿大的门槛，吸引更多的华人以便促进经济发展。

在与中国政府的沟通中，多华会为了把“加国安居讲座中国行”办得更好，与国侨办合作，得到了中国民众的信任。另外，多华会每年组织的暑期“回国寻根之旅”得到了国侨办的各种支持，也与各大高校达成了合作，让加拿大的移民少年有机会接触真实的中国，探寻自己的故乡。

三、移民身份的确立

华人新移民在移民社团的帮助下，通过参与加拿大社会各方面的工作，来一步步了解加拿大社会的规则和文化。然而，在公民身份变迁的过程中，会出现公民身份不平等和公民权利难以实现的问题，也会夹杂着华人对加拿大本土公民的认识偏差，导致加拿大社会对移民不满等问题。

华人在确认自身加拿大国籍身份之后，会很自然地想去拥有和维护自己的权利。这种思想转化为行动，可以在移民的社会运动中看出。[①] 路易斯 · S. 西尔伯林在考察巴西基论博人运动时指出，通过移民社会运动进行将自己定为某一群体的斗争，增强了移民社会的群体团结与传统感，或者说为其注入了新的意义。迁移可以改变他们与土地的情感纽带和空间关系，而斗争本身也是改变身份——视自己为某一个集体、某一族群的斗士——的过程的一部分。[②]

他们在确认自己是有权向国家争取权益的公民身份时，也在用共同的话语将自己所属群体与政治经济体制中占主导地位的群体联系在一起。这种自然而然的联系，就是一种自身身份成功再确立的表现。

（作者单位：暨南大学新闻与传播学院）

① 李征戎. 加拿大移民政策及多元文化主义政策回顾. 湖北师范学院学报（哲学社会科学版），2001（4）：61～63.

② 叶静. 加拿大华人社会的历史变迁与现状——兼析华人新移民所面临的问题与挑战. 新闻世界，2010（12）：193～195.

从多华会的实践看 NGO 如何推动中国文化的传播

■严仪瑾（Yan Yijin）

多华会，全称多伦多华人社区服务协会，英文全称为“the Cross-Cultural Community Services Association”，简称 TCCSA，是我们这次加拿大之行采访的唯一一个服务于新移民的机构。作为非营利的慈善组织，多华会的主要服务项目是新移民安居服务、新移民英语和中文培训、社区发展及青少年活动以及捐赠基金四个项目。在访谈过程中，我们发现加拿大的 NGO 发展十分繁荣，而对于多华会来说，近年来各种推动中国文化传播的活动，成为其一个正面标签，在加拿大社会也引起了一定的反响，可以认定为一个成功的 NGO 推动中国文化传播的案例。

一、加拿大 NGO 知多少

加拿大是一个典型的大社会、小政府国家，政府在负责军事外交事务之外，仅对部分公共事务负责，大量的社会管理与协调工作由 NGO 承担。

2005 年统计的在加拿大政府登记注册的 NGO 有八万多家，未登记的数量更多。加拿大人口三千多万，平均每四百人拥有一个正式注册等级的 NGO。加拿大 NGO 的类型主要为行业组织、医疗机构、教育机构、研究开发机构、社区、宗教和慈善组织等，如此广泛的社会覆盖面反映出加拿大已经形成成熟的公民社会，数目庞大的 NGO 对加拿大的社会发展起着巨大的推动作用。

政府是通过购买服务的方式，向部分 NGO 授权事务并支付相应的费用，这个措施减少了政府在公共事务中人力与财物的开支，提高了各领域专家参与社会公共事务的比例，也促使 NGO 健康成长，并使其与政府形成良性循环。

另外关于加拿大 NGO 的繁荣发展，我们通过访谈了解了更多：

（1）关于 NGO 的独立性问题。加拿大的 NGO 经费来源很少有政府的资助，因此政府不干预 NGO 的活动。NGO 经费主要来自会员会费与私人捐款、资助等，在 NGO 从事国际性活动或是全国性活动时，政府会给予一定的资助，同时 NGO 也能够得到企业的资助。一般加拿大的 NGO 经费来源，自筹资金占到所有经费的 70%。政府对其优惠政策一是免税；二是提倡企业和 NGO 合作；三是政府对 NGO 会费没有做出上限的规定。

加拿大的非政府组织除了以盈利为目的的公司外，非营利的主要分为 NGO 和 Association（协会、商会），前者包括慈善和教育、环保、健康等团体、基金和科研单位；后者则是各种经济类的协会、商会。加拿大政府对以上两种组织用不同的法律进行规范和调整。特别是在税收上，前一类组织在捐款方面政府可以减税 50%；后一类行业协会的捐款是不可以减税的。所以对于多华会这样致力于帮助新移民的慈善组织来说，减税政策也是其享有的一项权利。

（2）关于 NGO 的工作人员。一方面，NGO 介入社会事务，可以给社会提供大量的就业机会，据 2005 年统计，加拿大有 200 万人在 NGO 工作。另一方面，志愿者是 NGO 的重要人力资源，这在一定程度上减少了 NGO 的人力资源费用。比如在多华会，义工在工作人员中占很大比重，每天上班的三四百人中只有七十多人是员工，其余均为义工。

另外，对于新移民来说，志愿者工作经验是一个找正式工作的敲门砖。因为这意味着你有爱心和具备回馈社会的责任感。但是我们在访谈的过程中发现，大陆的新移民和港澳的新移民在这方面有很大的不同。多华会会长郑永麟谈到，他的会长工作属于志愿者的义务工作，之所以会坚持下来，是源于移民之前在香港培养出来的习惯。在香港，每个中学生毕业前都要做 40 个小时的志愿者，不然不管他成绩多好都不能毕业。在他们看来，做义工是必需的，这是回馈社会。相比于大陆新移民，他们更会觉得这是一件很自然的事情，但是大陆新移民因为缺乏这种教育机制，在心理接受上有一些抵制，考虑更多的是自我收益的问题，这是大陆新移民需自我审视的。

（3）关于 NGO 的监管问题。NGO 的资源运作可以算是透明且合理的，因为 NGO 有公众的参与，这使得 NGO 的运作直接处于公众的监督之下，能较好地避免贪污与浪费，且能够充分利用社会上闲置的各种资源。加拿大政府规定 NGO 在每个财政年度结束后的三个月之内，必须向捐资者和社会公众提供财政年报，公众可以向任何一个 NGO 办事机构了解与之相关的所有问题，NGO 必须回答所有来自公众的咨询。

公众的监管加强了 NGO 对社会的责任感。加拿大虽然是高福利国家，有各种社会性的救济机制，但在经济和社会发展的过程中，依然有资金和人力薄弱的领域，以及困难的弱势群体，如失业者、残疾人、老年人、妇女、少数民族、家庭生活困难的儿童等。NGO 在公众的监管下，广泛帮助这些需要帮助的对象，这有利于扩大社会公平，缩小贫富差距，促进社会进步。

二、多华会的移民服务之路

据多华会官方人员介绍："多华会主要是服务新移民，我们的宗旨是两个英文单词，一个是 Settlement（安居），一个是 Integration（融入主流社会），我们就是围绕这两个词来做事。多华会有三个安居辅导员，负责这方面的咨询问题。我们的服务对象从 0 岁产前班到最后安排遗嘱的老人，儿童组、青年组、老年组都有，他们有问题来这里问，我们给他们填表，帮他们打电话到政府部门。当然叶先生也会组织很多活动，比如一些文化交流方面的。"

多华会郑会长和行政总监叶志华在接受采访的时候，多次提到多华会的主要职责是提供服务新移民的各种项目，如免费中英文学校课程、青少年活动、安居问题咨询等，都是为了让新移民更好地融入加拿大社会。同时多华会也对新移民进行了重新定义——"一般认为新移民是没有拿到加拿大国籍的移民。但在行业里面，不是这个定义，比如有一位太太在家带孩子没出来工作，十年后才出来工作，我们叫她新移民。这是我们行业里面的定义，我们也建议政府采用这个定义。我们告诉政府像全职主妇这种新移民，都只是表面的新移民。实际上，还有些新移民在家都没有出来过，我们把这些人也叫作新移民。政府接受我们的建议，我们这个中心，有人专门负责这些没有走入社会的新移民，让他们更好地融入加拿大社会。"

实际上 NGO 与政府的良好沟通也是加拿大的一大特色，多华会也通过这一途径推动华人在加拿大社会地位的提高和相关优惠政策的制定。很多 NGO 在成立之后，会花很大的精力和政府协调关系，以得到政府支持。主要目的一是让政府了解协会所做的工作，二是保证政府不再设立类似的协会，三是争取政府在政策资金上的支持。NGO 向政府提出的建议十分重要，这是协会向政府汇报民众心声的机会，也能体现出自己为政府做事的价值。比如多华会就多次提出降低进入加拿大的门槛，吸引更多的华人，这样可以繁荣经济。

在加拿大境内提供新移民服务的多华会，发现新移民有很多不适应。“1990 年以后，很多新移民过来，大陆人不同于香港人，香港人就比较西化一点，所以他们融入加拿大就比较容易一点。比如说，他们喝的咖啡就和这里的一样，大陆人喝的可能还不一样。所以中国大陆移民在融入和安定这方面有很多问题。那几年什么都有发生，比如找不到工作、跳楼自杀等，那个时候我们就觉得，我们在这边等他们过来是比较被动的，所以 2008 年我们就跑到中国去。”

这是多华会采取主动接近新移民的举措的初衷，他们看到了新移民不适应的后果。“加国安居讲座中国行”，每年一次，从北京、上海、广州到其他几个城市，希望给予有意向移民加拿大的中国人更多的帮助和培训，同时，他们还增加了文明礼仪教育。他们谈到“没受过多少教育的人来到这里，会被这里的人侧目。我们在这里做一些文化素质教育真的很难，有的新移民随地吐痰，随地大小便，乱搭计程车。今年三月份，我们带一个加拿大国会议员去上海，他看到有小孩在路上大小便，觉得很奇怪，他问我他们是不是生病了。其实这是公民的素质问题”。

三、多华会的文化传播之路

多华会的郑会长和叶总监认为，中国的新移民融入加拿大社会，不仅仅是个人的技能表现问题，还有加拿大社会是否接受的问题。这与加拿大人之前对中国人建立起来的刻板印象有关。

同时他们也指出，这个印象的改变需要时间，需要所有中国人一起努力。“前一段时间不是还在讲中国内地人在香港随地大小便的问题？我就跟我弟弟讲，我们在香港的时候也有人在路边小便，那是 20 世纪四五十年代的事情，我和弟弟私下都认为是很正常的，那时候香港人的素质没有那么高，这都是需要时间来改善的。所以中国这么多人，肯定要慢慢教育，刚移民过来的时候我也不知道怎么做，但是要重视一点，不能做一些让人们侧目的事情，这个很重要。我们每一个移民出来的人都是代表我们中国的，要做一些比较文明的事情，不要让那些不好的东西影响别人对中国的看法。”

郑会长和叶总监在谈到中国人能否更快更好地融入加拿大社

会时指出，这也跟中国人的地位有关，现在的情况比以前要好一些，因为华人越来越多，中国越来越富强，而且华人参政也是一个很好的现象，说明华人可以在政治上发声了，这就可以为华人争取到更多的权益。但是他们同时也指出："这里的很多人对中国有恐惧感，因为这里的孩子对中国的负面信息听得太多了，有时候不喜欢中国。我们就希望把这边年轻人的想法改变一下，让他们更多地了解中国。其实我们现在技术这么发达，可是很多外国人对我们的印象还停留在清末，想象我们戴一个尖帽子，留长辫子、大胡子的样子。"

"虽然在多伦多不是这样，但是在一些小的镇，他们从来没有见过中国人，就会有这种刻板印象存在，现在还有很多国家把中国不好的地方向外宣传，我们好的地方他们不讲。西班牙前阵子还在做一个中国的节目，他们化妆成中国人的样子，做一些粗俗的动作，在有意无意丑化中国人。他们根本就不了解中国，对中国的印象还停留在一百多年前。所以当地的孩子就会受到影响，因为他们听得太多了。"

这些都是他们的亲身经历和感受，他们深刻地感受到就算把生存技能教给华人，如果存在社会的误解，这仍会让华人处于社会底层。作为华人，他们不能自己去宣扬自己有多么优秀和强大，这只会引起加拿大人和其他族裔的反感，所以他们开始用活动宣传中国文化，让加拿大社会接受中国文化。

中国文化之所以能够在加拿大得到宣传，得益于加拿大本身的多元文化，即 Diversity。这种多元文化，不像美国的大熔炉，把所有文化个性消弭，形成同一的美国文化；而是在主流文化下，允许其他独立文化的存在。"消除歧视和群体生存"，这是加拿大多元文化主义的两条原则。

为了宣传中国特色文化，多华会选择了传统文化中的经典内容举办活动，如举办青少年暑期夏令营和青年大使活动。2012年，多华会花了三个月在社区招募到 5 000 名志愿者，共同舞动长达 5.6 公里的万锦中山龙，创造了一项吉尼斯纪录。与中国不同，加拿大地广人稀，组织这样的活动很困难，而且5 000人的吃饭和如厕都是需要解决的问题。同时，在活动过程中，还遇到了邪教组织成员开着灵车过来捣乱。对于这种情况，多华会的郑会长和叶总监表示，加拿大尊重各种声音，所以不可以随便轰走他们，但是他们也不能进入活动内部，因为这属于个人领地的问题。后来多华会采取了另外一个办法——叫来警察，查他们的车子是否违规。果然，他们的灵车是改装的，违反法律，就被拖走了。危机就这么化解了。

同时，郑会长和叶总监还向我们详细介绍了每年一次的“万锦花轿节”，选花轿的原因很简单，因为“以前娶新娘是用这种轿子，很多人都知道”。在花轿节上，多华会邀请了很多机构，他们发挥想象力，各自扮演不同的角色参与抬花轿的活动。在花轿节上，你可以看到由加拿大警察装扮的监狱式花轿，中国传统式花轿等。由于十分受欢迎，花轿节现在成了每年一次的固定活动。

另外，我们有幸参加了多华会组织的瀑布会雄狮活动。在尼亚加拉大瀑布前，来自中国的舞狮团队表演了两个活泼的舞狮节目，吸引了很多加拿大人围坐在草地上观看，一阵阵掌声从人群中传来，可以看出表演受到了加拿大人的欢迎。期待通过这种形式，可以激起加拿大人的兴趣，使他们主动来了解中国文化，了解中国人。

四、后记

在采访中，我们看到了多华会郑会长和叶总监为推动中国文化传播所做的各种努力，但也看到了这些努力背后的艰辛，中途来搅局的不多，最大的问题是赞助。比如“加国安居讲座中国行”这个活动是在提出两年后才找到赞助商促成活动的举行。这些挫折的克服，让我们十分感动，同时我们也看到了 NGO 推动社会进步的责任感。

（作者单位：暨南大学新闻与传播学院）

参考文献：

［1］多华会．欢迎来到加拿大新移民手册．2014.

［2］秦威，杨勇．NGO 在加拿大社会发展中发挥积极作用．学会，2005（4）：2～4.

［3］王文．浅谈加拿大的非政府组织．中国社会组织网，http://www.chinanpo.gov.cn,2010－11－29.

［4］柯兆银，韩一崝．人生的风景属于自己——访加拿大多华会会长韦勇．国际市场，2007（11）.

［5］曹缅．加拿大多元文化法研究．中央民族大学博士学位论文，2011.

孟尝会：功利洪流中逆流而上的旗帜

■史 谅（Shi Liang）

最新发布的海外华侨华人蓝皮书显示，中国国际移民群体是世界上最大的海外移民群体。目前华侨华人总数约为5 000万人，遍布于世界168个国家和地区，为了真正得到主流社会的承认，传承中华文化，各种华人社团不断涌现，他们在传播中华文化、争取中华民族的权益和教育引导海外华人等方面扮演着日益重要的角色。地处大多伦多地区的孟尝会成立达五十年之久，它有一个关怀与尊重的理念，基于一个生活在公元前300年前后的传奇人物——孟尝君。它是在安大略省第一个赢得慈善机构的地位并走入主流社会的华人志愿组织。究竟是什么支撑一个纯慈善的组织历经五十年风雨沧桑，在这个功利的社会中如此稳健前行？本文将对此加以探讨。

一、从“廉价消耗品”到土地的主人

翻阅历史，19世纪动工的加拿大太平洋铁路工程从中国广东省招聘了很多劳工。这些工人背井离乡，抱着对新大陆的憧憬和对美好生活的希望来到加拿大。一个华工一天的工资是1美元。他们要靠这1美元购买食品和日常用品等来维持生计。而白人一天的工资是1.5至2.5美元，而且不需要支付日常开销。工程公司把最危险的爆破任务交给华工，因此华人里流传着这样一句话：“加拿大铁路的每一条枕木底下，都躺着一个华工的尸体。”①不列颠哥伦比亚省的作家威廉在他写的《不列颠哥伦比亚建设者》一书中这样叙述：“他们全月的粮食供应是一袋米

① 《国家历史》杂志社. 民国风云人物. 北京：新华出版社，2010. 290.

（50磅），仅足以维持他们所从事的体力劳动消耗的一半。1884年，有2 000名华工名为死于坏血病，实际上是因饥饿而死的。”整整四年的工程有近4 000名华工客死异乡，奉献出自己的生命，却无法得到当地主流社会的接纳与认同。

1885年11月7日，在加拿大西海岸老鹰山口附近的克莱拉奇的通车典礼上，一群身穿礼服、头戴大礼帽的绅士笑了，太平洋铁路公司的董事长史蒂夫敲下了最后一颗金质道钉。①加拿大胜利了，政治家们赢了。原本可能破产的承包商安德东克，在廉价使用华工的基础上不仅赚了300万美元，并且成为美洲铁路史上的名人。然而庆祝铁路贯通的重要时刻，却没有一个华工在现场。这些筑路英雄用血泪敲下铁路的根基，却没有办法在加拿大打下自己未来的基石。因为铁路完工之后，加拿大发现不再需要华人，因此铁路竣工之日对于数以千计的铁路华工以及华裔社区而言，是半个世纪屈辱和歧视的开始。铁路工程一结束，太平洋沿岸省份遇到空前的经济萧条。数以千计的华工无事可做，成群结队，沿着自己修筑的铁路流浪。就在华工们身陷困境的危难时刻，加拿大政府抛出了一项新举措——向中国劳工征收每位50加元的人头税。加拿大政府推出这一人头税的目的非常明确：赶走这些替加拿大修建完铁路的中国劳工。一位铁路华工组织的负责人、华工后代盘占元回忆说，父亲为了家庭团聚借了1 000加元，全家耗时17年才还清这笔债务。

1923年，加拿大政府实施排华法案，对华歧视达到了极致，华人在饱受政府和当地主流社会的压制之下艰苦创业；而每一个白人移民家庭根本不需要缴纳人头税，不仅可以报销船费，而且还可以免费从加拿大政府手上拿到2 000～6 000公顷的土地。加拿大政府这一招数立竿见影，1885年年底，第一批华工回国了。尽管5年来的劳作刚够维持生存和还清债务，但他们毕竟回到了自己的家乡。而那些身无分文滞留在北美的华工，孤苦无助地沿街乞讨，没有来得及看一眼年迈的父母、多年未见的妻儿，就长眠在异国土地上。还有许多华工死在筑路工地上。他们的尸骨几经辗转，一部分回到了中国的故乡。华人霍华回忆道：“我记得我父亲曾经告诉我，他年轻时，曾沿着铁路边收集华人尸骨，这些尸骨是当年草草埋葬的。我父亲捡起这些白骨，洗干

① 清早．最后一颗道钉与人头税——加国铁路华工的世纪悲歌．中国新闻网，http：//news. xinhuanet. com/overseas/2006－06/22/content_4732899. htm，2006－06－22.

净，贴上标签，送到温哥华，再由温哥华运到中国去。”

但就是在这种举步维艰的情况下，华人异常团结和努力，不仅在社会上用实力来提升华人的地位，还在“二战”中抛头颅洒热血，终于在1947年得到了主流社会的承认，使排华法案被废除。“我和一群年轻人共同织梦，希望筹建一所专为孤苦无依的华人长者而设的护理中心，院内不但有驻院的华裔医护人员，还提供中式饮食，让中国传统的尊贤敬老精神能够在加拿大的土壤落地生根。”面对第三代华裔的诞生和新移民华人的窘迫，以及华人在当地的各项福利缺乏，1964年，中华长老会的简永坚牧师向近百名多伦多华人发出邀请函，欲合力兴建一家安老院，并鉴于公元前300年的孟尝君乐善好施的名声，最终中华长老会将其命名为“孟尝会”。

二、从形单影只到老有所终

“我有一个梦想，我梦想建立一栋五层楼高的安老院，院内设施一应俱全；大楼内有日托中心和会议室，年轻人可以在这里商讨事情，老人可以在这里得到妥善照顾。这是一栋华人的安老院，也是一座圣城，足以让我们的下一代引以为豪。”这是当时担任孟尝安老院委员会主席盘占元先生的梦，虽然有了一个最初的构想，但是当时的政府并不打算拨款给福利组织，只是答应在自筹经费兴建好安老院后，分配几个指标对陪护服务进行资金上的减免和补助，对于刚刚起步的孟尝会而言，五层楼高的安老院似乎也只能存在于梦境之中了。

20世纪70年代初，拥有了前期资金的孟尝会果断购入了多伦多市中心的四块土地，为兴建安老院走出了第一步。由于孟尝会是一个很明确只针对华人进行补助的慈善组织，并且华人也才刚刚走出被歧视的阴影，主流社会并不会给予更多的帮助。资金的不足让孟尝会内的所有人都焦头烂额。为了筹集更多的资金以及借宣传得到更多支持，孟尝会举办了一连串富有挑战性的活动进行筹款，如上海之夜筹款晚会、花秧舞音乐会、西湖筹款晚宴、庆祝唐人街龙会等，不仅筹得十几万的资金，还把中华文化的正能量传入加拿大的主流社会。在此契机之下，安老院代表成员盘占元先生借助前期的造势和宣传，最终争取到政府31万元的资助。最终在1975年，一个花费了140万元、有着65张床位、专为华裔老人而设的加拿大第一所华人安老院正式建成。

但随着不断有更多的华人移民加拿大，一代又一代的经济支柱年老退居幕后，65 张床位的安老院已经远远不能满足有着数千老人的华人社会。“安老院扩建工程艰难，首先 65 位长者住在院内，工程的进行严重干扰到老人的休息，但他们也无处可去。工程开始后又发现旧日的建筑图跟建筑本身有很大出入，水管电线全不对位；招标选定了信誉良好的承建商，但在付了工程款后，承建商却撒手不管、逃之夭夭，还欠下外盘工程的巨额债务。外盘无处追讨债务，便告孟尝会，当时我们债台高筑，举步维艰。在各位董事的努力之下辛苦了好几年，终于解决了官司纠纷，又找来新的可靠的承建商，新的工程才得以进行。”虽然遇到这么多困难，但是孟尝会依然熬到了安老院扩建完工的那一天，不仅如此，英国女皇伊丽莎白二世也莅临孟尝会奠基礼，对于当时的境况而言，这不外乎预示着华人跟主流社会的融合又进了一步，华人的地位得到了主流社会更多的认同。

由于当时华人居住的地点都远离市中心，而安老院偏偏处于多伦多的市中心，距离华人的聚居地有数小时的车程。于是孟尝会为了当地华人的养老服务，又开始了新一轮的筹款活动，五公里公益长跑、孟尝之夜、高尔夫球赛等，脱离了原先简单的晚会形式，更加大众化的路线和与主流社会的交流，使得参与募捐的人不再仅仅是华人自己，而是整个社会。而银行也在孟尝会的影响力之下忽略了孟尝会的赤字情况，毅然给予孟尝会巨额贷款，董事们以私人担保申请银行贷款。经过数年众志成城的努力，三座长期护理中心建成，分布在多伦多市中心、列治文山市、士嘉堡区，在大多伦多地区筑成当地华人最坚实的三座靠山。

由于孟尝会是一个慈善组织，而长期护理中心并不能成为盈利和筹款的手段，每一次的扩建和设备的更新也无法长期依靠捐款和贷款来维持。即使董事局和大部分成员都是以义工的身份无偿工作并自己掏钱维持孟尝会，也仍然存在很大的资金缺口和发展的局限。为了谋求孟尝会的下一步发展和更好地照顾老年华人的生活，一个新的想法产生——建设孟尝阁，并面向老人这个团体出售。这不仅满足了老人的更多需求，也为慈善机构的筹款解决了一大难题。一座专为长者居住而建立的大厦，有着 242 个单位。为了保证这种福利维持下去，孟尝阁为住户订下了每个单位至少要有一位 55 岁以上的长者的规定。孟尝阁不仅开设了康体室、麻将房、阅读室等，还提供专门针对华人口味的餐厅送餐服务。此外，还在旁边建立了孟尝护理大楼，解决了医疗等问题，也解决了部分老人语言不通、交流不便的问题。将老人都聚集在一起不仅使他们在寂寞之时有了更多同伴，也有了更多的快乐。孟尝会真正地构建了一个老人社区而不是建造了一栋冰冷的房子。为了满足不断增加的老年群体的需求，一栋孟尝阁是远远不够的，当地数千位老人辛苦奋斗了一辈子，而子女却不能陪同，孟尝会接下来还会筹建更多的工程，使老有所养。

三、融入主流，不忘血脉

最开始孟尝会创办学校是为了给新移民开设英文班，初期的新移民大多是为了来新大陆淘金，因而语言方面甚是匮乏，由于缺少语言的帮助，相当多的新移民被关在了主流社会的大门之外。孟尝会作为一个慈善组织毅然站了出来，不单单作为一个语言授课机构，更为他们提供担保、寻找工作机会，成为许多新移民在异国他乡的一个新家。但随着时间的推移，来到加拿大的华人文化水平和素质逐步提高，针对新移民的英文班便渐渐消失了。但另外一个教育问题像一根鱼刺一样哽在每个华侨华人的喉头。

早期移民加拿大多伦多的华人，为了融入主流社会，祖裔的文化就像飘远了的风筝，飞扬在心灵视野之外。而在加拿大出生和成长的华人，碍于中文教育的缺乏和周围社会文化的氛围，便与祖国的语言和文字渐行渐远。但随着社会变迁，长久被压迫在生活重担下的华人开始抬头，不仅在主流社会中得到了承认，也渐渐感到有余力去追寻一些基本生活之外的深度和价值，再加上大量的新移民陆续抵达加拿大与第二代、第三代移民相互交流，逐步唤起他们对寻根的渴望。在异国出生的新华人由于学校的语言问题，考试和生活中运用的都是英语，失去祖裔文化的滋养，犹如无根浮萍。因此建立针对新生代华人的中文学校迫在眉睫，1986 年孟尝会在三处地方开办了周末中文学校，但由于学生流动性太大，而中文并不是常用交流语，生源不足被迫停办。“现在全世界最多人使用的语言是普通话，东南亚成了全球瞩目的焦点，中国更是处处商机。香港很需要会讲国粤英三语的人才，如果我们能培育精通多种语言的下一代，对未来有很大帮助。我在想，我们是否有可能，办一所以中文为主，却能配合主流教育的中小学。我知道，关先生很想办这种学校，我们又都知道这是一个痴梦。”

时任中文学校校长的平先生毅然站出来，提出放弃原有的香港教材，不仅着力于培养学生听、说、读、写中文的能力，还传授中国历史、地理、风俗习惯、科学发明和文学艺术等知识，让学生更加了解中华文化，并在加拿大这个移民国家的多元文化中求同存异，彼此学习。学校的老师为了配合校长的目标便开始自己编写教科书，为了随时修改灵活运用，他们还采用了活页的形式进行装订。“在香港的时候我比较专注于西方民族舞，但到了加拿大，我看见土生土长的中华儿女，对于中国文化一无所知，实在很心痛。加上社会上有很多各国的精彩舞蹈演出，独缺我们中国的舞蹈。所以我决意培育下一代，让他们懂得中华文化的美，希望他们将来在这多元化的社会中引起回响。”除了舞蹈老师，还有国画老师等为了传播中华文化走进了校园，让课堂不再局限于简单的书面传授，而是让学生全身心走进中华文化之中。

“孟尝桃李沐春风”，借助学生对中华文化的演绎，孟尝会举办了各种各样的中华文化大型盛会，不仅使得中华文化更加被主流社会所理解和接受，也使得华人的社会地位逐步提高。但是还有一个很大的问题，中文学校并不能得到加拿大教育局的认可，所以中文学校始终只能成为一个周末兴趣班，周末兴趣班可有可无，也会随着时间淡去。在加拿大，学生从中学开始修学分，而中文并不属于当地的外语学分选修课程。基于此考虑，孟尝会向日渐崛起的祖国寻求帮助。国务院侨办不仅选派了国内的教师支援孟尝会，还为他们挑选了由暨南大学出版社编辑出版的教材，涵盖了从幼儿园到高中的课程，使办学条件更加规范也更加成熟。学校一边跟教育局申请，一边寻找一块土地建立属于自己的校区，而不是周末临时租用场地。为了让学生更有归属感，学校借助孟尝会不停地向社会筹集款项，建立一个真正的全日制中文学校，而且不仅仅面向华人，不仅仅教授粤语和普通话，还教授数学、物理、历史等知识。为了取得办学资格，学校通过步入主流社会的华人与政府官员不断周旋和努力。这一切都是为了中华文化在新生代华人中代代传承。

中华文化不仅要从小培养，更应该融入每个年轻人的心中。“我们要想办法鼓励青年放眼周围，多点付出，多帮助有需要的人，这样人生才有价值。其实，帮助别人对自己而言也大有裨益。以我为例，以往我的朋友圈都离不开医生，但因为服务孟尝会的关系，我认识了社会各界的朋友，生活圈子拓宽了，多样话题大大丰富了我的人生。”孟尝会建立了青年团，吸收了孟尝中文学校的新鲜血液，让他们平时帮忙照顾安老院的长者、协助孟尝会筹款及其他与传播中华文化相关的活动，将公益的种子种入每个年轻人的心中。在寻根活动中，成员除了参观中国的历史名胜及旅游景点，了解中国的风土人情，亲身体会中国传统文化外，还到中国当地的大学面对面与国内的学生交流。青年团不断组织与中国的交流活动，类似寻根之旅的活动数不胜数，让中华文化中国魂真正与每个人的血脉相融合，也使得孟尝会的义工精神薪火相传、绵延不息。青年团逐渐成为孟尝会一个不可分割的部分，也是当地华人社区的一支青春活跃的团队。

扶老慈幼、弘扬中华文化成了支撑孟尝会在这个功利社会中前行的风帆。让老人老有所养，病有所医；让年轻人少不忘本，传播华夏文明，传承中华之魂。慈善不是一时性起，而是一种事业，是可以为之倾其所有、奋斗一生的事业。而中华文化也在新旧移民的合力弘扬之下，在这铺满红色枫叶的土地上焕发出勃勃生机。

（作者单位：暨南大学新闻与传播学院）

华人
领袖

加拿大华商移民的商业转型之路

——访华联总会主席魏成义

章　娟（Zhang Juan）

加拿大，一个印着中国富人移民目的地标签的国度，2014 年年初加拿大联邦政府取消投资移民这一政策，引起海内外众多舆论。《南华早报》发表的题为“内地巨富们如何压垮加拿大移民计划”的调查报告提供了一组数据，据加拿大移民局 2013 年 1 月的文件显示，来自香港的投资移民申请共有 53 580 例，占加拿大投资移民全球申请量的 70% 以上，其中 98% 至 99% 来自中国内地，但其中很少有内地居民通过北京提交申请；2009 年到 2011 年只有 252 例，而同一时期通过香港申请的有 63 796 例。从这组数据就能看出，国人对于移民加拿大的热情只增不减，而且知道绕道香港更方便取得移民身份。大部分富人选择的是性价比最高的投资移民，这种移民方式的回报率高——除了证明自己有 160 万加元的净资产，只需要无偿借给加拿大政府为期 5 年的 80 万加元的无息贷款，就可以申请加拿大的投资移民。

这也造就了加拿大“中国富人天堂”的神话。年初加拿大取消投资移民的政策，很多人猜测此举是为了限制中国人移民加拿大。对于这种说法我们无法探究，抛开政治因素不谈，选择移民至加拿大定居创业的中国商人，他们有着怎样的家国情结？跟随着暨南大学中国形象全球调查加拿大组的访问团，笔者有机会接触了多伦多较有名望的一些华商和政客，也许从他们的视角看如今的华人移民潮以及多伦多当地华人的处境，我们能够得到一些答案。

一、加拿大移民潮的开端

加拿大的移民史要追溯到 19 世纪中期，加拿大联邦政府为加快东西部经济一体化，需要大量劳动力来修建连接东西部地区的铁路。修铁路很辛苦，人烟稀少的西海岸难以获得足够的欧洲劳动力，很多白人不愿做这样辛苦的体力劳动。加拿大开发西部对劳动力的迫切需求，给中国人提供了一个机会，吃苦耐劳的中国人踏上了修筑铁路的漂洋路。加拿大联邦政府从广东征集了几千名华人来修建铁路，耗时多年，等铁路修完，只剩一千多名华工存活，这些人就留在了加拿大。1997 年香港回归前夕，很多香港人移民加拿大，香港在回归前与加拿大同属于英联邦成员，移民相对容易。早期，华人的工作离不开餐馆、洗衣店等，因此很多西方人对华人的刻板印象是有中国人在的地方就脏、乱、差、噪音大等。但伴随着加拿大移民政策提出对高级知识分子和技术移民的要求，现今移民加拿大的华人大多都是高素质、高知识水平的专业人才，他们拥有体面的工作和高额的薪资，勤劳认真地在加拿大工作生活，承担着高税收，也享受着高福利。

二、现代华商的经营之路探索

现在很多华商移民过来，最大的障碍还是语言，其次是异国的商业环境，但中国人吃苦耐劳，这些障碍都拦不住中国人。现在加拿大有很多华人社团和商会，华人参政人数也越来越多。以前中国人含蓄，不敢发声争取自己应得的权利，现在这种环境已经大为改善，正如我们采访的多伦多华人联合团体总会主席魏成义先生，从他身上或许可以看到现代中国商人的智慧以及他们这代海外华商折射出的中国形象。

（一）华联总会概况

多伦多华人联合团体总会，简称“华联总会”，于 1985 年正式成立，100 多年来在加拿大华人社区代代相传中发扬光大。其广泛团结各界华侨华人，投身社区服务，帮助华裔移民融入当地社会，维护和争取华人在政治、经济以及社会上的合法权益。如今，华联总会拥有 70 多个团体会员，涵盖了 70 多万华裔移民，成为加拿大最大的华人社团，是团结华人和维护华人权益的中坚力量。今年，借助闽南商会企业家们的支持，华联总会有了自己的会馆。

加拿大有着各种各样的商会和组织，初到异国，很多人会有失落感或者说缺乏归属感，社团的建立就是为了凝聚初来乍到的华人，帮助他们更好地适应环境和融入当地生活，所以加拿大联邦政府对于社团的成立和发展都给予了充分的自由。

说到华联总会，就不得不提华联总会主席魏成义，他是福建人，他信仰的就是闽南人爱拼才会赢的精神，如同《爱拼才会赢》这首歌的歌词一样，或许这也是一种中国情结，一种坚持不放弃的向前精神。在国内做服装行业的他，来加拿大已近14年，踏足加拿大时他以为可以重操旧业，可惜事与愿违，异地他乡的现实状况，让他打消了继续从事服装行业的念头，而是从零开始做超市零售业，到现在，超市的规模已经很大了。除了是一位成功的商人，他还身兼加拿大福建社团联合总会理事长和加拿大闽南总会会长等，他积极投身于社区活动，这些经历使他在多伦多华社的多名领袖中脱颖而出，于2012年年底成功当选为华联总会的主席。

（二）商业转型的障碍

在国内已经事业有成的魏成义，移民到加拿大后，不可避免地会有语言问题和对体制不熟悉的困惑。每个人适应新环境的能力不同，跟人沟通的方式也不一样，魏成义初到加拿大，经过大概一年时间的磨合，才渐渐适应了当地的环境。这位来自福建的移民，经过一番市场调研后，决定涉足超市零售业。他认为，无论贫富，人们每天都需要食品，因此食品超市大有市场潜力。当时，加拿大的中国内地移民人口已开始稳步增长，当地华人社区日益庞大，但是大型华人超市并不多，而能提供汉语服务的就更少了。超市零售业对魏成义来说完全是陌生领域，抛下国内企业老板的身份，他从头学起，在半年多的时间里，他先后在三四家超市打工，什么都做。渐渐地，他形成了自己的超市理念雏形，他要开的超市须宽敞、舒适，物品丰富、陈列整齐，与唐人街的华人传统食品市场拉开距离。2001年，魏成义与几个朋友一起接手了一家马来西亚华人经营不善的超市。这家面积1 800多平方米、提供约30 000种货品的超市成为当时多伦多大陆移民开办的规模最大的超市。这种重新开始创业的事例在加拿大可能每天都在上演。魏成义的成功正是源于他所信仰的闽南精神：爱拼才会赢，逆境中不断前进。这种精神支持着众多海外华人，魏成义正是辛勤创业的中国商人在海外的缩影。

（三）组织管理和经商之道

每个人来加拿大的动机都不相同，很多人都是被好福利和舒适的宜居环境所吸引，但魏成义认为每个来加拿大的商人都应该时刻牵挂祖国，只有祖国强大了，才能让在外的华商有所依靠。

如华联总会秉持团结互助、开拓进取的精神，集中各个社团的良好资源，集思广益，群策群力，不断提升华人的实力和地位，促进加拿大社会的文明进步、经济繁荣、人民幸福。同时他们还号召和带领所有华人团体，将多伦多华侨华人的心更加紧密地联系在一起，努力推进中加两国在科技、文化、经贸等各领域的合作交流。据了解，魏成义常回国内，关心家乡商业发展并扩展经贸合作领域。

海外华商移民后，除了扩展自己的商业版图外，为新移民争取话语权和福利也是他们的重要使命。但各国移民团体声音众多，联邦政府该听谁的呢？因此得不断扩展组织团体，增加会员人数，扩大社团的影响力和知名度。有了足够的知名度才能代表华人团体发出更响亮的声音，因此，一个组织的凝聚力非常重要。当然，组织的壮大和发展离不开媒体的宣传和报道，多伦多华人媒体都很团结，具有很强的凝聚力，媒体和大多社团组织关系都很好，相互依存，共同发展。

在谈到华联总会的管理问题时，魏成义强调团结的重要性，并且表示自己做事和做生意的原则相同，不会一个人拍板定论，而是群策群力。当意见不一时怎么协调呢？他说一般从大局出发，朝着共同目标去沟通化解矛盾，因为大家的目标都是争取华人在加拿大的权益。

（四）华商参政的热情

随着华人数量的增加，华人参政议政的比例也逐渐提高，加拿大移民部门已经开始重视华商们的意见。对于取消投资移民，魏成义认为还有别的途径可以移民，比如目前加拿大商业移民包括企业家移民、自雇型移民、省提名计划等。

对比国内的农业发展和人口密度，魏成义提出过一个创想——农民移民，这个想法类似于早期的铁路劳工移民，属于农业工人类别的劳动力迁移。加拿大地广人稀，农业发达，有很多农场，因为农忙季节常缺少劳动力，每一年政府都会有季节性劳工签证。加拿大政府与墨西哥和加勒比地区国家（即巴巴多斯、牙买加、特立尼达和多巴哥、安提瓜和巴布达、多米尼加、格林纳达、圣基茨和尼维斯、圣卢西亚、圣文森特和格林纳丁斯等）就加拿大引进季节性农业工人商定了一系列措施。加拿大政府也制订了季节性农业工人计划（Canada's Seasonal Agricultural Workers Program，CSAWP），由人力资源局 1987 年委托成立的私人机构“外国农业资源管理服务社（FARMS）”具体管理季节工的引进事宜。上述相关措施的原则是：①加拿大人优先；②季节性（一年雇佣期不超过 8 个月，但一次不少于 240 小时）；③给予引进的季节工恰当的待遇（如工资不得低于加拿大相关工种的最低工资）和工作条件。

魏成义认为加拿大政府请一些墨西哥人来管理农场，但是他们不懂农场管理运作和整体的农业运转，只是机械性地割菜割草。他之所以提出中国农民移民的想法是考虑到当地人力成本很高，农场没人干活，而中国的农民勤劳能干又能吃苦，懂得农田的耕种和大自然春种秋收的规律。这是一个很有创意的提案，有利于加拿大的农产业发展。但加拿大技术移民申请中，条件限定的都是高精尖的专业技术人才，对于农民移民这个想法，实施的可能性较小。魏成义认为专业技术领域虽然重要，但人们的食物也非常关键，不然农业这块就会荒废，人们的饮食就会有很大隐患。他也调侃道：想法我是提了，听不听就是他们的事啦。未来一段时间，为响应国侨办新出台的政策，在如何帮助新移民方面，华联总会计划成立一个多伦多华助中心，帮助新移民落地安住多伦多，并希望未来将总会发展和扩充，给新移民提供全方位的安居落户和就业的咨询与服务。

三、采访结语

笔者认为对于海外华商而言，他们不仅要学会适应新的环境和生活，还得克服在不同体制和文化中开疆辟土、拓展新事业的阻碍。在思想观念上他们还是传承了中国人骨子里的精神，包括做事的精神、待人的精神、团结的信念等。当然，华裔们也越来越开放和包容，并学会结合中西方的视角去看待问题、思考问题、解决问题，虽然很多时候他们的意见并未被联邦政府采纳，但值得庆幸的是他们的声音到底发出来了，至于传播得有多远，多少人能听见，多少议员支持，那都是之后的事了。下一步他们就应该思考想法如何落实，包括进行可行性评估和分析，加入完整周详的策划和专业人士的意见。未来随着越来越多的华人精英移民加拿大，华人的需求也会不断增加，为了更好地融入当地生活，融入主流，华人们都在通过自己的方式努力学习、努力适应环境、努力改善生活。

（作者单位：暨南大学新闻与传播学院）

参考文献:

[1] 孙颖. 略论加拿大的早期中国移民. 南京师大学报(社会科学版), 1993(2): 112~117.

[2] 李未醉, 高伟浓. 简论加拿大早期华商的活动. 商业时代, 2006(13): 36~37.

[3] 周卫国. 中国富人为何争相出走. 世界博览, 2014(5): 16~19.

[4] 王鹏飞, 申玉铭. 多伦多华人超市的空间演变. 人文地理, 2011(6): 55~60.

[5] 曹云华, 张彦. 中国的海外利益: 华侨华人的角色扮演——基于软实力的视角. 暨南学报(哲学社会科学版), 2012(10): 20~26.

[6] 王福民. 多伦多的华裔社会见闻. 当代世界, 2004(2): 43~45.

[7] 任娜. 海外华人社团的发展现状与趋势. 东南亚研究, 2014(2): 96~102.

[8] 曾少聪. 全球化与中国海外移民. 民族研究, 2003(1): 29~38.

[9] 李华. 中国移民版图, 美国仍是移民首选. 广州日报, 2014-02-27.

加雄移民总裁陆炳雄谈移民

曾眉妮（Zeng Meini）

暨南大学中国形象全球调查加拿大组访加时，正值加拿大联邦政府推出移民新政策：联邦移民局于2014年5月第一周正式取消联邦投资移民项目和联邦企业家移民项目。

此项政策具体的操作标准是：所有在2014年2月11日前没有被联邦移民局做出接受决定的申请都将被取消。这就是说，无论是2010年6月26日之前递交的联邦投资移民申请（80万加元净资产，40万加元投资额）和联邦企业家移民申请，还是2011年7月4日之前递交的完整申请（160万加元净资产，80万加元投资额），都将被取消，因为整个联邦投资移民项目和联邦企业家移民项目已经不复存在。①

原有的加拿大联邦投资移民计划实施了近30年，突然终止该项目，以中国国籍为主的申请群体一时错愕。加拿大《环球邮报》称，在过去28年里，投资移民中主要是中国移民，包括来自中国大陆、香港和台湾地区的人员。当投资计划被叫停，数以万计的中国富豪的加拿大"移民梦"的实现将受到影响。②

访加前，小组成员希望通过此次调查活动的加方邀请者《加拿大商报》，帮忙联系加雄移民总裁陆炳雄先生接受采访。本以为陆先生事务繁忙，采访可能会遭拒，没想到陆先生不仅同意接受采访，且早早在我们的行程单上安排了宴请与商谈。

陆炳雄博士，加雄移民总裁，中国第十二届全国政协海外代表，加中贸易促进会会长，加中海外交流协会会长。正式采访之

① 孙大陆．金北方：加拿大联邦投资移民5月起取消．新华网，http：//news.xinhuanet.com/abroad/2014－04/30/c_12 6449431.htm，2014－04－30.

② Investor Road to Canada Hits a Dead End with Immigrant Program's Closing. *The Globe and Mail*, http://www.theglobeandmail.com/news/politics/investor－road－to－canada－hits－a－dead－end－with－immigrant－programs－closure/artical16821623/，2014－12－11.

前，陆先生热情地带领我们参观了加雄移民的办公间，放眼望去，墙上挂满了陆先生和各界名人的合照。

一、谈移民项目

针对投资移民项目被叫停，陆先生提出自己的见解："联邦政府此举实际上提高了投资移民的门槛，之前需投资 160 万加元的，未来可能需要 200 万或 300 万加元。短时间内，因为加拿大联邦政府并没有重启投资移民的计划，所以美国、葡萄牙、西班牙等接下来可能会成为移民大热国家。对北美地区而言，美国移民申请比加拿大的快，申请人数常创新高，预测也将收紧。对于欧洲地区而言，移居葡萄牙或西班牙只需 50 万欧元购房即可获得 5 年临时居住权，也有可能申请绿卡，这些都可能成为华人青睐的移民之地。"

"之所以叫停投资移民计划，有很大部分是政治角度的考量。"陆炳雄先生就此问题向我们介绍，"大家都知道，现在加拿大的华人太多了。虽说加拿大是一个移民国家，但华人所占的比重已经大大超过了其他籍移民。对联邦政府来说，在这样的情况下华人参选当选的机会很大。"

1947 年，加拿大政府废除了排华法案，加籍华人获得了选举权。1957 年，华人郑天华代表保守党在温哥华云埠中区参加国会竞选，击败了自由党国防部部长，当选为国会议员，成为加拿大历史上第一位华裔议员。郑天华的成功当选，在华人参政史上具有里程碑意义，在他之后，越来越多的华人走上了从政之路。据统计，1957 年至 2011 年间，有 140 多位加拿大华人当选或被委任为各级政府公职人员，而通过竞选，华人当选为联邦国会议员者共有 14 人 33 人次。① 加拿大华人参政数量增加，在于加拿大华人经济实力和社会地位的日益提升，也在于华人服务意识的日益提高，但归根究底依然是在加拿大的华人正在飞速增多。

有资料称，港台移民政治参与度远高于大陆移民。的确，无论是在万锦市或是士嘉堡区都能经常看到街边的华裔候选人的广告宣传信息，但一经了解，耳熟能详的华裔议员的确鲜有大陆背景。与香港移民相比，大陆移民在加拿大起步要晚，早期的广

---

① 万晓宏. 当代加拿大华人精英参政模型分析. 华侨华人历史研究，2012（3）：23～34.

东、福建沿海移民忙于生计，加上文化背景的差异，对西方社会的政治运作感到陌生，所以甚少参与。那么，近年来以大陆移民为主的华人移民潮是否是联邦政府担忧华人参政过多的原因？

非也，由于文化认同存在差异且对加拿大主流社会不熟悉，大量涌入的华人新移民于情于理都会成为华人候选人的支持者，这才是联邦政府取消投资移民的症结所在。“还有一点，打算移民的中国人都会在加拿大买房，且经常是以投资为目的买房，导致房价和相关价格水涨船高。”陆炳雄又笑着向我们指出，“还有很多年轻人来到这里，工作才刚刚起步就每天开着名贵跑车，你说怎么能不引起加拿大人的嫉妒呢？”

从市场来看，加拿大人有理由抱怨。纵观全球，近几年欧美绝大多数城市的房价都呈下跌趋势，唯独华人移民城市的房价不跌反升。华人移民热爱购房，除了因移民需要与资金闲置外，更在于中国人独有的爱屋情结。实际上，加拿大人很难理解和接受城市房价被瞬间抬高的现象，除了影响有意换房的市民的购房决策之外，也使得没有购房意向的人们不得不年年都支付不断提高的由高房价带来的高物业税。

加拿大专栏作者麦克马丁曾在文章中说道：“每个人都有着同样的不满，皆因这些（名贵）汽车、豪宅、教育，甚至专门针对富有移民的奢侈品商店。联邦政府决定撤掉投资移民类别的时候，正值这种不满占上风。当局称这是因为太多百万富翁在加拿大不交税，甚至交得比保姆还少。这种定型化术语使我们得出的印象是缺乏公义。”①更有一种说法是，投资移民本身是引进一个财富阶层而非创造一个，从理念上可能早已揭示了新移民只是带着钱来，而心仍留在了故国，弊端似乎无法避免。

陆炳雄表示对上述看法不太认同：“我个人认为投资移民对加拿大的贡献是巨大的，有人说他们工作纳税少，但看看他们买的车买的楼，还有小孩上学和平时消费，这些所交的税收都是不容忽视的。当下，许多新移民带着全家人移民来到加拿大，但不久后又放下小孩和太太回流到中国去做生意赚钱，不为什么，就因为近年来中国的从商环境更好。说投资移民交的税少，这是双方造成的，如果要留住他们，加拿大应该改善本土的从商环境。”

确实，从现实情况看，与加拿大相比华人更偏爱中国的从商环境，除去原有人脉和语言的加分条件，更有一部分原因在于加

---

① Investor – class Immigrant Program Won't Be Missed in Vancouver. *The Vancouver Sun*, 2014 – 02 – 24.

拿大的高额税率。据加拿大右翼智库 The Fraser Institute 称，加拿大家庭所缴纳的税款，比他们在食品、住所和服装上支出的总和还要高。2013 年，加拿大人的平均家庭年收入为 77 381 元，平均缴纳的税款为 32 369 元，占家庭收入的 41.8%，而加拿大人在食品、住所和服装上的花费仅占收入的 36.1%。以上所说的税款，包括了联邦税、省税和当地政府税收，具体项目包括入息税、工资税、健康税、销售税、物业税、燃油税、车辆税、进口税、酒类和烟草税等。①

“不过以现实状况来看，回流国内赚钱的‘航空人’也不一定轻松。”陆炳雄又解释道，“许多在中国和加拿大来回飞的加籍华人，其实在移民后回到中国也有很多的不适应。比如自然环境，和加拿大的自然环境相比，中国的城市环境多遭人批评。很多‘航空人’都会在下飞机时随即感觉整个呼吸系统有种不适，有人甚至会因适应不了较差的空气而生病。街边脏乱差的环境，马路上混乱的秩序，久无联系而疏远的朋友圈，都无法让他们获得往日的归属感。”

二、谈移民环境

说完税收，就不得不说到福利。陆炳雄根据他多年来对移民的观察和工作经验为我们简单地排了一个序——华人移民动因的前三名分别是“良好的子女教育”“优美舒适的环境”以及“资金的分散投资”。由此看出，虽然税收高，但高税收带来的高福利也相应地吸引着华人前赴后继源源不断地移民加拿大。

在移民收紧政策发布的同期，加拿大旅游签证取消了单次往返签证而默认为多次往返签证，签证费用也由原来的 150 加元减至 100 加元。凡是符合加拿大旅游签证资格的申请者均可持多次往返签证在长达 10 年内（视护照有限期而定）无次数限制在加拿大停留 6 个月。由此也有人曾提出，若是单单想享受加拿大“最适合人类居住”的自然环境，何不仅持这种旅游签证闲时来居留，也不必把自己的血汗钱拿去填黑洞，更无须面对是否回流中国工作的纠结。陆炳雄对这种说法给予否定，“如果真的这样生活，会没有归属感，也享受不到加拿大的社会福利。旅游签证之所以与移民政策相反持放宽态度，是因为‘增加旅游人次’与华人参政问题毫不相关。若以旅游签证来加拿大长期居住，反而

---

① http：//www.fraserinstitute.org/.

会造成利益的折损”。近年来中国经济发展快速，许多人喜爱外出旅游，环游世界已不再是小时候的梦想。虽从国内乘飞机飞往多伦多少则需要 14 小时，多则需要一天时间，但也甚少阻挡国人访加的脚步。根据加拿大旅游局 2013 年 10 月的旅游市场分析报告，2013 年 1 月至 10 月中国游客的访问量实现了同比增长 22.5%。如果国人使用旅游签证到加拿大只为了享受华人移民动因的第二项“优美舒适的环境”，那么便会与首位动因“良好的子女教育”这项福利擦身而过。加拿大是高福利国家，不仅医疗免费，在教育方面福利也是极高。公立小学和中学教育亦实行全免费，大学教育也是由政府提供大量的财政补助，以确保学费低廉，不让学费成为阻碍加拿大年轻人进大学深造的障碍。

有些人愿意为子女教育而全家移民，但有些人可能碍于各种条件无法移民，那么将子女单独送出国留学也是国人近年来热衷的一个“镀金”项目。根据上海交通大学发布的《世界大学学术排名》2014 年年度报告，加拿大境内共有 4 所大学入选世界百强大学，包括多伦多大学（24 名），不列颠哥伦比亚大学（27 名），麦基尔大学（67 名），麦马斯特大学（90 名），相比之下，国内无一所高校入围此榜单。所以，对于留学生们来说，即便需付出比加拿大本地学生高出四五倍的学费，大家也愿意往加拿大跑。学费有多高呢？举个例子，据加拿大最高学府多伦多大学公开资料显示，本地学生每年的学费是 5 372 ~ 8 791 加元，留学生学费则是 21 441 ~ 25 826 加元，差价近乎三倍。看同样位于大多伦多地区的约克大学，本地学生学费是 5 344 ~ 5 448 加元，而留学生则每年要交 16 160 ~ 16 264 加元。低学费是给加拿大人提供的福利，不让国际学生享受低学费是对加拿大纳税人的负责和尊重。

加拿大作为世界七大工业国中教育投资比例最高的国家，除教育水平与师资科研水平高之外，赴加留学的好处还有很多。其一，于个人发展方面，加拿大接壤美国，学历互认，发展前景广阔；在毕业后可获三年工作签证，移民机会大。其二，于留学生活方面，加拿大自然风光优美，社会治安良好，华人众多，留学费用较美国、欧洲而言更是低了三分之一；留学生仅需交少量保险费用便可享受免费的医疗服务。

“我觉得国内和加拿大的教育各有各的好。”陆炳雄对国内青年赴加留学这一做法不置可否，“国内的学生，可能理科或数学方面会比较优秀。但国内似乎比较注重的是一种‘填鸭式’的教育，相比之下，加拿大跟其他西方国家一样，不管是家庭教育或学校教育都更倾向于一种创作式或独立式的教育。”

“与此同时，作为一个中国人，不得不说，加拿大在教育方面可能受家庭道德观念影响会更弱一些，这可能是一些传统的华人比较难以接受的。”陆炳雄也举出了加拿大教育对华人而言的弊端。当下热词“香蕉人”则很好地阐述了这一现象，移民加拿大的华人子女，无论是从小带去的，还是出生于加拿大的，虽皮肤颜色还是黄种人，但他们的精神世界和生活方式却逐步西化，这些华人子女便被比喻为“香蕉人”。在多伦多时，小组成员曾接触过一位年过七旬的潮汕华人，他移民加拿大已有五十余年，现已三代同堂。但由于长期只生活在Dundas Street中国城的小圈子，至今聊天也只能用潮汕话交流，英语、普通话和粤语都说得不流利，而他的子孙却与他相反，早已融入主流社会，反倒不太会说家乡话。他的子孙便是上述的“香蕉人”。除了语言方面，“香蕉人”的饮食习惯和生活习惯也完全与父辈不同。在他们从小接受的教育中，很少或从不会提及家庭伦理、道德与孝义的知识，与父母相处更像是朋友间的交往，在成年之后家庭观念也减弱了，因为在加拿大人看来，家庭的概念只是夫妻和未成年的孩子。子女在成年之后，发展和生活都不受父母主观意志和经济条件的约束与管制，大多数子女搬出去住也使得“空巢”家庭增多。于西方人而言这是他们推崇的“自由”，不管是上下哪代都可以找到自己的生活方式并享受其中，但于第一代华人移民而言，这可能是短时间内难以接受但又要被迫接受的，其中利弊只能自己掌握。

“说说加拿大的主流价值观吧。”陆炳雄在聊到最后时说，“我觉得有四点，除去前边讲过的交税、自由、权利，我觉得还有一点区别于国内——移居。”加拿大是自由迁徙的国家，也就是说作为一名合法公民，可以在加拿大境内任意选地方居住和工作，不用户籍，不用档案，不用介绍信，不用找警察局，仅须在搬家后六日内更改所有卡片的登记地址。加拿大没有单独用于证明个人信息的身份证，取而代之行使这个功能的是任何一张Photo ID，即所有带照片的驾照、看病的健康卡、护照、永久居民卡、公民卡等。这与国内严格的户籍制度大相径庭。在中国，别说换一个城市生活，就算在同一个城市换一个户口地址都得提着一摞摞的资料往户籍部门跑几次。当然，之所以会出现这种情况，主要还是因为国内福利分布不均衡。现代社会的频繁交流越来越必要，不管是工作发展还是生活需要，人们不像上一辈，已经很难长期固定在一个地方了。近期，国内渐渐放宽的户籍制度改革就体现了中国社会管理的进步和发展。

三、谈兴趣经历

如同现在许多移居多伦多的华人一样，当年青葱年少的陆炳雄在父亲的支持下，怀揣高志与梦想，孤身一人从香港来到加拿大求学。自1974年陆先生的中学时代开始，他便自己赚取学费和生活费，送过Pizza、卖过保险、在快餐店打过工……半工半读直到大学毕业。

加拿大是世界上面积最大的移民国家，所以移民留学服务业也很兴旺，尤其是华人移民。陆炳雄创办的加雄移民成立于20世纪90年代，至今已有超过20年的移民、留学、签证办理经验，系加拿大移民顾问协会的首批成员，更是多伦多第一家获得ISO9002国际认证的专业服务机构。从40年前的移民者，到20年前的移民留学服务机构创办者，再到现在的多伦多移民服务佼佼者，要在这个行业立稳脚跟不简单，何况是20余年都站在行业领导者的位置。

“做移民服务必须遵纪守法，必须提供优质服务，不能利用委托者心急的心理而做出一些损坏公司名誉的行为。诚信加情感才是我们公司成功的关键！”陆炳雄也谈到，“回顾这几十年所收获到的，时常都要感谢社会曾经给我的帮助。”

加拿大社会重视义工和社区活动，对此陆炳雄亦是不遗余力地支持。在学生时期他便在社区中心做义工，为长者免费做翻译。而今，陆炳雄在工作之余亦担任加拿大研商学社会长、加拿大华人专业移民顾问协会会长、加拿大专业移民顾问公会会员、加中海外交流协会会长、加中留学生协会会长等，并经常在各大媒体上发表最新移民信息及解读，使更多的人了解相关移民信息。2013年4月，陆炳雄与太太苏美玉及两名子女一同获得安大略省省议员包坚信和黄素梅颁发的“25年杰出义工”奖，表扬他们对省社区所作出的贡献。

不管是移民加拿大或是前来留学的华人，都入乡随俗，只要有空闲都会预留时间入主流、做义工，这也是在加华人为提升国家形象作的重要贡献。

“我非常看重当义工和为社区服务的乐趣，我们平时赚的是社区的钱，秉着社会良心，有收入时便要把钱放回社区，这也算是加拿大的部分价值观。”陆炳雄笑笑说，“我们都是社区的一分子。对我来说，施比受更有福，能帮助别人是幸运和福气。”

（作者单位：暨南大学新闻与传播学院）

华文教育

多伦多的中文教育

——多伦多中文学校访记

■周　杨（Zhou Yang）

加拿大《星岛日报》报道称，华裔家长为给孩子提供全面的英文环境，在家中也使用英文交流，但多数父母并不担心下一代的英语水平，反而出钱出力让孩子保留中文能力。他们认为，中国几十年来所取得的发展有目共睹，学习中文尤其是普通话，对孩子以后的发展有绝对优势。

语言既是文化的组成部分，也是文化传承和传播的载体。任何语言的教与学都离不开对目的地文化的了解。在华文教学的过程中，语言文字的教学即中华文化发扬光大的过程。与此同时，语言作为重要的文化因素，除了发挥沟通作用，也被用来划分社会的各种群体。就像华人社区总是可以听到遍地中文，而中文又让华人在海外凝聚在一起。语言不能脱离文化而存在，不能脱离传承下来的各种做法和信念，这些做法和信念决定了我们生活的性质。基于语言与文化唇齿相依的关系，对华文教育在海外发展的调查有助于中华文化的国际传播和跨文化传播的研究，又从教育层面反映出中国在加拿大的形象，这也是华文教育成为多伦多之行的课题之一的原因。

一、华文教育的发展

海外汉语教学越来越受重视，除了得益于全球性多元文化的发展，更要归功于中国经济的崛起。我国对外汉语教育事业从新中国成立以来，大致可以划分成三个时期，分别为：20 世纪 50 年代初至 70 年代末的开创时期、20 世纪 70 年代末至 80 年代末的学科确立时期以及 20 世纪 90 年代初至今的发展和深化时期。对外汉语在教学初创之时就以普通话为标准，随着《汉字简化方案》和《汉语拼音方案》的制定和完善，其成果立刻在对外汉语教学中推广开来，并对后来国内外的汉语教学产生深远的影响。1978 年改革开放后，对外汉语在学科建设方面也有了质的突破，确立了学科名称和专业，完成汉语水平考试（HSK）的研制工作，成立世界汉语教学学会等。①

2002 年以来，国家汉办立项组织开发了针对不同学习对象、多语种的汉语教学资源 60 余种，其中有适合中小学、大学、社会成人用的教材和多媒体产品，还有不少文化读物和工具书。2009 年以来，编译了 45 个语种的汉语教材，各国孔子学院主动编写适合当地需要的教材 500 多种。②

与海外华文教育密切相关的对外汉语教学诞生之初主要是面向高等教育，如今却呈现社会化的趋势，在采访中我们更是注意到教学对象的逐步低龄化。面对这些母语非汉语的儿童，老师们认为寓教于乐，提高小朋友参与的积极性尤为重要，如何为将来进一步学习中文打下基础则是一个难题。面对变化中的移民生态，语言环境的缺乏对学好中文来说是很大的挑战。然而儿童学习语言有着天生的优势，美国语言学家莱纳德·布龙费尔德在《语言论》一书中指出："如果学外语学得跟本地人一样，同时又没忘掉本族语，这就产生了双语现象，既同时掌握两种语言，熟练程度和本地人一样。一过了童年，便很少有人的肌肉和神经还能那么灵活，或者还有那么多的机会和空闲，能把外语学到家。"③因此，华文教育的低龄化现象可以说既是挑战也是机遇。

二、加拿大的教育体制

加拿大素以教育严谨著称，兼具创新精神，是世界上教育体系最完整、教育水准最高的国家之一，人均教育经费名列世界第一。加拿大的大学在世界上享有很高的声誉，颁发的学位和各类证书在全球均被认可。1867 年，联邦宪法从法律上赋予各省教育立法权和管理权，教育事务由各省区教育部负责。因此，加拿

① 转引自张西平．世界汉语教育史．北京：商务印书馆，2009．97．见刘谦功．汉语国际教育导论．北京：世界图书出版公司北京公司，2012．16．

② 李俊芬，毕起．台湾海外华语文教材研发策略及其对祖国大陆海外汉语教材建设的启示．见李晓琪主编．汉语教学学刊（第 8 辑）．北京：北京大学出版社，2012．195．

③ 布龙费尔德．语言论．袁家骅，赵世开，甘世福译．北京：商务印书馆，1998．60．

大十个省及三个区均有各自的教育制度，执行和实施各自教育部门和省政府的有关政策和立法。① 整体来说，加拿大的教育体系从幼儿园到大学预科均包括公立和私立两种学校，分为三个阶段。

（一）公立学校和私立学校

无论是私立还是公立学校，都要经过加拿大教育局审批。加拿大的公立教育由联邦政府、省政府和市政府提供资金。公立系统以外的学校，没有政府资助，但其课程设置及毕业要求须完全符合省政府教育部的规定。私立学校对低收入家庭通常提供奖学金或减免学费。根据安大略省教育法第 16 款的规定，教育部会在其官网上公布经注册的私立学校名单。私立中学只有在教育厅检查通过后才能开设学分课程，并授予学分。上私立学校之前，家长像对待商业合同一样，仔细检查和学校签署的协议细节。出现问题可以向小企业和消费者服务部的消费者保护处寻求帮助。

（二）基础教育、中等教育和高等教育

基础教育：安大略省规定儿童从 4 岁开始进入幼儿园接受 2 年的学前教育，然后接受 12 年的义务教育。学前教育主要由政府资助的托儿所和幼儿园组成。老师是经过严格训练持有大学文凭并有职业执照的高素质人才，私人开办的收费托儿所和幼儿园也必须由具有政府执照的人当老师。

中等教育：至于中小学校，学生按照所住的区域就近上学。加拿大没有一锤定终身的统一高考制度，上大学靠平时的学习成绩和个人能力。安大略省中小学系统运行和管理 31 个英语教育局，29 个英语天主教教育局，4 个法语教育局，8 个法语天主教教育局，管辖 4 011 所小学，892 所中学。②

高等教育：加拿大许多大学均进入北美排名前 30 之列。安大略省在加拿大的 6 所常青藤大学中占 3 所。大多数高中毕业的学生都可以根据自己平时的学习成绩和志愿上自己喜欢的大学。大学教育宽进严出，如果一学期里有两门不及格就会被淘汰，被

---

① 中华人民共和国驻多伦多总领事馆教育组. 加拿大（安省）教育系统简介，http://www.educationtoronto.org/publish/portal46/tab3213/info694 42.htm.

② 中华人民共和国驻多伦多总领事馆教育组. 加拿大（安省）教育系统简介，http://www.educationtoronto.org/publish/portal46/tab3213/info694 42.htm.

淘汰的学生可以转专业、转学、到社区学院上大专或接受某种技能培训并早日就业。

（三）学分教育

加拿大各省有自己的高中文凭课程。安大略省高中课程有很多内容是英美国家的大学课程内容，可以申请英美澳等国的大学。高中期间学生须修满18个必修学分和12个选修学分，每个学分的获得须修一门110学时的课程，华语可占一个学分。选修学分是为上大学、选定今后的专业方向，学生可从学校提供的课程中按照个人兴趣进行选择。有很多学生有意延迟毕业打工赚钱，为自己储存上大学的学费。

三、多伦多华人移民及移民语言

加拿大是名副其实的移民国家。每千人中，美国有3.64人是移民，而加拿大有5.65人是移民。其多元文化政策被比喻为“马赛克”，有别于美国的“大熔炉”。这里的种族歧视较少，且八成的加拿大人接受同性恋。不少华人移民对加拿大良好的空气、安静的生活环境以及到处是绿色的自然环境感到满意。此外，媒体还总结出加拿大人诚实、乐善好施、重视家庭及加拿大社会法制健全、治安良好等吸引大量移民的因素。①

那么加拿大究竟有多少华人呢？根据加拿大统计局发布的2011年全国住户调查，加拿大有华裔人口约150万。加拿大平权会则认为这一数字应该达到170万。加拿大移民部委托不列颠哥伦比亚大学社会地理学者希伯特所做的一项研究表明，18年后华人将取代白人成为大温哥华地区的主要族裔。②

与此同时，加拿大统计局公布的2011年人口普查报告表明，全国使用的语言有近200种，而最常用的移民语言是旁遮普语，华语则排第二位。多伦多是移民语言使用率最高的城市，粤语最普遍，其次是旁遮普语。③ 列治文山市以华语为母语的人口，

---

① 徐嘉铭．移居加拿大的15个理由：教育无压力　移民多元化．中国新闻网．http：//www.chinanews.com/hr/2013/07－02/4991369.shtml，2013－07－02.

② 研究称华人将取代白人成大温哥华地区主要族裔．中国新闻网，http：//www.chinanews.com/gj/2013/04－02/4695641.shtml，2013－04－02.

③ 华语成为加拿大第二大移民语言　多伦多粤语最普遍．中国新闻网，http：//www.chinanews.com/hwjy/2012/10－26/4277794.shtml，2012－10－26.

占总人口的40.9%，首次超越以英语为母语的比例36.5%，成为全加少数族裔移民使用的母语超越官方语言的城市。其中最多人说粤语，占总人口的15.8%，普通话占10.9%。

在2013年多伦多颐康中心一份名为“大多市华裔长者转变中的需要”的小区研究报告中表明，在安大略省，经常在家中使用华语的人口中有37%讲粤语，28%讲普通话；2006年到2011年之间，前者人数减少了11%，后者人数相对增加了32%。①

四、采访多伦多中文教育机构

此次我们一共采访了大多伦多地区的五所中文教育及其相关机构。

（1）多伦多国语幼儿园。2006年开始招生，接收1.5岁到12岁的儿童。除了日常的托幼班、校后班、夏令营，双休日还开放美术、舞蹈、中文、钢琴和小提琴班。办学得到了安大略省政府部门的许可。幼儿园的职员拥有中国和加拿大幼儿早教相关文凭或证书，接受每年一度的CPR和急救培训。

（2）标准中文学校。创办于2001年年底，在加拿大安大略省注册，由来自中国大陆、热衷于海外中文教育事业的老师发起，在当时以繁体字和粤语为主导的中文教学大环境下，向海外华人及其子女以及有兴趣学习中文、了解中国文化的外国人系统教授汉语拼音、简化字和普通话，是提供从幼儿到成人全方位中文教育的机构。其中，京宝宝幼儿园是拥有政府执照的正规幼儿园，实施综合语言、数学、音乐、律动和文化的多元化中英双语教学，招收2～5岁的幼儿。随着中国大陆经济的飞速发展，不少非华裔子女也积极地加入学汉语的队伍，他们成了幼儿园增长最快的学生群体。

（3）齐鲁书院。齐鲁书院中文课程在不久前通过了教育局的审核，具有授予学分的资格，书院为每一位报名学习其他课程的学生提供免费的中文教学，学生家长志愿组成委员会负责教学等事务的协调沟通。

（4）孟尝会中文学校。加拿大大型私立中文学校之一，于1968年创立，中文班以粤语、普通话授课，共分成十三级，学生年龄由3岁起。现在拥有位于北约克、怡陶碧谷、万锦市及列治

① 普通话服务需求增 加华裔新移民结构改变衍生问题. 中国新闻网, http://www.chinanews.com/hr/2013/06-21/4955205.shtml, 2013-06-21.

文山市的 4 间分校，学生超过 1 100 人。中文学校在每个学期内举办绘画、书法、作文及朗诵比赛等活动。学校设有多项奖学金，颁发给成绩优异的同学。不少家长义务组织家长会，协助学校开展课堂及课外活动。

（5）多伦多汉语水平考试中心。其在 2014 年推出了汉语考试的网考，为大多伦多地区的考生提供便捷、灵活多变的考试服务。

五、多伦多中文教育的特点

在与大多伦多地区的中文学校及教育机构的负责人交流的过程中，我们了解到随着中国移民的增多，多伦多的中文教育呈现出很多前所未有的新特点。

第一，中文教学以私立学校为主。

既然公立学校免收学费，又有教育局的监督，为什么仍然有那么多的学生选择到私立学校学习中文呢？齐鲁书院的校长和老师们认为，公立学校按照学生的年龄分班，无法照顾到学生不同的中文水平，再加上对中文教师的甄选不够严谨、教学上缺乏目的性、课时少等原因，使重视中文的家长们更愿意让孩子在私立学校学习。鉴于英语、法语为加拿大的官方语言，全中文环境的公立学校并不存在，为了让学生适应现实的语言环境，英文课程对学校来说也是必不可少的。私立学校多由华人移民创办，从语言环境到文化传播都具有很强的竞争力。

第二，学生具有愈发多元的文化背景。

中文学校的学生大致可以分为三类人群。第一类是第一代移民以及第一代移民的子女。他们要么已经具有语言基础，要么家庭可以提供语言环境。第二类是越来越多的第二代甚至第三代移民的子女。他们的家庭已经无法为其创造语言环境，学习中文是出于文化寻根或实际的考虑，齐鲁书院的姚老师就表示自己的很多学生属于这一类，语言输出对他们来说非常困难。第三类是非华人群体。这一群体在我们采访的学校中所占的比例不大，但他们的存在让这些从事跨文化传播的老师们感到欣慰和自豪，京宝宝幼儿园里金发碧眼的小朋友在华人老师的带领下有秩序地吃午餐，齐鲁书院也有计划在西文媒体上做广告开始招收其他族裔的学生。

第三，从业者多是经验丰富、熟悉且热爱教育事业的华人。

受访机构负责人多在国内有多年的教学经验，漂洋过海移民加拿大后，继续在该领域深造学习，获得资格证书，然后开班办学。实力水平在他们的课堂教学中可见一斑，他们对教具、教材提出自己的意见和建议，希望通过我们让国内的相关机构了解到海外中文教学的真实情况。

第四，办学严谨，遵守当地政策法规，注重教学方法的研究。

多伦多中文学校往往占地面积不大，比起“学校”倒更像是辅导班，但不同的是，这些“辅导班”需要通过教育局的审核，其课程获得认可，符合当地教育局的要求并受教育局的监管，才可以教授学分课程。掌握了这么大的权利，会不会出现违规、作弊的事情呢？齐鲁书院接待我们的申老师立刻打消了我们的疑虑：“学校和老师很注重声誉，这种事情绝不可能发生，再者教育局也会进行监督，一旦发现违规的行为会给予严厉的惩处，学校得到官方的认可也是很不容易的事情。”此外，学校教师人数比例很高，幼儿园的每个孩子都可得到个性化的照顾。中文课堂上，老师熟悉每个小朋友的性格特点乃至家庭背景，有针对性地进行提问和引导，这在国内的大多数课堂上是难以想象的。在教学方法上，更加注重学生的兴趣，注意课堂的互动和启发，教师或学校自己编写实用的教材，幼儿园则热衷于哈佛多元智能理论、蒙特梭利教育法等的研究与实践。

第五，家长在学校教育中扮演重要的角色。

家长和家庭的作用不仅局限于中文环境的塑造，更是与加拿大本地的义工文化相结合构成了家长联合会等志愿者群体。家长和学校共同承担起教育的责任。比如，幼儿园鼓励家长在社交活动中担任义工。齐鲁书院拥有由家长自发组织和参与的家长委员会。据委员会的负责人介绍，他们可以监督学校，发现问题向学校提出，学校也会及时予以纠正。

六、多伦多中文教育困境

首先，私立教育机构的力量单薄。

在采访的过程中，这些机构表现出渴望与国内的机构进行合作的需求与意愿，有的甚至提出了详细的合作方案，比如，可以将其作为海外中文教学的实习点，在为学校相关专业的师生提供实习乃至就业的同时，也希望可以获得资金等方面的支持，扩大办学规模。究其原因，私人办学在资金、管理、教学等各方面都有一定的局限性，而与国内外相关机构或学校的合作，可以为他们提供信誉保证，提高知名度和美誉度，获得资金、人力、教学等方面的支持。对于国内的大学来说，与华人中文教育机构的合作，可以为有意从事对外汉语教学的师生提供海外实习的机会，并且扩大在海外华人圈中的影响力，培养优秀的对外汉语人才，增强学校的学科实力。

其次，学生学习中文的条件和热情程度是教学成功与否的关键因素。

学生选择学习汉语，多是父母的要求，或是为了赚学分，部分是出于兴趣，一旦强制因素消失或兴趣衰退，汉语学习也就难以为继，能坚持到中高级水平的学生寥寥可数。因此，如何使初学者对汉语学习产生持久的兴趣，成为长期困扰着北美汉语推广者的一个难题。①

再次，教材是一线教师们反映最多的问题。

教师们认为侨办的中文教材太难，每一课之间的难度跨度大，学校的学生很多已经是第二代、第三代移民，家里也缺少中文环境，每周仅靠几节中文教学根本无法适应教材的水平和进度。除去难度上学生接受不了，内容上也脱离加拿大本地华人的实际情况。我们在采访中发现，针对这一问题，有条件的学校自编教材，也有的学校东拼西凑，不管台湾的、大陆的，合适就用，有的则以侨办的教材为基准再由老师根据实际情况加以变通，总之八仙过海各显神通。教师们认为这也是无奈之举。除此之外，随着多媒体教学的普及，尤其针对幼儿、青少年的多媒体配套教学软件的需求变得非常大，“加拿大的教育特别重视寓教于乐和学生的参与，我们在课程设计中也格外注重这一点”，老师向我们展示的一套中文教学软件还是由一位家长向其推荐的。

最后，以考促学、以考带练的情况不容乐观。

我们从汉语水平考试中心负责人处了解到各种汉语水平考试在加拿大发展步履艰难。根据学校的统计数字，截至 2014 年 6 月 14 日，参加考试（HSK/HSKK/YCT）的人员为 75 人，虽然这一数字正逐年增长，非华裔考生也在增加，但与媒体渲染的“海外中文热”局面似乎大相径庭。另外，改版后的 HSK 由原来的 11 级缩至 6 级，难度降低、级别不够，考试中心一名 13 岁的当地女生完成 6 级考试之后面临无试可考的局面。再者，汉办在活动政策上的不确定性也让考试中心感到无奈。中心表示，目前已有 4 名学生希望参加汉语考试夏令营，家长也向学校老师询问多次，学校从汉办

① 转引自姜有顺．汉语教学直通车：北美本土教学资源开发和教材建设的新成果．见刘谦功．汉语国际教育导论．北京：世界图书出版公司北京公司，2012．41．

得知今年的政策有变，直至结束采访的5月30日仍旧没有任何消息。官方政策的朝令夕改与千变万化只会带来负面的影响，机构相关负责人对此表示惋惜。反观商务英语、托福、雅思甚至日语能力水平测试在国内的发展，HSK还有很长的路要走。

七、建议和意见

针对上述问题，我们提出相应的意见和建议，希望使其得到改善。

宏观层面上，首先要面临的是统一的规划、领导以及理论的建设问题。无论是海外华文教育的发展抑或是中国国家形象的传播，都要坚持一个一以贯之的理念和核心思想，一方面体现国家推广海外华文教育坚定的信念，另一方面也是一线教学人员保持工作热情和学生保持学习积极性的有力后盾。保证各项政策、活动稳定性的同时，应当避免相关机构各自为政的情况出现：在教材、理论建设等方面表面上形式多样，实际上重复研发多而创新少，事倍功半的工作模式不利于海外华文项目的高效推进。毕竟在海外华文教育领域，香港和台湾的机构无论在时间上还是质量上都得到了很多华人的认可，大陆如何能在这场比赛中后来居上，需要各个部门同心协力。加拿大的多元文化让中文教育能够自由发展，但是其以英语、法语为官方语言也让中文教育始终只能带着镣铐跳舞，鉴于加拿大华人群体的不断扩大以及我国国力的持续强盛，我们是否能够借鉴欧洲语言作为第二语言教学的经验，寻求向公立教育领域发展的可能呢？比如为公立学校提供专门的教师培训、教材、教具，建立友好学校关系进行访学交流，举办文化节等增强学生的学习热情和欲望。

微观层面的工作应广泛吸纳一线教师参与。可以具体到教材、教师和教法等方面。

首先，教材的纽带作用不容忽视。教材水平不仅能反映教学理论和教学法研究的深度，而且在很大程度上决定教与学的效果。[①] 随着汉语教学国际化进程的加快，汉语教学国别化问题越来越突出。近年来，不少学者呼吁编写国别化教材，即针对教学对象所在国家的母语背景、文化特色、社会状况以及教学对象的

---

① 刘谦功．汉语国际教育导论．北京：世界图书出版公司北京公司，2012．234．

认知方式、表述需求、心理特征而编写适用性教材。[①] 多数教材和教学资料的编写者缺乏对国外教师和学生实际需求的了解，没有把编写供国外教师和学生使用的教材和教学参考资料与供国内市场的教材和教学参考资料区分开来。教材应站在使用者的角度，从如何便于学生与教师使用的角度来编写。[②]

对教师的培养也应该针对国内外，全职和兼职，幼儿园、中小学、高中乃至高等教育阶段的不同需求，有针对性地提供定期高频率的服务。建立对外汉语教师培训基地，为教师提供交流的机会。

教法上，学者在与台湾的华语文教育进行横向比较时发现，数字化手段是台湾海外华语文教材的基本载体，为实现作为外语的汉语教学所要求的情景性、交际性、趣味性、互动性提供了技术支持和保障，也使海外汉语教学资源的质量大大提升。由于数字资源种类丰富、数量大、操作方便，可极大地增强教学的生动性和趣味性，增加师生互动机会，受到一线教师的欢迎。[③] 相比之下，国内对数字教学内容的开发与宣传做得远远不够。

其次，从汉语水平考试这一点来看，20 世纪 80 年代以来，国内外推出了一系列以汉语作为第二语言的大型标准化水平考试。从日本举办的“中国语检定”、北京语言大学举办的汉语水平考试、教育部举办的中国少数民族汉语水平等级考试、美国举办的 AP 中文考试、中国台湾地区举办的华语文能力测验，一直到中国国家汉办推出的新 HSK 系列、北京语言大学的 HSK 改进版系列和实用汉语水平认定考试、教育部和国家语委联合推出的汉语口语水平测试以及近年有学者力推的华文水平测试。[④] 一方面我们是否需要如此变化多端的考试，是否考虑过不同国家和地区的学生背景而决定推广的主次？另一方面学界严谨地认为“对外汉语教学”与“华文教育”是两种不同性质的教学，应该有专属于各自的教材和考试，否则不利于完整的教学体系的形成。

（作者单位：暨南大学新闻与传播学院）

---

① 刘珣．对外汉语教育学引论．北京：北京语言文化大学出版社，2000．312．

② 韩曦．从新西兰看国际汉语教学资料的需求．见李晓琪主编．汉语教学学刊（第 8 辑）．北京：北京大学出版社，2012．220．

③ 李俊芬，毕起．台湾海外华语文教材研发策略及其对祖国大陆海外汉语教材建设的启示．见李晓琪主编．汉语教学学刊（第 8 辑）．北京：北京大学出版社，2012．195．

④ 王汉卫，黄海峰，杨万兵．华文水平测试的总体设计．华文教学与研究，2013（4）．

加拿大华文教育现状及其品牌建设

■付梦雯（Fu Mengwen）

“你认为中国应该是什么样子的？”

“……煤炭！”

这不是一个冷笑话，而是发生在多伦多齐鲁书院门前的真实一幕。一个出生在加拿大，从未踏入中国国土的五岁华裔小男孩 Tony 在似懂非懂中回答了我们的提问。在中国，一个刚学会说话的孩子就能轻松回答的问题对于 5 岁的 Tony 来说却是十分困难的。这透视出海外华侨的生存现状与华文教育的困惑。

一、华文教育——始于中国人踏出国土的那一刻

华人移居海外已有 1 000 多年的历史。目前有 4 000 多万华侨华人分布在全世界 100 多个国家和地区，华文教育是海外华侨华人社会活动的必然产物。全世界凡有华侨华人居住的地方，就有不同形式、不同层次的华文教育。华文教育与华文报刊、华人社团并称为华社的“三大法宝”。华文教育概念的提出并非偶然，而是经历了一个从华侨教育到华文教育、由海外提出再到国内发展的必然的历史过程。①

（一）海外华文教育承载的历史使命

海外华文教育是指对侨民、外籍华人、华裔和少量非中国血

① 顾圣皓，金宁. 华文教育教学法研究. 广州：暨南大学出版社，2000. 11.

统的外国人进行的汉民族语言文化教育。①

海外华文教育的性质是民族教育。海外华文教育的任务主要从以下几方面体现：使华人青年传承中华民族的优良传统和文化素质，作为所在国多元文化的一元，增强民族凝聚力，融入主流社会；维系海外华人与祖国亲缘情谊的纽带；传播中华文化，促进世界文化合作交流；增进华人所在国与中国的友好关系。②由此可见，华文教育承载着重要的历史使命。

（二）华文教育——国家文化软实力

1. 发展文化软实力是中国崛起的必要手段

美国哈佛大学教授约瑟夫·奈于 1990 年首次提出了著名的“软实力”概念。他认为，一个国家的实力分为硬实力和软实力两大类，硬实力是指军事等强制力和经济实力等诱惑力；软实力是指文化和意识形态的吸引力。③ 在约瑟夫·奈看来，“软实力”的来源主要有三个：“一是文化（能够吸引他者的文化）；二是价值观（国家内政和外交都坚持的价值观）；三是对外政策（具有合法性和道德权威的对外政策）。”④软实力在很大程度上依赖信息的说服力。如果一个国家可以使它的立场在其他人眼里具有吸引力，并且鼓励其他国家依照寻求共存的方式加强界定它们利益的国际制度，那么它无须扩展那些传统的经济和军事实力。⑤

“文化软实力”的概念由“软实力”的概念衍生而来。胡锦涛在中共十七大报告中提出，对中国来说，发展软实力，特别是文化软实力是十分明智的战略决策。中国经济正在迅速崛起，“中国威胁论”也伴随着中国的崛起而成为世界大国的议论焦点，并且会对邻国造成心理上的恐惧和威胁。如果软实力以同样的速度增长，那么有可能避免因邻国恐惧与感到威胁而带来的对中国的负面影响。

---

① 唐燕儿. 论海外华文教育的发展及其趋向. 高等教育研究，2009（6）.

② 李莎. 基于营销视角的海外华文教育拓展战略研究. 华侨大学硕士学位论文，2011.

③ ［美］约瑟夫·S. 奈. 硬权力与软权力. 门洪华译. 北京：北京大学出版社，2005. 117.

④ 叶新田. 马来西亚当前时局与华教发展策略. 马来西亚华校董事联合会总会，2011.

⑤ Joseph Nye. The Challenge of Soft Power. *Time*，1999（2）.

中国文化软实力包含了以儒家思想为主体的中华传统文化，“和谐”“和而不同”等传统价值观在内的核心要素。文化是一个民族的灵魂和标志，是一个民族的精神家园，是民族认同和民族凝聚的基础。失去了民族文化的优秀传统，就失去了凝聚力和向心力。在过去的几十年里，中国招收的外国留学生大量增加，同样增加的还有被吸引而来的外国游客，这些无不是文化软实力所带来的影响。

2. 华文教育与中国文化软实力的互动

近几年，中国在世界各地建立孔子学院，用于推动海外华文教育，并致力于传播中国的语言和文化。中国已经慢慢进入了全球大众文化的领域，中国文化也以润物细无声之势渗入全球各国文化。从经济发展的角度看，族群的经济越发达，其语言与文化的地位和作用也越凸显。从历史上看，华人在世界各地取得了经济上和其他领域的显著成功，其语言和文化的影响力也随之提升。

华人经济实力的增强不仅能提升中华传统文化的吸引力和影响力，更有利于中国与世界各国在文化领域上的沟通、交流与合作，提升中国在世界各国的文化影响力，对中国文化软实力建设具有深远的意义。中国文化软实力的提升必定增强各国华人对中华传统文化的认同感，文化认同感的增强将促使华人自觉肩负中华传统文化传承者的角色。由此可见，华人文化和华文教育与中国文化软实力之间存在着相互影响、相辅相成的关系。华文教育是中国提升“文化软实力”的重要途径之一；同样，中国崛起也是促进华文教育发展的外在动因。[①]

地产经纪人说：“现在豪宅都是华人在买，要是我能说点中文的话，生意就好做一点。”

二、华文教育在加拿大

（一）多元文化促进华文教育在加发展

加拿大的文化多元论最早出现在 1922 年，与文化同化论背道而驰。1971 年，特鲁多总理宣布施行多元文化政策，其基本内容是政府帮助所有愿意并努力为加拿大作出贡献，有明显帮助需

---

① 杨华. 文化软实力视角下的马来西亚华文教育. 暨南大学硕士学位论文，2013.

要的民族集团；政府帮助所有文化集团的人员克服文化障碍以全面融入加拿大社会；政府在国家统一的前提下促进各种文化的接触交流，并帮助移民学习其中一种官方语言以便全民投入加拿大社会。1982 年，政府将多元文化主义写入加拿大宪法。1987 年，又对多元文化政策做出具体解释；多元文化政策必须对所有加拿大人有利，而不是专对小民族文化区的政策，保证所有加拿大人在社会、经济、文化和政治上的平等。承认多元文化是加拿大的特点，保护加拿大所有的传统语言，承认多语言的文化和经济利益。1988 年 7 月，加拿大多元文化法通过，巩固了多元文化的政策地位，为此政府拨了数亿加元的经费。多元文化政策的提出和落实，得到来自世界各地的新老移民的拥护。① 华文教育正是在这种背景下逐渐发展起来的。

（二）加拿大华文教育发展概况

加拿大是一个移民国家，共有 50 多个不同的族裔。2011 年加拿大华裔人口已达 150 多万，约占全加拿大人口的 3%。随着加拿大中国移民及华裔人数的增长，学习华文的人数不断增加，华语已成为仅次于英、法两种语言的加拿大第三大语言。②

现如今，中文成为加拿大各省教育部规定的高考科目，加拿大的华文教育也已经不再是中文教育的延伸，而是加拿大完善教育体系的一个组成部分。加拿大华文教育是加拿大对少数族裔实施母语教育计划的一部分。

加拿大有支持汉语办学的法律条例，因此华人社团多在他们聚居区办汉语学校、汉语班，教育内容不限于汉语。为了子女立足社会有谋生之技，往往既教汉语，又教英语；职业教育、华文教育的内容方式比较灵活多样。

（三）从华文教育机构看华文教育

笔者特意走访了大多伦多地区具有代表性的华文教育机构，包括京宝宝幼儿园，针对青少年的齐鲁书院、孟尝会中文学校以及 HSK 汉语考试中心等，通过采访、观察、试听课程等方式试图从不同的层次和角度来了解加拿大华文教育的现状。

---

① 李宝贵. 对当前加拿大华裔中文教育现状的思考. 海外华文教育，2004（3）.

② 梁霞，张应龙. 加拿大华文教育的现状分析. 广西社会科学，2005（12）.

1. 家长——在华文教育中扮演最重要的角色

齐鲁书院的家长委员会虽然成立仅有半年的时间，但是家长们的义工工作已经持续了两三年，在学校的张贴栏中我们看到家长值班表与课程表并排贴在一起，十分醒目。家长们每个周末都会来学校做义工，负责照看这些孩子的安全，这既为学校减轻了负担，又让每位家长多了一份责任。

家长委员会的主要工作是发现学校问题，及时提出意见和建议。 去年有位家长发现一位中文老师没有教学大纲，他们考虑到有五六位老师教不同的班级，没有教学大纲会让家长不知道自己孩子在这个班里能学习多少字，能达到怎样的中文水平。 于是家长委员会把这个困惑向学校反映，并召集所有的中文老师一起来研讨，最后得出的结果是家长委员会应该有一个教学主任，代表家长来了解教学情况，不过老师依然可以按照自己的教学方式教学。

京宝宝幼儿园的常园长同样表示家长在教学中起着决定性的作用：幼儿园提出一个建议时要绝大部分家长都能接受才行，否则提出来也没有意义。“运营一间学校就像开一辆火车，每个人都有不同的要求，都得尽量满足，我们是私立学校，家长对于我们来说就是顾客，他们满意了才会将孩子送过来。 我们会分析家长的要求是基于他们本身还是孩子，如果是对孩子好的，那我就会去做；如果对孩子没好处，纯粹出于家长个人的希望，那就得等一等了。 学校和家长拥有的共同目标就是希望这些孩子们能喜欢中文并将中文学好。”

虽然学校十分注重老师和家长的沟通，但很多时候老师是见不到家长的，所以老师们会给家长发一些校讯，向他们介绍课程的设置。 家长根据这个大概就可以了解孩子在幼儿园到底是怎样一个状况。 动态的沟通也主要是为了让家长们对孩子的学习状况有一个大致的了解。

2. 教材——决定华文教育质量的重要因素

教材具有价值赋予功能，因此研究华文教育，教材是必不可少的元素。 加拿大的大部分学校都在使用暨南大学出版社出版的一套针对海外华侨的华文教材，这套教材是中国驻加大使馆免费发放给各个教育机构的，而且这套教材操作起来也十分简便易行。 免费是这套教材使用率高的原因，但是在教学的过程中也出现了很多问题。

教材是由暨南大学华文学院统一编写，面向各个国家的华侨华人。 由于生活习惯、地理位置、成长环境等因素的不同，这套教材在各国的华文教学过程中出现了不同程度的水土不服。齐鲁书院的姚老师在结束一堂生动的中文课后向我们表示，这套教材对于这些水平一般的孩子来说太难了，“穿”和“戴”无法区分，语音是“洋腔洋调”。孩子们一年能听懂，就已让人很欣慰了，很多家长是第二代移民，孩子是第三代移民，只能输入，很难输出，不知道怎样解决这个问题，只能尽量做到营造语言环境。姚老师在教材的基础上根据孩子们的实际情况进行教学大纲的编写，其中加入自己的经验和思考，这样的教学方式是很多中文教师所采用的最佳方式。

除了课本的内容外，老师们也会采用游戏、视频等形式教学，帮助孩子们提升兴趣，提高教学质量。京宝宝幼儿园的常园长表示：教孩子学中文的视频通过中文将社交、礼仪、数学等很多东西放到了一起。而且加拿大的家长很介意的一些动画片，比如《西游记》是绝对不能放的，《喜羊羊与灰太狼》也是不能放的，不单单是因为有暴力倾向，家长们不希望孩子在这么小的年龄就接触那些比较负面的“坏人”元素，而是希望能通过一些真善美的东西传达给小朋友一些他们能理解的道理。

教材面临的现状就是内容定位与学生的兴趣脱节，中国传统的“传道”与“留根”的理念和内容较多，与学生的心理意趣和实际生活不相关联。汉字的书写要求过高而实用性却不强，减弱了学生的学习兴趣。语言点难度常常过大，生词密度过高，字词等语言项目的选择和安排很少进行系统的量化分析与合理的分布控制和重现。没有非常适合加拿大地区的华侨华人，特别是第二代、第三代移民的中文教材，这是目前华文教育面临的主要难题。

3. 师资——华文教育最重要的考量标准

在京宝宝幼儿园里，每个老师会负责不同的区域，因为政府对幼儿园有严格的师生比例（1∶8）要求，一个老师最多只能负责8个孩子。在采访中我们看到，幼儿园的教室里，最多的有24个孩子，所以这个班至少要配3个老师，而这3个老师也有分工。上课时，有的老师负责语言，有的就负责其他事宜，更多的时候主要是团队合作。

加拿大规定，在学前年龄段，一个老师只能教8个孩子，那么孩子们的行为习惯就可以慢慢地调教。幼儿园里，如果有2个老师在教室里面，她们肯定是分工合作的，而有3个人在则是互相弥补，所以加拿大的教育从小对小朋友的团队合作能力要求很高，小学就有很多作业要求小朋友和其他人合作完成。

三、华文教育营销战略与品牌树立

随着中国国际地位的提升、华文教育意识的不断增强，华文教育面临着国际化、本土化、多样化的发展趋势，发展的过程中必然会出现不同层次的竞争。从大多伦多地区的华文教育机构来看，教学的方式主要是以中文教学为主，辅以兴趣等的培养。在市场趋于饱和的情况下，华文教育的营销战略起着很重要的作用。①

华文教育需要制定更多的营销战略，互相补充，互相依托，整合运用。每一所学校应该从各自的实际情况出发，进行营销战略整合，树立各自的海外华文教育品牌。

（一）定位——自我认知与发展方向

京宝宝幼儿园的常园长谈到自己的创校史时激动不已，十年前她跟随丈夫移民来到加拿大，刚来之初生活不适应，语言不通，只能待在家里相夫教子，一次偶然的机会，在与同是全职太太的华人聊天时发现，目前缺少同时教孩子们中文和英文的幼儿学校，她当时一想，反正我们待在家又没事情做，何不自己来呢？于是几个姐妹一商量，京宝宝幼儿园就发展起来了。目前在大多伦多地区已经开了三家分校，规模庞大，也很受当地人的认可。

我们在采访中发现学校中其他族裔的学生占了学生总人数的30%左右，这是其他华文教育机构远远达不到的。京宝宝幼儿园虽然地处唐人街，却吸引了许多加拿大本地人加入。

京宝宝幼儿园有着明确的定位，常园长总结道：“我们学校不仅是针对华人社区，基本上可以说是融入主流社会了，我们的孩子也好，我们老师的素质也好，我们的项目也好，管理各方面都是比较加拿大化一点。”

（二）活动——宣传中华传统文化

今年是慈善机构孟尝会成立50周年，孟尝会的三家中文学校为了庆祝这一盛事，一起举办了一场声势浩大的毕业典礼。这场毕业典礼可不普通，500多名学生和老师全部换上唐装，演绎

① 李莎. 基于营销视角的海外华文教育拓展战略研究. 华侨大学硕士学位论文，2011.

了一场唐朝毕业典礼，这在多伦多可谓十分难得。除此之外，中秋节、农历新年孟尝会都会组织学生活动，吃特色小吃，举行表演，讲这些节日的来历，在娱乐轻松的氛围中宣传中华文化，让海外华人意识到传承文化的责任与意义。

齐鲁书院家长委员会则组织了一场以华罗庚命名的数学比赛，这对加拿大的华侨来说是一件很有意义的事情——以中国伟大数学家命名的比赛，不单单是一场比赛，更是寄托了海外华人对祖国的思念和对子女的期待。

（三）宣传——必不可少的营销策略

齐鲁书院李校长是位性格内敛踏实的山东汉子，他的办学方针也与其性格一样，稳步前进。他怀着办一所好的中文学校的期望在多伦多创业，开始并没有想过要做宣传，他认为优质的教学质量以及家长们的口碑是他最好的宣传，免费的中文班吸引了很多家长与学生，但持续了一段时间之后，学校的生源变得越来越少，盈利就更无从谈起了。

直到皮尔教育局一位教中文的章老师到来，学校的情况才开始有了好转。章老师是一位性格豪爽的东北女性，考虑事情十分周全，在了解到齐鲁书院的情况之后她果断地跟李校长说，为什么不把你的理念宣传出去呢？现如今，酒香也怕巷子深啊！于是，齐鲁书院开始着手宣传，最初只在华人媒体特别是一些免费报纸上刊登广告，生源情况大为改观，如今学校要进一步拓宽生源，也开始在加拿大本地报纸上做广告宣传。李校长欣喜地向我们表示，现在中国学生已有 200 人，今年开始招收其他族裔学生，预计占学生总人数的 10%。

四、结语

华文教育品牌的打造和树立是需要一个过程的，绝不是口号、标语、广告、金钱所堆积起来的，它必须体现在教育教学的各个环节之中，这是需要一定的积累和沉淀的。学校规模扩张过度，忽视品牌的内涵发展，忽视品牌的管理、质量和特色，采取扩大地盘、扩建大楼、办分校、搞兼并、实施连锁办学等形式，一味放大、输出教育品牌，反而会削弱自己的品牌价值和教育能力，严重影响了学校声誉，甚至最后败下阵来。[①]

对于华文教育机构而言，品牌战略就是如何把机构的信息传递给公众，如何通过最好的服务满足社会需求，履行自己对社会的承诺；从而获得社会的认可，并建立起独一无二的品牌。

加拿大华文教育机构综合了教学方法、办学方针、师资力量、活动宣传、学校推广等各个方面的合理推动，不管是学生家长还是办学校长、授课老师都致力于孩子们的中文学习，为了中华文化的传承贡献自己的力量。 当华文教育在加拿大的土地上竖起鲜明的旗帜时，中国形象也将以华文教育机构为基点传播到加拿大各地。

（作者单位：暨南大学新闻与传播学院）

① 杨秀娟. 教育中的品牌延伸现象：以新东方教育品牌发展为个案. 科教文汇（上旬刊），2008（7）.

加拿大学前儿童中文教育浅析
——以京宝宝幼儿园为例

■区瑞麟（Ou Ruilin）

为了更全面地调研加拿大多伦多华文教育的整体发展情况，在学前儿童的中文教育方面，我们华文教育组对多伦多市中心的一所幼儿园进行了实地采访考察，试图从中了解加拿大华文教育在学前儿童这一区间的真实状况，以及加拿大幼儿园在中文教育模式方面的尝试与运营，对比总结与国内幼儿阶段中文教育的差异，获得一些经验与借鉴。

一、幼儿园中文教育兴办的原因

一方面，由于中国国际地位日益提高、经济实力不断增强，让小孩学中文具有前瞻性。通过采访我们得知，10 多年前的加拿大华人刚移民到这片陌生的土地，希望无论是他们本身还是他们的孩子，都能更早更好地融入加拿大社会，因而重视英文教育。但近 10 年来，由于中国经济的发展，很多华人特别是近期的移民都是投资移民或者技术移民，他们的想法很有前瞻性，中国经济的发展令他们意识到中文学习的重要性和迫切性，所以很多家长除了让孩子们学好英语外，还希望孩子学好中文。他们有的会请家教，有的会将小朋友送去幼儿园，既学中文又学英文，而年龄偏大的孩子就会选择去上各种中文学校。可以说，近几年华人对孩子的中文教育越来越重视。

另一方面，中外文化交流日益密切，更多外国人希望通过学习中文来了解中国的实际情况，并且提前让自己的孩子认识中华文化的魅力。我们采访的京宝宝幼儿园位于市中心，离唐人街很近，但是很多家长并不是住在这个区，他们多数住在中城（Midtown）比较富裕的区域，但由于他们在市中心上班，于是就能在上班的时候把孩子寄托在幼儿园里。这也从侧面反映出家长让孩子接受华文教育的需求。

除此以外，随着加拿大华人移民越来越多，他们在当地投资贸易，从事不同的产业，从餐饮服务业到地产业甚至传媒业；华人社会规模的扩大，华人越发活跃以及在当地地位和影响力的提升，令外国人意识到要与中国人打交道做生意就要学习中文，以便沟通。

最为重要的一点是，一个国家的政策是语言文化得以传播发展的关键因素，正如朱志平教授所言："加拿大华人社会的客观现实，与加拿大政府提倡多元文化并存的政策，为当地汉语、汉文化的广泛传播提供了良好的生长土壤和发展契机。"①

二、幼儿园的中文教学

（一）课程设计

在课程设计方面，幼儿园主张团队合作，大家一起来构想适合儿童的中文教程，但是大方向还是由园长来把握，同时，还要顾及家长的意见和需求。假如提相似意见的家长越来越多，幼儿园方就会明白原来某种课程或者某个问题是他们感兴趣的。陈老师说，其实这就跟商店进货是一样的道理，刚开始第一个顾客问有没有这个商品，你可能不在意，但问这个商品的顾客多了，你就会知道这是共同需求，就会进货。所以家长们提出的要求多了，幼儿园方发现有共性后，就能更有针对性地开设中文教育课程。

然而，课程也不需要经常更新，因为儿童需要时间去适应新的课程与教学方法，所以基本上每年 9 月份之前的暑假是幼儿园课程调整期，会结合儿童的具体情况和家长的建议来设计新的课程，希望能给幼儿园的小朋友带来一些新的东西。陈老师表示，在过去几年里，他们都加入了一些新的元素并去掉一些旧元素，有计划、有节奏地进行课程的更新调整。

（二）教学模式

《让孩子生活在孩子的世界里：加拿大儿童教育的特点》里提到："在 0 ~ 7 岁阶段，加拿大儿童教育强调的是'WILL'——儿童'乐意'参与社会活动。注重和强调的是儿童身体器官的发育

---

① 朱志平，徐彩华，娄毅，宋志明. 机遇与挑战——加拿大中学汉语教学考察研究报告. 北京师范大学学报（人文社会科学版），2001（6）.

发展及儿童心理的发展（如创造力、想象力），拒绝儿童接触电视、计算机等媒体，以保护儿童的生活不会受到不良环境的污染。他们重视培养孩子的生活自理能力，如在游戏中让儿童模仿和尝试烹饪、编织、园艺、木工、相互照顾等。重视安全条件下儿童自由地游戏和探索。但不强调儿童在该阶段学习数学、背诵等。”①

加拿大的教育让孩子们能自娱，一个好的幼儿园一定是把小朋友的兴趣和上课的内容结合到一起。我们小时候在国内接受的教育，大多是老师制订计划，然后我们接受；这边的教育更多的是倾向于双方合作，有的幼儿园可能就是让小朋友玩，发现他们的兴趣，然后让老师根据他们的兴趣设计教学。

（三）教学内容

1. 在多元智能理论的基础上进行中文教学

京宝宝幼儿园推崇以儿童为主体的多元化教学，强调儿童的个性发展，并期望透过对儿童早期的中文教育，让他们在潜移默化中接触东方文化的魅力，并且能帮助他们在将来更好地融入加拿大多元文化的社会环境，为儿童在成长的关键时期提供一个学习中文的好机会，其教育的理念基础来源于美国哈佛大学著名教育家霍华德·加德纳教授的“多元智能”理论。②

霍华德教授认为，人类的智能是多元而非单一的，包括语言智能、空间智能、逻辑数理智能、运动智能、音乐智能、自我认知智能、人际关系智能、自然观察智能八个方面。这个理论应用在欧美一些国家的幼儿教育上并且取得了成功，而京宝宝幼儿园也在这个理论的基础上对儿童进行中文教育：

首先，通过教师引导，儿童能主动参与一些与生活相关的益智活动或操作实验，这是一个他们感兴趣的中文学习环境，可促进多元智能发展。比如京宝宝幼儿园的小朋友会上艺术课、汉字书写课、手工创作课、科学实验课、中文阅读课以及音乐表演课等，教师还会利用视频教孩子们学中文，把中文跟不同的学习内容结合在一起，让课堂变得有趣，令儿童体验多元化的学习，明白合作的重要性。其次，多元智能的中文教学重视差异化学习，即尊重孩子自身的经验和兴趣爱好，根据不同儿童的性格特

---

① 张丹枫. 让孩子生活在孩子的世界里：加拿大儿童教育的特点. 生活教育，2010（5）.

② 参见多伦多标准中文学校官网，http：//www. torontomandarinschool. com.

征和接受能力来引导他们学习中文，因材施教。最后，多元智能中文教育强调以现实生活的经验作为教学内容，帮助孩子们与他人互动，从认识自己到认识班级、社区，进而接触社会，所以幼儿园会定期组织儿童到户外活动，或参观不同的社区机构，例如在多伦多公共图书馆举行故事会活动、组织儿童参观消防站等。

2. 选择性播放中文动画，让儿童用玩具学习

陈老师告诉我们，小朋友学中文比较多的还是通过视觉形象，越是低年级，教室里越是色彩缤纷。小孩是视觉形象的学习者，如果通过声音和他们喜欢的卡通形象的视听传播来教中文，小朋友往往会喜欢，且更容易集中注意力。

在《加拿大新移民子女华文教育的问题及对策》一文中，王丽彩提到“为提高孩子们的学习兴趣，迎合孩子的心理，还可制作一些有中国特色的，受儿童喜欢的动画片，以前的《葫芦兄弟》就很不错”①。然而，本次采访中，陈老师却表示，加拿大的家长很介意一些动画片，比如《西游记》《喜羊羊与灰太狼》等是绝对不能播放给儿童看的，除了考虑到片中有暴力成分外，主要是由于家长们不太希望孩子在太小的年龄接触那些比较负面的“坏人”的元素，而是希望通过一些真善美的东西告诉小朋友一些他们能理解的道理。

另外，由于科技的发展，不仅大人的娱乐方式发生了变化，现在连很多儿童在还没学会玩玩具之前就已经学会玩 iPad 了。陈老师表示，很多小朋友刚进幼儿园的时候，只玩 iPad 和手机，对玩具没有兴趣。当然，有些家长也知道这样是不好的，所以也会有倾向性地、慢慢地不让小朋友过早接触这类高科技产品。有的家长可能因工作比较繁忙，对于这方面没有太多的时间去看管，而现在 iPad 里面很多应用软件确实设计得很好，也有很多教育类的游戏，但是幼儿园方面的目的是尽可能将小朋友引导到最原始的玩乐情景中，让孩子们在相互合作、一起玩玩具的过程中学习中文。所以，老师们认为挑选和购买玩具也是一门学问，不光要好玩，能激发儿童的兴趣，还要能鼓励他们社交，并能融入一些教育的内容。

3. 老师们会启发孩子们进行自主思考和探索

此外，幼儿园的老师们还会设计创设丰富的学习环境来启发儿童的智能，鼓励他们提问题、自由探索和操作。比如，采访中

---

① 王丽彩. 加拿大新移民子女华文教育的问题及对策. 八桂侨刊，2004（3）.

我们看到课室的外墙上挂着一大幅动物园图画，询问陈老师得知，因为小朋友还不懂得写句子，于是老师们就会鼓励他们自己动手来画自己心目中的动物园以及各种他们喜欢的小动物，并花了一个礼拜来专门讲解。老师会拿一些动物园的地图，给儿童一些启发，告诉他们地图应该是怎么样的，但更多的是希望小朋友通过自己的认知将其画出来，像骆驼画出来会是怎样的等，然后让小朋友们用英文把动物名称拼出来。

陈老师说，老师花了两周把动物园图画设计和儿童的生活经验联系起来，鼓励小朋友多思考，让他们想象如果去参观动物园，那动物园里面会有什么，像有的小朋友希望有骑马的地方，所以就能看到图里画有马，旁边还画有鳄鱼等。老师通过扮演环境的设计者和学习的观察者来记录儿童的学习活动，激发他们的创作力，而最好的情况是将儿童想象的空间释放，让他们不要局限于老师的设计。这种教学方式看起来简单，实际上却包含了经过训练的老师非常多的中英文教学理念。

（四）教学形式

由于在中文学习的观念上，多伦多的幼儿园和国内的幼儿园很不一样，所以在教学形式上也会有差别。

1. 寓教于乐，活动设计与中文学习相结合

比如，虽然幼儿园提供中文教材，但孩子在幼儿园学习中文更多的是在潜移默化中进行，并非像国内的幼儿园一样，孩子们需要坐下来围成半个圈儿，然后一个老师坐在前面讲，这种方式就相对乏味枯燥。年龄越小的孩子越不适合这种方式，因为孩子们都特别好动，注意力也很难集中，学中文的方式应该是特别自然而非死记硬背。幼儿园老师会设计大量好玩的活动，每天会有大量的训练。当然这种训练不是机械的，通过老师的一些课程设计，与中文的学习相结合，寓教于乐，让孩子们感觉一直都很“忙碌”，一直都在积极的状态下，在潜移默化中延长他们的注意力集中时段。当然，京宝宝幼儿园也有那种坐下来上课的方式，不过在一天当中占的比例比较小，早上、下午各有一次，每次不会超过 20 分钟。

2. 严格控制师生比例

在采访中我们看到，幼儿园的一个房间里最多有24个孩子，一个班至少要配3个老师。在京宝宝幼儿园里，每个老师会负责不同的区域，因为政府对幼儿园有严格的师生比例要求（1：8），一个老师最多只能负责8个孩子。在国内个别幼儿园，两个老师教二三十个孩子，就算老师想对儿童多一点关心，实际上也是很难的；而在加拿大的幼儿园，孩子们的行为习惯就可以慢慢地调教。多伦多这里的幼儿园一般是几十个人的小型幼儿园，这种小型幼儿园遍布不同地方，比如京宝宝幼儿园就在北约克、士嘉堡以及密西沙加都有分部。

在采访中，陈老师带我们参观了幼儿园的一个课室并举例说，这个课室里面有3个老师，24个小朋友，并非1个老师只对应其中8个小朋友，而是这3个老师共同负责看管和教育这个课室里的所有儿童。这3个老师也有分工，上课时有的老师负责中文教学，有的就负责其他事宜，更多的时候是团队合作，共同协调儿童的中文教学和生活。所以，从一个侧面来看，加拿大教育的一个特征是，从小就对孩子的团队合作能力有很高的要求，比如在小学里就有很多作业要求小朋友和其他人合作完成。

3. 重视跟家长的沟通和互动

幼儿园方面在征得家长的同意后，才会开展有益于儿童的中文教学。通常，幼儿园会提出绝大部分家长都能接受的建议。由于不常见到家长，所以老师们会经常给家长发电子邮件进行沟通，介绍经过一系列的调研，希望开展何种课程，从什么时候开始，让家长签订同意书，如果不同意或者有其他建议的话也可以告诉幼儿园，以便“因势利导、因材施教”。此外各种通知也会通过电子邮件形式传达，比如说天气热了带防晒霜，天气冷了带外套等，以及让家长知道孩子们在学校做什么，定期形成评估结果告诉家长。

采访中，陈老师向我们展示了4页的课程设置表，包括junior math、senior math、social（儿童间的社交合作）与语言发展以及科学实践课等，根据这些内容家长就可以大概了解孩子在幼儿园的实际情况。

另外，幼儿园还会请家长做志愿者，不时地协助老师们，参与引导孩子的户外社会实践活动，如带儿童免费参观消防站等，能加强孩子与家长间的互动交流。

4. 中英双语教学，保持华文幼儿园的竞争力

在加拿大，父母既可以选择让孩子上幼儿园也可以选择不

上，甚至上学后选择 homeschool（即父母在家进行教育）也是可以的。在多伦多，还有一些免费的幼儿园可供父母选择，但从采访中得知，不少白人家长不将孩子送去免费的幼儿园，而选择了中英双语教学的京宝宝幼儿园，从中除了能看到幼儿园的中文特色教学对父母的吸引力外，也反映了越来越多的外国人对自己孩子中文教育的重视。

陈老师告诉我们，加拿大人并不是特别强调数学能力，不像我国应试教育强调学好数理化，所以很多加拿大人的数学可能会弱一点，相对地，加拿大人却很注重英文教学。幼儿园方面告诉我们，之前从来没觉得孩子们有学英文的需要，因为幼儿园是与家长共同承担英文教育，他们在幼儿园是负责中文教育的部分，而没有涉及太多的英文教学，因为孩子们的家长本身在加拿大当地长大，他们的英语水平都比幼儿园老师们好很多。但是由于近年来越来越多的学校提供双语教学服务，甚至英语学校提供法语或者中文教学，为了把华文学校的竞争力保持在一个比较高的水准上，京宝宝幼儿园也加上了英语特色教学这个部分。京宝宝幼儿园考虑到了一点，有的儿童在家里是不说英文的，有的说俄罗斯语，有的说日语，而即使家里说英文，也没有教他们怎么去读，怎么去写，所以幼儿园增加了英文课程，雇一位 TDSB（多伦多公立教育局）的老师，希望儿童在幼儿园学中文的同时，能在上小学一年级之前做一些英语方面的准备。老师会系统地结合加拿大人的思维方式，循序渐进地教幼儿园的孩子们英文读写的方法，并且根据他们的年龄上不同的英文课。比如 5 岁到 6 岁的儿童就上大班的英文课，而 4 岁到 5 岁的儿童就上小班的英文课。另外，在进行差异化教学时，还会适当地根据儿童的英文水平来分别授课，这就是私立学校比较灵活的地方，如果是公立学校一般只按照年龄阶段进行教学。

据了解，中英双语教学以中文教学为主，英文教学为辅，这在家长中也获得了良好的口碑。

三、建议和启示

在建议方面，首先，笔者认为加拿大的中文幼儿园应该利用鼓励多元文化的政策优势和中文教育的发展趋势，在符合加拿大教育体系要求的范围内尽可能用多种方法推广中文教育，包括应用网络新媒体和传统媒体进行广告宣传，打造学前中文教育的品牌；其次，可与国内幼儿园及相关华文教育机构加强沟通与合作，互相汲取经验，取长补短；最后，要重视家庭方面的中文教育，不懂中文的外国人只能通过幼儿园来让自己的孩子学习中文，但移民会说中文的话，就应该好好利用在家里的空间和时间教小朋友中文，毕竟父母才是孩子的第一任老师。

反观国内的学前幼儿园中文教育，多数采取大班教学，教学的内容和形式都相对枯燥，过于刻板，没有充分调动起孩子们的学习积极性。老师们的从业资格也是值得考虑的一个方面，毕竟存在一些老师教学水平不高甚至虐待儿童的情况，在媒体上也多有报道，教学环境的不完善为儿童学前教育敲响了警钟。为了让儿童能更加快乐健康地成长，在玩乐中学习，激发创造力和好奇心，培养其自信自强的心智和团队合作的精神，多借鉴加拿大幼儿园对儿童的管理和教学模式，不失为一个方法。

（作者单位：暨南大学新闻与传播学院）

论加拿大媒介素养教育

■李　洁（Li Jie）　陈竽秀（Chen Yuxiu）

加拿大是传播技术缔造的国家，从建设太平洋铁路起，加拿大的政策文献和社会舆论就开始强调传播技术是推动和维护加拿大社会进步和国家稳定至关重要的因素①，加拿大的政治历程和社会文化演变孕育了独特的“技术民族主义”传统。传播技术要实现“空间”扩展和“时间”延续的双重目标，在加拿大国内“求同”，形成共同的国家和民族想象；对外“求异”，加拿大政府相信先进的传播技术能够有效抵御外国的政治、经济和文化渗透。媒介素养起于这样的社会文化环境中：倡导先进的传播技术的运用和抵御外国的政治、经济、文化入侵。同时，又由于媒介技术的进步，让性、暴力、毒品等内容堂而皇之地进入千家万户，这引起妇女团体、宗教组织、家长组织和教师团体等的恐慌和担忧。在种种社会文化因素的交织下，加拿大的媒介素养运动就此发轫。

相比西方各国，加拿大施行媒介素养教育历史悠久，先于美国、法国等欧美国家和日本、韩国等亚洲国家。早在20世纪60年代，加拿大就开始将媒介素养纳入学校课程中，这与英国20世纪60年代启动系统性学校媒介教育②几乎同步。在媒介素养协会等组织的游说和推动下，加拿大安大略省1987年规定课程中加入的媒介素养为7～12年级学生的英语必修课。1999年，加拿大在全国范围内实施媒介素养教育。进入21世纪之后，数字素养等多媒介素养也被率先纳入素养教育中，以保证加拿大人在复杂的电子媒介环境中生存和就业。

---

① 李洁.“技术民族主义”的国家悖论——加拿大传播技术的发展历程与思想传统.世界民族，2009（3）.

② ［英］大卫·白金汉.媒体教育：素养、学习与现代文化.林子斌译.台北：巨流图书有限公司，2006.4.

一、加拿大媒介素养教育发展轨迹

从20世纪60年代至今，加拿大的媒介素养教育可大致分为三个阶段：荧屏运动阶段、全面覆盖阶段、转变阶段。

第一，荧屏运动阶段。20世纪60年代，越来越多的学者认识到电子媒介在社会和文化中的作用，其中尤以麦克卢汉提出的"媒介即信息"振聋发聩。一批激进人士发起荧屏教育（Screen Education），成立了CASE（Canadian Association for Screen Education）组织，教育的媒介重点在于电影。但是这一运动仅持续了短短几年，20世纪70年代之后，由于教育领域的国家财政预算删减和回归基础教育的理念兴起，荧屏教育的激情逐渐衰退，许多荧屏教育的参与者如巴里·邓肯（Barry Duncan）都回归了教室。因为荧屏教育是非官方强制性的，很快从学校课程里被剔除，"媒介教育的第一次浪潮"就此湮灭。但是荧屏运动留下很多遗产，它确立了在学校教授媒介的合理性，为后来的媒介素养运动培育了社会接受度，并在一批教师和学生心中播下了媒介教育的种子，同时还训练了一批热情而有能力的实践者，比如巴里·邓肯。

第二，全面覆盖阶段。20世纪70年代末，巴里·邓肯和其他倡导者发起了"媒介教育的第二次浪潮"，在这一次浪潮中，安大略省率先推行媒介素养教育。1978年，在大型会议"The Media：How to Talk Back"①之后，成立了"媒介素养协会"（The Association for Media Literacy，简称AML），这个协会在游说和动员安大略省推行媒介素养教育方面发挥了重要作用，使安大略省成为加拿大第一个将媒介素养纳入课程教学的省份。20世纪80年代至90年代，不列颠哥伦比亚省、萨斯喀彻温省、新斯科舍省也先后建立各自的媒介素养协会，各省陆续将媒介素养推行到课堂。1992年，"加拿大媒介教育协会"（Canadian Association of Media Education Organizations，简称CAMEO）成立，它将全国各个省的媒介素养协会予以整合，开办各种研讨会、工作坊，组织编写媒介素养教材。到1999年，媒介素养教育成为

① Alice Yuet Lin，Lee. Legitimating Media Education：From Social Movement to the Formation of a New Social Curriculum. The doctor's thesis of The University of British Columbia，1997.

“整个加拿大英语语言与艺术课程的一部分”①，媒介素养教育被中央和地方政府认可和接受。

第三，转变阶段。进入21世纪，互联网的发展带来新的议题，例如数字公民、网络欺凌、网络隐私权、网络色情等，新的媒介环境导致媒介素养的课程面临重新设计，因而媒介素养教育逐渐与社会研究、个人规划、职业、健康与公共卫生等多个学科相融合；除了内容方面，媒介素养教育的方式即老师和学生如何教与学也受到巨大冲击。这一时期计算机素养、信息素养、视觉素养与数字素养等概念不断出现，它们丰富了媒介素养的内涵。其中在加拿大尤为受到强调的是数字素养。MediaSmarts 在发展媒介素养和数字素养方面发挥了重要的作用。MediaSmarts 的前身是媒体宣传网络（MNET），是推行数字素养和媒介素养的非营利性组织，致力于培养“儿童和青年成为有批判意识技能的积极和多识的数字公民，以适应媒介”②，它为加拿大 K（Kindergarten，幼儿园）~12 年级提供媒介和数字素养资源和项目。它从 1999 年开始推动“加拿大网络意识计划”（Web Awareness Canada），2000 年展开“连线世界中的加拿大青少年研究”（Young Canadians in a Wired World Research），至今已进行到第三阶段。2006 年 MediaSmarts 与 CAMEO、加拿大教师联合会合作开展“媒介素养周”（Media Literacy Week）计划，这一计划每年都设定不同的主题。

二、加拿大媒介素养理论的发展

在过去的半个多世纪的实践中，加拿大媒介素养的理论概念也历经了长期的拓展。在 20 世纪 60 年代，传统的媒介素养主要指读和写，集中关注印刷文字和平面媒体；1985 年，由英语教师和顾问共同组成的中小学英语课程指导委员会提出，英语学习除了读写听说，还应该纳入“看/观察”和“做/表达”。20 世纪 70 年代的视频革命扩展了媒介素养的对象，从印刷文字扩展为口语、图像、图形、音频和通信技术，促成了媒介素养的一次重要的范式转变。到 20 世纪 80 年代，电子媒介成为加拿大的主导传

---

① Stephen Kline，Kym Steuart. Assessing the Field of Media Education in British Columbia；a Survey of Teachers in the Present-Day BC School System. http：//www. sfu. ca/media－lab/research/kline－stewart－bcteacher%20survey. htm.

② MediaSmarts，http：//mediasmarts. ca/about－us/mission－beliefs.

播模式，新的传播技术变革了加拿大人的社会环境和文化认知，传统的素养概念已不足以帮助人生存在复杂的电子化世界中。邓肯认为媒介素养还要理解符码①，换言之，一个具备媒介素养的人，应该要能理解各种不同类型的媒介文本，理解大众媒体的符号、信息、思想和价值观。

2006 年，安大略省公布的 1 ~ 8 年级语言课程文件是一份重要的文件，它强调学生应该学习“口头沟通、阅读、写作和媒介素养”，要关注由媒介“语言”（图像、声音和文字）结合而成的意义体。从这份文件不难看出媒介素养的基本要素：第一，能“理解各种媒介文本和辨别媒介形式”“理解惯例和技术是如何结合起来创造意义的”，意识到是媒介在构建现实；第二，批判意识，能理解媒介如何构建、为什么构建以及为谁而构建，理解媒介信息和符号背后的思想、价值，做一个有批判意识的媒介消费者；第三，“基于不同的目的来使用恰当的形式、惯例和技术为听众创造各种不同的媒介文本”，学习使用媒介来表达自己的观点，参与到民主社会中去；第四，通过媒介学习“确定自我发展的优势和领域”。② 概言之，媒介素养教育是希望通过媒介让学生认识社会、经济和政治结构，从而能够参与民主过程，做一个更好的公民。

至 21 世纪，加拿大的媒介素养教育迈向数字化时代，媒介素养也纳入了数字素养内容。MediaSmarts 针对加拿大工业部等部门在 2010 年 7 月发起的数字经济咨询进程提交了一份名为“加拿大数字素养：从纳入到转型”（Digital Literacy in Canada：From Inclusion to Transformation）的报告，建议加拿大构建一个全国性数字素养战略，要在教育、工作培训、政府、公共场所与社区四个相互关联的领域中大力发展数字素养。报告指出，数字素养包括三个基本原则：一是评价和使用各种数字媒体的应用软件和硬件设备的技能与知识，例如电话、网络技术、电脑等；二是批判地理解数字媒体内容及其应用的能力；三是用数字技术创作的

---

① Jacqueline Nicole, Bannon. Media Literacy: Understanding Theory, Practice and Implementing Change. The masters's thesis of University of Toronto (Canada), 2009.

② The Ontario Curriculum, Grades 1 - 8: Language. http://www.edu.gov.on.ca/eng/curriculum/elementary/language.html.

知识和能力。文中还提出发展数字素养的8项好处[①]：①具备数字素养的人更具革新力和创造力。②数字素养可以增加ICT（Information and Communication Technologies）基础设施的发展和使用。③数字素养可以促进ICT的采纳，增加生产力。④具备数字素养的人有良好的组织性。⑤数字素养使公共参与成为可能。⑥数字素养能促进经济和社会整合。⑦数字素养支持和促进赋权和参与。⑧数字素养能帮助儿童和青少年减轻在线风险。

同年，不列颠哥伦比亚省通信委员会（PTC）在《21世纪教育愿景》（A Vision for 21st Century Education）（2010）中也提出，一个学生应该具备技术素养和媒介素养；不列颠哥伦比亚省的《数字素养纲要》对K~12年级学生的数字素养提出了不同的教学要求，包括"研究和信息素养、批判性思维、问题解决和决策制定、创新性、数字公民身份、沟通和合作、技术操作和概念"等方面。曼尼托巴省更是设立专门的ICT课程，把数字素养教育贯彻在课程里。值得注意的是，加拿大数字素养和媒介素养的核心维度都是批判意识。

三、加拿大媒介素养教育的实践

媒介素养教育在不同的国家有不同的路径，不同于英国的"保护、识别和赋权"与美国的"保护、预备和愉悦"的路径[②]，加拿大的媒介素养教育有四种主要路径和视角[③]：第一是存在于学生与幻想、他人、世界的关系中的本体功能（ontological function），即从心理学、市场营销等方面来增强消费者意识，让学生了解大众媒介在生活和社会经济系统中的作用。第二个视角涉及公民身份，学生通过媒介信息来思考公民身份，帮助他们成为更好的公民。第三个视角是文化视角，即通过思考加拿大人民族国家认同和美国文化的议题促使学生反思"我是谁"，以及如何进入当地、融入全球化等问题。第四个视角是真实性视

---

① Digital Literacy in Canada: From Inclusion to Transformation. http://mediasmarts.ca/sites/default/files/pdfs/publication-report/full/digitalliteracypaper.pdf.

② David M., Considine. Media Literacy: National Developments and International Origins. *Journal of Popular Film and Television*, 2002 (30).

③ John Pungente, Barry Duncan, Neil Andersen. The Canadian experience: Leading the way. http://jcp.proscenia.net/publications/articles/Canadian_Experience.pdf.

角，意味着媒介文本研究和学生的日常生活密切相关。

但不可否认，加拿大的媒介素养教育也存在保护主义路径，媒介素养教育被视为降低社会风险、减少媒介引发的行为风险的有效路径，例如西蒙弗雷泽大学媒介分析实验室的项目之一就是探讨在媒介饱和的世界里如何帮助孩子减少风险①。Kline Stephen 教授为期 6 周的“跳出屏幕”课程成功地让孩子反思他们的媒介使用，让孩子自觉地控制在闲暇时间里的媒介使用。同时也存在预备主义路径，即强调媒介素养教育能让学生获得在现代社会中工作所需要的信息和传播技能，例如加拿大各种职业和个人规划等媒介素养课程设置比比皆是。

巴里·邓肯指出，加拿大的媒介素养课程已经形成一些关键性关系概念，主要有：第一，媒介符码与规则。第二，价值观与意识形态，例如媒介文本中存在何种刻板印象。第三，媒介与产业，探讨媒介被组织化、商业化的含义。第四，媒介与受众，这包含两个方面：一是消费者如何成为目标受众；二是一个积极的参与者如何理解媒介。② 在这样的路径与视角之下，加拿大媒介素养教育主要包括中小学教育与教室之外两个领域的课程内容与体系。

1. 中小学媒介素养教育课程

在加拿大的中小学课程体系里，媒介素养和数字素养是被“附着”在社会科学、科学、家庭、健康和身体教育、音乐、法律、视觉和美术、英语语言、健康和职业教育、社会研究、家庭和信息技术等各种课程里的，具体如表 1。

表 1　加拿大媒介素养的课程附着情况一览表③

省或地区	附着课程
不列颠哥伦比亚省	艺术教育 K ~ 7 课程、英语语言教育 K ~ 12、健康和职业教育 K ~ 10、信息技术 8 ~ 12、社会研究 K ~ 12。

① *Media Education As Risk Reduction Strategy*. http://www.sfu.ca/medialab/risk/media－education.htm.

② Barry Duncan, Carol Arcus. Media Literacy in Canada. *The Teacher*, 2010, 49 (2): 8.

③ 根据 MediaSmarts 网站上公布的各省媒介素养情况的总结，http://mediasmarts.ca/teacher－resources/digital－and－media－literacy－outcomes－province－territory，“K ~ 12”表示从幼儿园到 12 年级，“4 ~ 6”表示 4 到 6 年级，依此类推。

（续上表）

省或地区	附着的课程
曼尼托巴省	英语语言艺术 K～12、作为第二语言的英语、ICT 课程素养、社会研究 4～12、身体/健康教育 K～Senior2、视觉艺术。
西北地区	英语语言艺术 K～9、健康教育和社会研究。
努纳武特地区	英语语言艺术 7～9、信息和传播技术。
育空地区	英语语言艺术 K～10、健康和职业教育 K～10、信息技术 8～12。
亚伯达省	职业和生活管理 10～12、健康和生活技能 K～9、信息和传播技术 1～12、社会研究 4～12。
新不伦瑞克省	英语语言艺术 K～12、健康教育和社会研究 K～12。
纽芬兰一拉布拉多省	艺术、职业教育、英语语言艺术 K～12、英语作为第二语言、家庭研究、健康教育和社会研究 K～12。
新斯科舍省	艺术教育、孩童研究、英语语言艺术、健康教育、数学运算、社会研究、技术教育和视觉艺术 4～6。
爱德华王子岛	传播和信息技术素养 K～12、英语语言艺术 K～12、健康教育和社会研究 K～12。
萨斯喀彻温省	通识课程 K～12、交叉课程能力 K～12、艺术教育、传播生产技术、英语语言艺术 K～12、健康教育 1～10、社会研究。
安大略省	艺术教育、加拿大和世界研究 9～12、语言 1～8、英语 9～12、英语作为第二语言、健康和身体教育 1～8、健康积极生活教育 9～12、生命健康 11、数学运算 11～12、社会研究 1～8、社会科学和人类、技术教育 9～12。
魁北克省	较为特殊，媒介教育内容包含在几个周期的课程里。

第一，媒介素养与英语语言课程的附着。在加拿大，媒介素养教育与英语有着特殊的纽带关系，早期媒介素养教育的核心成员大多是英语教师，因而加拿大的媒介教育最先是被纳入英语语言课程之中。由于英语是中小学必修课程，媒介素养课程附着在英语语言课程中也就意味着它将成为所有学生的必修内容。目前加拿大 10 个省 3 个地区的英语语言课程中都有媒介素养内容。

第二，媒介素养与健康以及发展课程的附着。保护主义者认为，学习批判性地看待媒介背后的意义和意图，学生就能够抵制那些影响他们健康和发展的媒介内容，例如与酒精、暴力、抽烟和性等有关的媒介信息。除了努纳武特地区，加拿大其他省和地区都将媒介素养纳入健康课程中。

第三，媒介素养与社会研究课程的附着。除了努纳武特地区，其他省和地区都将媒介素养纳入社会研究课程中。作为一个公民，青少年关于世界动态、文化、历史、地理和政治态度等的认识都主要来源于媒介呈现。因此，学生依赖媒介获得有关公共政策、政治进程等信息。社会研究中的媒介素养教育有助于学生建立分析和推理的能力，促进其公民身份实现和政治议题参与①。

第四，媒介素养与艺术欣赏课程的附着。马斯特曼认为，媒介素养教育能帮助学生区分好的媒介和坏的媒介。媒介素养教育有助于学生去发现何为好的艺术形式和媒介产品，学生能从与媒介互动的过程中获得愉悦；在此基础之上，学生能进一步去质疑和批判媒介文本的意义。不列颠哥伦比亚、曼尼托巴等6个省和地区的艺术教育与媒介素养相附着。

从下面这份课程设计构想的资料（见表2）中可以清楚看到，媒介素养是如何被附着到社会科学、科学、家庭研究、健康和身体教育、音乐、法律、视觉和美术等科目中的。

表2　媒介教育附着的科目和方法②

附着科目	媒介教育附着的科目和方法
社会科学	历史课上，学生可以了解他们对历史的观点和历史事件是如何被媒体塑造的。电影、新闻等可以帮助学生明白每一种媒介如何塑造历史，在地理和世界议题课上，学生分析新闻报道如何影响他们对世界各地以及居住在此地的人的看法。

① Laura Stein，Anita Prewett. Media Literacy Education in the Social Studies：Teacher Perceptions and Curricular Challenges. http：//www. freepatentsonline. com/article/Teacher – Education – Quarterly/206465278. html.

② MediaSmarts，http：//mediasmarts. ca/digital – media – literacy – fundamentals/media – literacy – fundamentals.

（续上表）

附着科目	媒介教育附着的科目和方法
科学	学生关于科学、科学家做什么的观点是如何被媒体所塑造的？“疯狂的科学家”的观点来自哪里，今天能在哪里看到该修辞？新闻报纸和电视新闻的商业需求如何影响对科学故事的报道？
家庭研究	在不同的媒体中，家庭是如何被描述的，是如何随着时间而变化的？家庭的媒体素描是遵循社会潮流，还是影响了社会潮流？在青年中流行的各种媒介产品如何谈论性别角色，青年是如何解释这些信息的？
健康和身体教育	媒介产品如何影响我们的饮食？它是如何影响人们做出抽烟、喝酒和吸毒的决定的？媒介产品中青年的模仿和青年从媒介产品中获得的信息之间是何种关系？电话和网络等如何影响我们和他人的关系，该如何利用这些媒介维持健康的关系？
音乐	音乐产业的商业力量如何影响音乐的创造？在音乐（和音乐视频）中性别、阶级、人际关系或者酒精和毒品是如何被描述的？青年如何解释这些信息？
法律	媒介产品是如何刻画青年犯罪和刑事司法体制的？这些描述是如何受媒体创造者的价值观或假设、商业考虑或者不同媒介类型（警匪片、动作游戏等）的影响？数字媒体如何影响我们对知识产权、仇恨言论、骚扰和人物诽谤等法律议题的观点？
视觉和美术	艺术家如何使用、合理解构媒介产品来创造新的艺术？艺术家对原创者或所有者具有何种权利和责任？

2. 教室外的媒介素养和数字素养

为了让加拿大人能更自如地生活在数字媒介时代，也为了给加拿大人创造出经济和文化利益，加拿大尤其注重数字素养教育，力图在教育、企业、社会组织、政府和公共社区几方面打造一个全国性数字素养战略。

在社会组织方面，MediaSmart 定期举办 My Media 媒体竞赛活动，鼓励 7～12 岁的小学生制作两分钟的短片参赛，并进行一系列与网络行为相关的研究。该组织也与教师联合会等机构合作推出“媒介素养周”，每年都有不同主题。例如电子育儿（2007）、通行网络（2008）、数字时代的新闻采集（2009）、数字公民（2011）、网络隐私（2012）和在卖什么：帮助孩子弄懂市场（2013）等，活动形式包括视频播客大赛、学生创作电影大赛、媒介素养工作坊与专家演讲。[①]

在政府层面，加拿大广播通信委员会（Canada's Broadcast and Telecommunications Regulator，简称 CRTC）从 1996 年开始关注电视暴力，并且鼓励员工和从业人员加强媒介素养和公共意识，CRTC 在 2008—2011 三年计划中反复强调"让加拿大人参与到传播系统中"。另外，加拿大广播公司（Canadian Broadcasting Corporation）和全国电影委员会（National Film Board）也支持数字内容的发展，以扩散媒介素养意识。

在公共社区项目方面，加拿大工业部（Industry Canada）与各省和地方政府合作推行媒介素养项目——"社区近用计划"[②]（The Community Access Program，简称 CAP，即在社区提供就近使用电脑的渠道），由政府、社会机构、图书馆、学校、志愿者团体和企业合作起来在社区中心为成年人和青少年提供电脑培训和使用，帮助他们培养就业技能。另外，加拿大政府与教育部等合作"为学校提供电脑项目"（Computer for Schools Program），给加拿大的学校捐赠电脑，帮助学生发展数字素养技能。

四、加拿大媒介素养教育的经验和启示

加拿大的媒介素养教育发展至今有许多成功的经验，同时也存在一些问题。

第一，媒介素养教育表面化、碎片化。加拿大各省拥有教育的独立自主权，各省的媒介教育发展情况各异。由于缺乏全国性的教育战略，教师培训缺乏计划或者相互矛盾，教师并不能得到良好的媒介素养培训[③]。另外，全国的媒介课程教材分配不均，只能把 MediaSmarts 等机构提供的教案或媒介教育倡导者编写或翻译的书籍作为教学材料，在实际教学过程中教材使用状况

① Media Literacy Week, http://www.medialiteracyweek.ca/en/about_overview.htm.

② Digital Literacy in Canada: From Inclusion to Transformation. http://mediasmarts.ca/sites/default/files/pdfs/publication-report/full/digitalliteracypaper.pdf.

③ Stephen Kline, Kym Steuart. Assessing the Field of Media Education in British Columbia; a Survey of Teachers in the Present-Day BC School System. http://www.sfu.ca/media-lab/research/kline-stewart-bcteacher%20survey.htm.

往往没有统一规范。此外，在繁忙的中小学教学任务中，本课程教学目标为第一，附着的媒介素养教学目标是次要目标，因此不少地区媒介教育受到忽视，甚至被排除在课程之外。有研究表明，加拿大教师在进行媒介素养课程内容设计时，往往以对流行文化的分析为主，而且呈现的往往是一些表面的理解，教材也多为零散的资源，“大都来自麦克卢汉的广告研究，尼尔·波兹曼的著作，乔姆斯基的宣传研究的片段，以及大众媒介书本、报纸和杂志的论文，电视和新闻内容的拼凑”①，因而教师提供给学生的媒介素养教育是支离破碎的。

第二，对媒介素养教育目标的困惑。自媒介素养运动一开始，就有两个基本的问题困扰着加拿大人：首先，学生应该成为一个多识的消费者，还是应该成为一个熟练的媒介生产者？其次，学生应该分析媒介、生产媒介还是避开媒介？②上述问题并不仅仅存在于加拿大媒介素养教育中，美国媒介素养教育领域也面临同样的困惑，他们也苦恼于“是以帮助学生们更好地以就业为目标，还是训练他们成为更具批判思维能力的公民以适应民主社会的需要”③。因此，在设计媒介素养教育课程时常常陷入两难境地。其实，这些困惑根植于以何种范式来看待媒介素养。不同的路径表明教育者们想借媒介素养教育实现多个目标，教师们既想保护学生不受媒介腐蚀，主张学生避开不良媒介的消极影响；也想帮助学生为将来参与民主社会和工作做好充分的准确，提供批判深度和职业培训；更想通过媒介素养教育加强加拿大认同，让学生更好地融入本地和全球社区；还想让学生享受到媒介文本带来的愉悦，并且以此为基础学会批判和分析媒介。

从上述加拿大半个多世纪以来的媒介素养教育历程和发展现状，我们可以得到什么启示？

第一，媒介素养教育的核心是批判性思维。通过接触、分析和评价媒介产品，从而培养起批判性思维；同时获得运用媒介的能力，成为一个能自我表达和参与民主社会的公民，这是加拿大

---

① John Pungente，Barry Duncan，Neil Andersen. The Canadian experience：Leading the way. http：//jcp. proscenia. net/publications/articles/Canadian_Experience. pdf.

② Jacqueline Nicole，Bannon. Media Literacy：Understanding Theory，Practice and Implementing Change. The masters's thesis of University of Toronto (Carada)，2009.

③ [美]J. Z. 爱门森. 美国的媒介素养教育. 陈国明译. http：//www. aisixiang. com/data/21317 –4. html.

媒介素养教育的重点，也是中国当前发展媒介素养教育，提升青少年对信息的分析、解读能力的核心诉求。

第二，加拿大的媒介素养和数字素养都拥有国家层面的坚实支撑力量，例如全国性的大型项目、政府相关机构的支持等，这样可以有效地整合资源，进行整体规划。 借鉴加拿大的经验，我国发展和普及媒介素养教育同样需要在制度设计上的官方介入，从而获得必备的机构支持和金融支持，以促进媒介素养教育的长足发展。

第三，在信息爆炸的今天，加拿大媒介素养教育涵盖广告、报纸、电视、互联网等，关注政治、公共事务、消费、暴力、色情、健康、成长与发展等多元化议题，这些都被纳入社会研究、健康和身体研究、家庭研究、英语语言艺术等课程中。 针对外在环境的变化和媒介内涵的扩展，他们精心设计了跨学科的媒介素养教育。 特别是加拿大相当重视数字素养，关注网络发展带来的新议题，将数字素养纳入中学课程，甚至建立全国性数字素养战略，惠及校外的成年人。 这些都是身处新媒体时代的中国发展媒介素养教育应该关注的问题。

第四，加拿大的媒介素养教育与家长、社会团体、非营利性组织、宗教团体、商业机构、企业等紧密联系，形成良性的互动关系，政府层面的媒介素养教育相关政策的制定也离不开这些组织团体的推动。 另外各种团体、组织也合力开展媒介素养周、国际会议、媒介素养培训、媒介制作比赛等，AML 和 CAMEO 等加拿大的协会团体在媒介素养理念的扩展上扮演了重要的整合角色，这些都是加拿大媒介素养的闪光之处。

（作者单位：暨南大学新闻与传播学院）

附 录

加拿大媒介素养教育发展年表

时间	发展状况
20 世纪 60 年代末	荧屏教育，20 世纪 70 年代消失。
1978 年	1977 年，一群教师和电影制作人观看完一批新实验电影后决定组织一个大型会议“The Media: How to Talk Back”来讨论 20 世纪 70 年代的教育问题。会后，AML 成立。
1984 年	在多伦多成立 Jesuit Communication Project。
1985 年	一批英语教师和咨询家受教育部之邀组成了撰写新英语课程指南的指导委员会，委员会认为英语语言除了读写听说，还应该纳入“看/观察”和“做/表达”，英语学习应该包含语言、文字和媒介。
1987 年	安大略省成为加拿大第一个在小学语言课程里加入媒介素养的省，要求 7～12 年级的学生学习媒介素养。
1980—1990 年	不列颠哥伦比亚、曼尼托巴、萨斯喀彻温、新斯科舍和魁北克各成立了媒介素养协会。
1991 年	加拿大西部各省与西部地区共同成立加拿大媒介素养协会，这是加拿大西部的重要组织，它主要教授有关媒介的内容，宣传媒介教育等。协会推动加拿大西部四省和三个地区形成通用的语言艺术课程纲要（Western Canada Protocol，简称 WCP），纲要包含了媒介素养教育①。
1992 年	加拿大媒介教育协会（Canadian Association of Media Education Organizations，简称 CAMEO）成立，它联合各省的媒介素养协会，并向各省学校推广媒介素养。CAMEO 也游说版权立法，主持关于孩童的媒介活动和态度的全国性调查。
1987—1993 年	AML 的许多成就成为媒介课程，且在多伦多安大略教育研究协会（OISE）中被作为额外资格课程（Additional Qualification Courses）。这段时间只有 OISE 和约克大学是提供培训计划的机构。

① 朱则刚. 加拿大媒体素养教育探讨. 图书资讯学刊，2005（1～2）: 1～13.

（续上表）

时间	发展状况
1995 年	4 月，安大略省教育部发布《通识课程：政策和 1 ~ 9 年级》，这份文件增加了“观看和表述”。
1996 年	Media Awareness Network 成立，齐集了加拿大政府、加拿大图书馆协会和加拿大教师联合会等 300 多份教学计划，并主持各种对媒介影响和教学的研究，开展媒介素养周等活动。 2000 年开始“连线世界中的加拿大青少年研究”（Young Canadians in a Wired World Research）。
1997 年	安大略省教育部又发布《安大略 1 ~ 8 年级课程：语言》，从听说读写看和表达，转为阅读、写作、口语和视觉。
1998 年	安大略省宣布将媒介素养纳入完整的十二年学校教育中。
2005 年	多伦多区学校董事会发布名为“媒介研究 K ~ 12”（Media Studies K ~ 12）的文件，文件由 Neil Andersen 和 Sylvie Webb 主导撰写。 他们强调学生要创造各种多媒体信息，媒介研究去教师中心化，让教师和学生平等。 而且这份文件给出了三种可能将媒介研究整合进课程的方法：学习的独立单元，使用媒介学习来支持语言课程，以及有规律地将媒介整合进其他学习单元中。
2006 年	安大略省教育部又发布了文件《安大略 1 ~ 8 年级课程：语言》，强调要采用批判式媒介素养教育方法，“文本”的外延要囊括纸质、口语、视觉或者各种电子形式。 这份文件拓宽了教师们的教材资料来源，并认为所有的文本都值得教。 教育部和 TFO 创建了一个叫E – workshop的网站，旨在指导老师如何上课。
2010 年	在多伦多大学召开“聚光媒介素养：为 21 世纪学习提升你的教学”的会议，以提供职前服务和教师培训。
	不列颠哥伦比亚省通信委员会（PTC）在《21 世纪教育愿景》（A Vision for 21st Century Education）（2010）中主张，一个学生应该具备技术素养、媒介素养等。
	7 月，MediaSmart 针对数字经济战略咨询提交了一份名为“加拿大数字素养：从纳入到转型”的报告，建议建构一个全国性数字素养战略。

（续上表）

时间	发展状况
2011 年	5 月 26 日，亚伯达、曼尼托巴、西北地区、努纳武特、萨斯喀彻温、育空等省和地区的教育部签署《西北部加拿大草案》（WNCP），联合发展（K ~ 12 年级）教育。

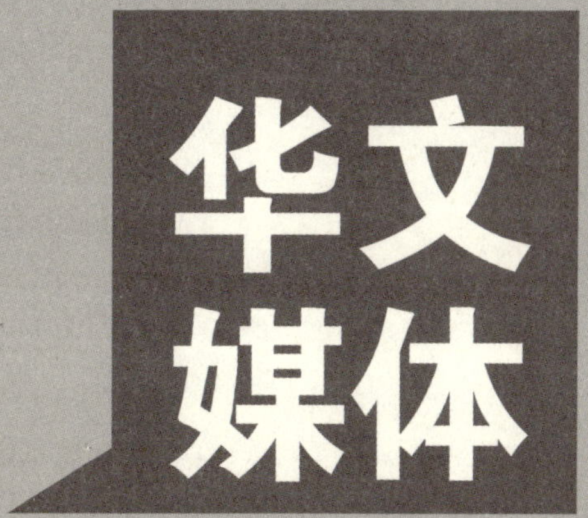
华文
媒体

加拿大华文媒体概述

■池　敏（Chi Min）

世界上凡是有华人聚居的地方，必有中餐馆、中文学校以及中文报纸。中国人移民海外的历史有200~300年。初到异国他乡，这些新移民无论是对当地信息还是国内信息都有强烈的需求。然而，早期许多移民海外的华人外语水平并不高，这导致他们无法通过当地媒体获取信息。另外，当地的主流媒体也甚少报道中国国内新闻，这就为海外华文媒体的生存与发展创造了市场空间。

加拿大本土的第一份华文报纸出现于1903年。在这过去的110多年里，尽管华文媒体在各个时期的历史任务各有侧重，不同的华文媒体间也存在着激烈的竞争，但“传播中华文化，服务在加华人”的核心理念始终是它们的共同点。

一、加拿大华文报刊的现状

1903年8月，保皇会在温哥华创办了《日新报》，这份以宣传康有为、梁启超改良思想为目的的机关报是当时华人在加拿大出版的第一份报纸。1917年，中国国民党党报《醒华报》创办于多伦多，这是加拿大东部地区历史最悠久的一份华文报纸。早期的华文报纸虽有强烈的党派及政治立场，但也为华人提供了在加拿大生活的基本信息，让华人有机会了解和关注国内政治变革的动态，并为华人参政提供了渠道。

在禁止华人入境时期（1923—1945年），受全国范围内华人人口锐减的影响，新报纸很少出现，原有的《醒华报》（多伦多）、《大汉公报》（温哥华）等依然扮演华文报界中流砥柱的角色，在批判加拿大排华法案、批判日本侵华战争、声援加拿大参与太平洋战争等方面起到了喉舌作用。而到了禁止华人入境的末期，《星岛日报》《循环日报》《成报》《华商报》等香港报纸开始源源不断地涌进加拿大。

1949 年，新中国成立，蒋介石败退台湾，国共纷争导致侨社意识形态出现较大分歧。不过因处大洋彼岸，华人因故地政党政治而热血沸腾的时代逐渐淡出，出现了一批无政治色彩，以侨社发展和文化传承为主的新报刊。1953 年，无政治色彩刊物《华埠新闻》在温哥华创刊，它以报道侨社动态、发扬中国文化为宗旨。此外，如《人生漫谈》《风月谈》等纯粹以娱乐侨民为目的的刊物，以及宗亲侨团出版的特刊等也纷纷出现，这些刊物虽无政治影响力，但在信息传播方面起了很大作用。这段时期，除了加拿大华人社区的本地报刊外，有更多来自中国的报刊涌入加拿大，如《新宁杂志》（江门）、《环球画报》（上海）、《今日画报》（南京）等。

目前，加拿大拥有各类华文报刊近 60 种，某种程度上作为报刊延伸的网站有 100 多家，当地华文媒体继续朝着多元化、立体化、专业化、当地化的方向发展。

（一）外来华报风雨飘摇

拥有港台背景的《星岛日报》《明报》《世界日报》因实力雄厚、资源充足，在加拿大华侨华人社区中保持着长久的影响力与生命力，至今仍是当地影响力最大的全国性华文报纸。但近年来，由于港台移民人数锐减、新媒体冲击、本土免费报纸发放等因素的影响，除《星岛日报》外，这些报纸的经营状况大不如前。

（1）《星岛日报》：为香港《星岛日报》海外版之一，是最早进军加拿大的港台报纸，在当地影响力最大、市场占有率最高。目前发行有加东版、加西版和亚省版，读者群主要是有香港背景的移民，也有部分大陆新移民。该报信息量大，内容丰富，分类广告众多，此外该报还有电子版。加拿大星岛传媒集团原为香港星岛集团胡仙所有，1998 年胡仙将加拿大星岛传媒集团 55% 的股权卖给加拿大主流报业集团——多伦多星报集团。

（2）《明报》：为香港《明报》海外版之一，隶属于香港明报集团，由明报集团设行政委员会协调该报的编务、业务和财务。《明报》加西版于 1993 年创办于温哥华，发行地区包括大温哥华地区、卡尔加里、埃特蒙顿等加拿大中、西部各大城市。加东版于 1993 年 5 月 28 日在多伦多创办，发行地区包括大多伦多地区、渥太华以及魁北克省的蒙特利尔等地。2005 年开始，《明报》推出“中国新闻完备版”，大幅增加对中国海峡两岸及香港的报道。

（3）《世界日报》：为台湾联合报系成员之一。《世界日报》加东版 1987 年创办于多伦多，在安大略省发行。目前，每日出版对开 70 多版，分为 6 组："重要新闻""加拿大新闻""财经消费""健康天地""家庭生活""影视娱乐"，周日增加"世界周刊"及"神州乡情"两组。加西版于 1991 年 11 月 1 日在温哥华创办，发行于加西各省，目前每日出刊 80 版，除地方新闻板块外，其余与加东版相似。

上述三大报进入加拿大时间早，原本的办报宗旨是服务于港台同胞，其中《星岛日报》《明报》主要面向讲粤语的香港移民，《世界日报》主要面向讲普通话的台湾移民。这些报纸原先都是收费的，文字以繁体中文为主，但近年来，因大陆新移民数量激增，加之免费报纸的竞争压力，为争夺华人读者群，这些报纸也不得不走"免费"路线：不仅每天随报附送不同的免费专题报纸，而且专门出版免费报纸，如《世界日报》的《多伦多周报》、《明报》的《加拿大明声报》、《星岛日报》的周二版等。

（二）本土华报百花齐放

本土华报是相对于外来华文报纸而言的，泛指海外华侨华人在居住地自行创办的、根植于当地华人社会的华文报纸。与财大气粗的外来华文报纸相比，加拿大本土华文报纸的特点可概括为"三小三活"：规模小，资本小，花费小；贴近生活，机动灵活，不易发展存活。这些华文报纸多以周报形式免费发行，版面数量从几版到几十版不等，发行周期分别有每周 3 期、每周 1 期、两周 1 期、每月 1 期、两月 1 期、每季 1 期或不定期发行，鲜有日报。目前，比较有代表性且办得比较成功的本土华报主要有以下 5 种：

（1）《环球华报》：加拿大当地土生土长的华文报纸，由中国大陆新移民创办，也是目前加拿大第四份全国发行的华文报纸。《环球华报》加西版于 2000 年 11 月 3 日在温哥华创办，逢周三和周五发行于大温哥华地区、温哥华岛、卡尔加里、埃特蒙顿等加拿大中、西部各大城市。加东版于 2000 年 11 月 3 日在多伦多创办，每周五发行于安大略省各大城市。《环球华报》以"正视听、助社群、传文化、通主流"为己任，坚持"客观、公正、平实、求质量、重品位"的编辑方针，其深度系列报道"总理马田访华"荣获第 19 届杰克韦伯斯特新闻奖"最佳中文报道"

奖，目前是加拿大华人最喜爱的中文报纸之一。

（2）《大中报》：第一份由中国大陆移民在多伦多创办的商业报纸，于1993年1月22日创办，也是加拿大首份申请CCAB/BPA Worldwide会员资格的中文报纸。《大中报》于每周二、五、六免费发行，读者对象主要是大陆新移民。它坚持新闻独立，并以准确、公平和平衡作为新闻从业的目标，内容涵盖加拿大、中国及国际新闻报道，主要有热点追述、时政评论、经济走势与投资理财、历史文化与异国趣闻、体育新闻、健康保健以及移民加拿大的体会随想等板块。

（3）《加中时报》：由台湾移民林蔡亮于2002年创办，为每周五发行的大型综合性免费周报。读者群以中国大陆新移民为主，同时涵盖港台消费群，发行网络覆盖安大略省、大多伦多地区、渥太华、汉密尔顿等。目前，《加中时报》有24版，它以本地化、生活化、客观化、娱乐化和实用化为取向，利用自身优势为读者提供独家的加拿大、中国大陆及台湾资讯，是加拿大早期与中国国内报纸合作的华文报纸之一。

（4）《加京华报》：渥太华地区第一份中文报纸，由林子英、吴经万等华裔知识分子于1977年创办，属非营利性的社区华文报纸。该报以沟通侨社消息、加强华人社区与加拿大政府联系，反映华裔同胞的心声为宗旨，每月月初出版。目前，该报每期出版4开纸5张20版，1981年增辟英文版，报纸内容包括要闻、中国新闻、加拿大新闻、国际新闻、社区消息、综合新闻、副刊等。

（5）《大华商报》：加拿大唯一的华人商报，由大陆新移民马在新于2001年在温哥华创办。该报逢周二、四、六出版，其中周二、周四各出24页，周六出38～40页，全为对开彩色印刷。《大华商报》主要在大温哥华、大维多利亚、卡尔加里和爱明顿地区发行。该报坚持以客观中立的视角报道新闻，积极服务华人社区，并注重与三级政府、英语主流社会沟通互动，受到当地华文媒体和英语主流媒体的重视。2006年12月，该报与合资者创立加拿大华宇电视制作中心，制作《枫声华语》时政评论节目。

二、加拿大华语电视、电台概况

“二战”后，加拿大政府废除歧视华人政策，中国移民数量因此大幅增长，华语电视、电台也迅速发展起来。最初的华语电视、电台都是由早期移民加拿大的香港人创办的，因而多以粤语为主。20世纪90年代开始，伴随着大陆移民数量的激增，加拿大华裔人口结构的变化，华语媒体也有了很大变化。

加拿大是一个对电子传媒监管颇为严格的国家，同时也是一个非常重视多元文化的国家。加拿大的电子传媒监管机构是Canadian Radio-Television and Telecommunications Commission（CRTC），相当于中国的广电总局。1982年，国泰电视（即现在的城市电视）获得了CRTC批的第一个多元文化电视牌照；1984年，加拿大中文电视（即现在的新时代电视）获得了一个全华语的全国电视牌照。考虑到少数族裔经营电子传媒的困难，CRTC在发放牌照方面颇为严格，为避免恶性竞争，通常一个族裔只发一个电视牌照。在这样的环境下，华语媒体日益蓬勃发展起来。

下面简单介绍一下加拿大主要的华语电台：

（1）加拿大中文电台（Fairchild Radio）。

加拿大中文电台是北美最具规模的华语电台。其前身是多伦多广播电台，1995年并入新时代集团，属该集团旗下的一个多元文化电台，每天24小时提供20种语言服务，以中文广播时段最长。目前，该台有5个频道覆盖加拿大东西两岸3个华人聚居的城市，包括温哥华（AM1470/FM96.1）、多伦多（AM1430/FM88.9）及卡尔加里（FM94.7），其中以温哥华为基地的加拿大中文电台是当地最受欢迎的中文电台，据2007年市场调查报告，其每周听众接触率比当地另一华语电台高出71%。

加拿大中文电台不断引进先进科技，接通世界各地，并制作不同类型节目以契合听众需要，除本地新闻、时事、音乐、娱乐、财经、体育、文化艺术及广播剧外，每天更转播来自北京、上海、台北和香港各电台的新闻，使加拿大华人能第一时间获悉海峡两岸及香港的政经动态。加拿大中文电台还积极推动与跨国广播机构的合作交流，除提供节目给美国华语电台播出外，亦定期举办地区性的专题广播如上海广播周等，扮演着文化桥梁的重要角色。

此外，培育本地精英亦是加拿大中文电台的立台宗旨之一。过去几年，加拿大中文电台曾举办过《加拿大中文歌曲创作大赛》《后浪DJ/新闻广播训练班》及*Sunshine Nation*等，以此挖掘有潜力的音乐创作人、艺人及广播人才，其中多位获奖者如张韶涵、辰亦儒（飞轮海成员之一）等现已在华语娱乐圈有了出色的表现。

近年，加拿大中文电台与《星岛日报》合作在多伦多成立了A1中文电台，为听众提供更多元化的电台节目。

（2）汇声广播华侨之声（Mainstream Broadcasting Corporation）。

汇声广播华侨之声（以下简称“华侨之声”）于1973年启播，隶属于汇声广播公司，是以华人听众为主的多元文化电台，也是温哥华历史最悠久的华语电台。该台致力于中西文化融合，为华裔社群提供主流社会信息。

华侨之声备受加拿大温哥华华裔社区的信赖，有着维护公义，保护弱势社群的传统。多年来，该台致力于制作多元文化节目，力求公平准确地反映大温哥华地区各族裔社会的现状。2008年10月，华侨之声加强与中国国际广播电台的合作，每天以粤语、普通话及英语播出12个小时来自“中国的声音”，并于当年12月10日在温哥华举行新节目开播仪式。除了满足华语社区的需求外，华侨之声也为日益增加的温哥华其他族裔提供12种语言服务。

下面简单介绍一下加拿大主要的华语电视：

（1）城市电视（Talentvision）。

城市电视是一个多元文化频道，隶属于加拿大新时代传媒集团，于1993年在加拿大温哥华开播，主要是面向母语为汉语的华裔移民，是加拿大唯一以普通话为主的电视频道。

城市电视的前身是1982年开播的有线电视——温哥华世界电视（World View Television），也是加拿大最早的华语电视，1985年改名为国泰电视（Cathay Television）。1992年，新时代集团旗下的新时代传媒集团收购城市电视，国泰电视更名为城市电视。该华语电视为收费电视频道，全天24小时播出，其中汉语节目占20小时，韩语及越南语节目各占2小时。从2001年秋季起，城市电视的信号覆盖范围从不列颠哥伦比亚省大温哥华地区扩展至加拿大各地。目前，其总部位于不列颠哥伦比亚省大温哥华地区的列治文市，并于安大略省大多伦多地区的列治文山市设有分部。

城市电视精选的各项节目类型涵盖新闻、信息、娱乐、戏剧四大范畴，节目编排上兼顾妇女、儿童及老人的口味。目前，城市电视每天重点播放三套电视剧，主要购自中国大陆及台湾，以家庭伦理剧和青春偶像剧为主。此外，城市电视还通过卫星技术引入中央电视台和台湾TVBS的新闻节目，如《中国卫星新闻》和《台湾卫星新闻》。为了符合加拿大电子传媒监管机构对于本地制作的相关规定，城市电视也结合本地移民的生活需求及口味制作相应的本地节目，内容涵盖投资理财、生活教育、休闲娱乐、健身运动、时事座谈等，帮助新移民适应环境、融入主流社会。

2013 年 5 月 23 日，城市电视推出的崭新频道“城市电视 2 高清台”启播，每天于不同时段播出大陆、台湾两地最受欢迎的汉语剧集和高清拍摄的大型纪录片系列，以及最受欢迎的综艺、信息、娱乐节目。

（2）新时代电视（Fairchild Television）。

新时代电视隶属于加拿大新时代传媒集团，创办于 1993 年，目前是加拿大唯一全日以粤语广播的全国性本土电视网，除了在温哥华、卡尔加里及多伦多等华人聚集的城市通过有线电视系统播出之外，加拿大各地的观众都可以通过卫星电视系统收看。

新时代电视前身是加拿大中文电视，1992 年与当时的国泰电视一起被新时代传媒集团收购并更名为新时代电视，与城市电视同为收费电视频道。香港电视广播有限公司（TVB）目前通过其直属公司持有新时代电视约两成股份，间接成为该台的股东之一。新时代电视在不列颠哥伦比亚省大温哥华地区列治文市及安大略省大多伦多地区列治文山市均设有制作中心与新闻中心，在亚伯达省卡尔加里设有办事处。

目前，新时代电视每日播出中文节目超过 21 小时，内容以资讯与娱乐为主。新时代电视是一个多元化媒体，其多元化节目系列包括：①购入中国大陆、港台收视率最高的剧集、情景喜剧、卡通、综艺节目及时事节目；②每天卫星直播由 TVB 制作的香港新闻；③由新时代电视新闻及公共事务部制作的新闻与时事节目，包含国际、全国及本地最新消息的每日新闻报道及每周时事节目；④为观众提供与加拿大生活息息相关的、多样化的本地节目，包括旅游、烹饪、美容、体育、大自然及信息节目；⑤每年在温哥华及多伦多举办大型综艺节目，如《新秀歌唱大赛》《华裔小姐竞选》《魅力凝聚新时代》等；⑥追踪热点为观众转播全球瞩目的大型活动，如世界杯与奥运会的最新消息。

2013 年 5 月 23 日，“新时代 2 高清台”启播，新时代传媒集团率先成为高清电视广播的先驱，该台同步播映香港无线电视剧集，逢周六、日连续播映最新出境剧，并引进最新高清制作的非戏剧类节目，如娱乐、综艺、游戏节目等。

（3）多元文化电视台（OMNI Television）。

多元文化电视台是加拿大一家私营的多元文化电视频道，为罗渣士（Rogers）传媒集团成员。此台的前身是2003年成立的多语电视台Channel M，后被罗渣士传媒集团收购并改名为多元文化电视台。OMNI一词是拉丁语前缀，意为“所有的”，反映该台以服务所有族裔和背景的加拿大人为宗旨。多元文化电视台目前拥有5间地区分台，节目涵盖多种不同语言，包括粤语、普通话、旁遮普语、意大利语和葡萄牙语等，部分时段也以英语播出。

多元文化电视台现在以粤语、普通话和旁遮普语制作全国新闻节目，其中粤语和普通话全国新闻由多伦多新闻部制作，旁遮普语全国新闻由温哥华新闻部制作。但无论是以哪一种语言制作，新闻报道的人名和信息框等皆以英文显示。多元文化电视台中的粤语新闻节目播放的中国及部分亚洲地区的片段由亚视新闻提供；而在汉语新闻节目中，除香港新闻的片段是由亚视新闻提供外，中国大陆新闻以及中国台湾地区新闻分别由中国中央电视台和台湾宏观电视台提供。2013年起，因北美经济衰退，广告收入锐减，多元文化电视台裁员39名，新闻节目时长缩减，部分语种新闻节目被取消。

目前，多元文化电视台为观众提供在线新闻回顾。多伦多分台主要提供浓缩版新闻报道，素材由OMNI提供或友台采访的本地新闻及获通讯社允许于网上播放的国际新闻片段剪辑而成。而不列颠哥伦比亚省分台则将当天新闻逐条上传至网站。

（4）加华视讯（WOWtv）。

WOWtv是加拿大第一个24小时以高清数码技术播放的中文电视台，母公司为加华视讯传媒集团，属于收费电视频道。该台以粤语和普通话为主，清晨时段播放越南语节目，目前电视信号覆盖加拿大全境，目标观众以大多伦多地区的华人为主。

WOWtv总部位于多伦多，于2012年将其分部设立于温哥华和卡尔加里两市。WOWtv分为主打台和高清台两条频道，分别以标清和高清模式于2009年5月8日和12月2日启播，但两频道的节目编排相同。目前，主打台和高清台可于南安河通过罗渣士有线电视系统接收，而高清台则通过贝尔Fibe电视在多伦多和蒙特利尔落地。2012年9月25日，WOWtv向西岸发展，通过研科Optik电视为温哥华、卡尔加里和埃德蒙顿的观众高清广播。由于多伦多、温哥华和卡尔加里是目前华人最集中的地区，因此WOWtv加西分台的落成意味着WOWtv的电视节目将全面覆盖加拿大华人人口数量前三位的三个大城市，贯穿整个加拿大的东西部，在加拿大的广大华人社区形成较大的影响力。

WOWtv 中，本地自制节目占 30% 以上，如加拿大本地新闻资讯、社区轶事、嘉宾访谈、娱乐生活等。除了本地自制节目外，WOWtv 也先后与 CCTV 纪录片频道、CCTV 英语频道、广东省电视台、北京电视台、青岛电视台、哈尔滨电视台、香港亚洲电视（ATV）、东方电视（ONTV）、加拿大国家电视台（CBC）等媒体达成合作，拓宽了节目来源。除了为观众提供丰富的节目外，WOWtv 还具备制作大型舞台、自制大型演出和举办大型活动的实力和经验，目前已成功举办了大型海外华人春节联欢晚会、珠江小姐加拿大选拔赛、花儿朵朵海外赛区选拔赛、亚裔小姐选拔赛等活动。这些晚会与活动皆可在电视、电脑、手机终端上同步直播，如今的 WOWtv 正向加拿大互动性最强的中文电视频道的目标迈进。

（5）CCCTV 国际电视。

CCCTV 国际电视是在加拿大大多伦多地区启播的全新私营多元文化电视台。它于 2009 年 10 月成立，于 2013 年 10 月在贝尔 Bell728 频道及罗渣士 Rogers823 频道启播。

目前，CCCTV 国际电视开设两个频道，一个是多元文化频道，另一个是国、粤语频道。两频道均会 24 小时数字化、标清及高清同时广播。该台现有不少于 20% 的自制节目，主要以新闻、访谈、论坛、中华文化、音乐、社区、综艺节目为主，同时积极与 CCTV、南方电视台、广东卫视等国内媒体合作，引进文化资讯、体育、剧集等节目。目前，CCCTV 引进的国内节目有《今日亚洲》《查娱饭后》《粤韵风华》《海峡两岸》《外来媳妇本地郎》《珠江新闻眼》《夜倾情》《天眼追击》等。将来，CCCTV 计划以四大方向为主，包括个人养生健康之道、理财知识、兴趣培育以及中国传统道德思想，为观众带来不同的娱乐、新闻与资讯节目。

相较于其他中文电视台，CCCTV 使用的是时下最新的高清数码广播仪器，从拍摄制作到广播全面电脑化。在播出途径方面，除传统的卫星及有线网络之外，CCCTV 计划通过更先进的科技，如宽频电视及无线网络，将各类不同的资讯，配合电视画面传送至电视、手机、电脑等终端，建立一个跨媒体平台。

由于 CCCTV 国际电视的牌照是一个全国性、以中文语言为主的少数族裔商业电视牌照，这将使其服务范围覆盖加拿大全国。该台台长表示，开台初期公司业务范围先集中于安大略省的大多伦多地区，稍后将逐渐发展至加拿大其他省份或地区。为了争取更大观众群，CCCTV 将服务费标准降至每月 2.99 加元，并将节目上传至集团网站上，以供观众随时浏览与重温。此外，CCCTV 国际电视的受众并不局限于加拿大地区的华裔，该台希望将观众群扩展至北美洲华裔社群，乃至英文主流社群，以弘扬中国文化和宣传中国当今发展。

（6）长城（加拿大）平台。

长城（加拿大）平台是中国电视长城系列平台之一，由中国国际电视总公司（CITVC）所属的中视国际传媒有限公司（CICC）负责运营，集合 CCTV 和地方电视台的 9 个频道组成中文电视节目包，于 2006 年 12 月 22 日在加拿大获准落地。长城平台的宗旨是，为海外的华侨华人服务，并且为英语、西班牙语和法语观众打开一扇了解中国的窗口，达到巩固和扩大中国电视海外传播的目的。

2007 年 1 月 1 日，长城（加拿大）平台与麒麟电视合作，以 IPTV 模式在加拿大境内播出 25 个中国电视频道，包括：CCTV－4（中文国际）、CCTV－NEWS（英语新闻）、CCTV－E（西班牙语国际）、CCTV－F（法语国际）、CCTV－9（纪录片）、CCTV－11（戏曲）、CCTV－3（综艺）、中国电影频道、厦门卫视、北京电视台、上海东方卫视、江苏国际、浙江国际、广东南方电视台、中国黄河电视台、湖南电视台国际频道、福建海峡卫视、天津电视台、华夏电视台、亚洲电视本港台、凤凰卫视美洲台、凤凰卫视资讯台、深圳电视台国际频道、重庆电视台国际频道和安徽电视台国际频道。

此外，长城（加拿大）平台还通过罗渣士节目运营方播出。长城（加拿大）平台—罗渣士的节目包括 CCTV－4、CCTV－娱乐、北京电视台、上海东方电视台、江苏电视台国际频道、广东南方电视台、中国黄河电视台、湖南卫视国际频道和福建海峡卫视 9 个频道。

长城（加拿大）平台通过不同的电视节目，多渠道、多角度地传播中国文化，使观众在浓厚的文化氛围中了解中国，在体会中华文化精髓的同时学习汉语。其英文节目也顺应了海外华人人口结构的变化，满足了海外华人家庭中不同年龄人群的需求。

（7）龙祥电影台（LS Movie Channel）。

龙祥电影台隶属于台湾龙祥集团。1995 年，龙祥集团在加拿大成立分公司，从事华语电影发行。2009 年 11 月，龙祥电影台在多伦多开播，节目内容主要是中国大陆、香港和台湾以及日韩和其他亚洲国家、地区的电影。此台目前覆盖地区仅局限于加东大多伦多地区。

三、加拿大华文网站发展概况

随着互联网技术的普及，各类为华侨华人提供资讯服务的网站也如雨后春笋般发展起来，为华裔新移民适应当地环境与联系祖国提供了必要的资讯与情感支持。目前，加拿大华文网站已超过 100 个，大致可分为五大类别：

第一类为传统媒体的官方网站。尽管顺应时代潮流，发展网站已成为业界共识，但由于存在广告创收的压力及缺乏成熟的盈利模式，部分传统媒体经营者在网站投资面前畏首畏尾、裹足不前。目前，加拿大大多数华文媒体的网站与手机应用依旧是原汁原味地整版呈现报纸的内容，这类网站的主要代表有《环球华报》《世界日报》《加拿大商报》《大中报》《加中时报》等。对免费报纸而言，这种做法的好处是一方面可以吸引广告商，另一方面可以降低报纸的印刷成本。此外，为了响应跨媒体的号召，以《加拿大商报》为代表的传统华文媒体也开始着手制作视频新闻、音频新闻供读者在线视听，并取得一定的市场反响。

第二类为提供新闻的综合性网站，其主要代表有星岛环球网、加国无忧、加拿大华人网、加拿大华人信息港、多伦多信息港、多伦多在线、中加在线、枫华园、驿路枫情、加中网、加西中文网、万维读者、龙在他乡等。

第三类为提供加拿大各类生活常识的信息性网站，其主要代表有蒙城华人、加西生活、不列颠哥伦比亚华人、安大略省华人、温哥华天空、加拿大就业指南、佳华网、枫情网、生活在 BC、绿色生活健康中心、多伦多市区中医诊所、加拿大东西电影、新职专业工作、枫叶育儿 ABC 等。

第四类为纯粹提供网上聊天和留言服务的论坛性网站，其主要代表为约克论坛、加拿大论坛、加拿大同城网、华缘网、多伦多第一点评网、温哥华阳光中文网、华枫论坛、不列颠哥伦比亚阳光、相约加拿大、温哥华留言板等。

第五类为提供财经、地产等服务的专业性网站，其主要代表为环球财经、多伦多房地产、地产精英网、多伦多安居生活、枫桥家庭旅馆、枫国安居、温哥华汽车在线、BC 餐饮大全等。

近年来，伴随着移动网络的发展，电视、电台等传统媒体也紧跟形势，纷纷开辟了手机移动应用。而以加国无忧为代表的网站在互联网上取得成功后，也开始发行报纸，加拿大华文媒体的发展日渐呈融合趋势。此外，新浪微博、腾讯 QQ 与微信也成为当地华人必不可少的社交工具，加拿大家园等微信公众号正成为加拿大华人获取信息的新兴平台。

四、结语

20 世纪 90 年代以来，华裔已成为加拿大少数族裔中人数最多、增长速度最快的族裔之一。中国大陆新移民数量的增加促进了当地中文媒体的发展，而新移民教育水平的普遍提高，不仅为媒体的创办奠定了人才基础，也促使华文媒体提升制作水平。纸媒方面，《星岛日报》《明报》《世界日报》三足鼎立，大量小型报、周报、免费报纸争奇斗艳的局面已经确立。电视、电台方面，城市电视、新时代电视自创办之日起就崭露头角，现已成为海外华语电视的品牌。网络媒体方面，加拿大目前已有上百家提供新闻、信息、论坛等功能的中文网站，这些网络媒体日渐成为中文传媒阵营的新生力量，影响力与日俱增。在互联网时代，传统媒体与新媒体相融合的趋势日趋明显，如《加拿大商报》建设网络版，WOWtv、CCCTV 等电视台发展手机移动应用，加国无忧网站发行《51 周报》，但因互联网盈利模式尚未成熟及经费限制，网站与手机移动应用的发展仍不尽如人意。

如今，中国经济的迅猛发展、大陆新移民数量的持续增加以及中加关系的日益密切都为加拿大华文媒体的生存创造了发展空间。未来，加拿大华文媒体的发展还须进一步提高经营管理效率，加强与中国媒体、当地主流媒体的交流与合作，并积极参与华人社区的报道与建设，为加拿大新移民适应当地环境与联系祖国提供必要的资讯与情感支持。

（上述部分内容来自公开资料的整理）

（作者单位：暨南大学新闻与传播学院）

加拿大华文报纸现状浅论[①]

■ 彭伟步（Peng Weibu）

加拿大华人人口众多，仅以第一大城市多伦多为例，华人人口就接近40万，占全市人口的9%，在这样的人口背景下，加拿大华文报纸数量众多，竞争激烈，既促进了中华文化的传播，也帮助华人融入当地主流社会，甚至担当着发展加中两国友谊的桥梁。然而，如此激烈的竞争，自然也造成一些负面的现象，不利于华文报业的有序和健康发展。

一、数量众多但竞争激烈

从20世纪80年代开始，随着华人新移民的逐年增多，加拿大的华文报业也开始进入一个群雄并起的“战国”时代。当时华文报刊的数量接近20种，多数是由香港移民、印支难民创办的周报、期刊。如1984年在多伦多创办的《加华日报》就是香港移民所办。

随着华人移民的增多，在一些以往华文报纸很少或没有出现的城市和地区，华文报纸也应运而生，如过去没出版过华文报纸的蒙特利尔，除在1979年4月由香港移民出版过《华声华视》（后改为《华声报》）外，随着新移民的到来，在20世纪80年代就陆续创办了《龙报》、《华侨时报》、《满城华报》（中英双语），以及《大光报》《满可地导报》等多种报纸。

其他地方，华文报纸也不断涌现。“在温尼伯，除了20世纪40年代曾出版过一份《三民日报》外，也是自二十世纪七八十年代起才陆续创办《缅省华报》《缅省越棉寮华报》《中原侨报》《温城华侨报》等报纸。其他如埃德蒙顿和卡尔加里等城

---

① 教育部人文社科重大课题攻关项目“华侨华人在国家软实力建设中的作用研究”（项目批准号：10JZD0049）子课题“海外华文媒体在建设中国软实力中的作用”阶段性成果。

市，也都是自20世纪80年代始有《加中时报》《爱华报》，以及《加华日报》《侨声报》《成功报》《卡城爱华报》等报纸创刊。这个时期创办的某些报刊的发行范围也在逐步扩展，例如创刊于20世纪80年代后期的《加华月刊》，除发行于多伦多外，还发往加拿大各大城市以至香港、东南亚地区。”①

自20世纪90年代以来，伴随香港移民数量的减少与中国大陆移民数量的迅速增加，针对新移民的华文报纸犹如雨后春笋般涌现，由此形成了大陆、香港、台湾不同背景的华文报纸激烈竞争的局面。如香港《明报》加拿大版于1993年出版，后来便出现了加拿大《星岛日报》《世界日报》和《明报》三家竞争的局面。

2005年11月1日，以多伦多为基地的《现代日报》创刊，成为继《星岛日报》《明报》和《世界日报》之后的第四份加拿大华文日报，之后此份报纸改名为《加拿大商报》，主要针对大陆移民（见表1），取得了不俗的成就。

表1　加拿大华文日报创办情况一览表

报纸	售价（加元）	创办（时间）	创办地点	隶属
星岛日报	0.75（周末1.5）	1978年8月1日 1983年 1988年5月31日	多伦多（加东版） 温哥华（加西版） 卡尔加里（亚省版）	多伦多星报集团（Toronto Star Corporation）
世界日报	0.75（周末1.5）	1976年2月 1987年8月	温哥华（加西版） 多伦多（加东版）	台湾联合报系
明报	0.75（周末1.5）	1993年5月28日 1993年10月15日	多伦多（加东版） 温哥华（加西版）	香港明报集团
现代日报（现改名为加拿大商报）	免费	2005年11月1日	多伦多	加拿大商报（香港星岛集团前董事局主席胡仙所有）

① 胡文英. 加拿大华文报刊. 见王士谷主编. 华侨华人百科全书·新闻出版卷. 北京：中国华侨出版社，1999. 153.

迄今有接近100种华文报刊在加拿大发行，然而，除了《星岛日报》《明报》《世界日报》外，其余报纸均以免费报纸的方式向华人发行，因此在报业市场上完成资本的原始积累比较困难，有一部分取得了成功。如2002年9月创办于多伦多的《加中时报》由于善于整合资源，目前发展势头良好，2007年2月10日，《加中时报》（加西版）在温哥华正式创办。其他报纸如《环球华报》《大华商报》不断扩大发行范围。然而，也有一部分报纸面临财政紧张的局面，甚至面临关门倒闭的境地。

当前，华文报刊以中国大陆移民为主要读者，然而，数量如此之多的华文报刊，也使得加拿大华文报业呈现过度竞争的局面。在这么小的市场中，三大华文报纸相互混战，而《大中报》《电视报》《健康时报》等小型报纸的竞争更是惨烈。在蒙特利尔，资格较老的《华侨时报》《路比华讯》与异军突起的《华侨新报》，瓜分了该市的华文读者市场。在首都渥太华，竟有《加华侨报》《加京华报》《中华导报》等多份中文小报共存，这些小报从十几版到四十多版不等，或月报，或周报，或双周报，或不定期发行，抢夺着仅有3万多华人的报纸市场。这些地方性报纸的发行量一般在数千份至一万份之间。在这样的大背景下，各报相互厮杀，广告争相压价，甚至免费刊登商家广告，导致报纸财政极其紧张，生存非常不易。

二、市场广阔但生存不易

20世纪90年代以来，以专业技术移民为主的大陆新移民成为中国新移民的主力。华文报纸是伴随着华人社会的形成和发展而诞生、发展的，新移民人数的急剧增长带动和催生了新移民华文报纸的兴起。据资料显示，目前全加拿大的华文报纸，有70%以上为20世纪90年代以来由中国大陆新移民创办。

在大陆新移民日渐增多的冲击下，加拿大华文报纸生态发生重大变化。随着港台移民的日益减少，而大陆移民有增无减，华文报纸纷纷转型，把大陆移民作为主要的读者对象。以港台为背景的报纸为此做出了一些重大变革，如《世界日报》于2002年一改创办以来始终不变的风格，将台湾传统的竖排方式改为横排方式，一些报纸也把繁体改为简体，大量刊登大陆移民的新闻。

然而，数量众多的华文报纸导致了激烈甚至惨烈的竞争，仅多伦多一地就发行50多种华文报纸，其中地产报尤多。这种经营现象反映了一个基本现象，那就是媒体经营收入主要来自地产广告，提示业界的财政收入过于单一。华人人口即使已达到150多万，但由于种种客观条件限制，华文报纸的地产广告蛋糕其实并没有大到足够养活那么多媒体的程度，恶性竞争的出现是一个自然现象，这一现象也造成媒体经营环境的恶化。《中华导报》（渥太华版）的总编辑为此深有感慨地说："我的大部分精力都放在拉广告和赞助上了。没有广告就没有报纸的生命，而为了生存，为了降低成本，只能和助手身兼编辑、校对、广告、发行、联系印刷等多职，以求按期出报。"

一些主流媒体看到华文报纸的市场，也加强与华文报纸的合作，甚至收购华文报纸。如"《多伦多生活》（中文版）和《麦克莱恩斯周刊》（华文版）（*Maclean's*，又译麦克琳），已在1995年10月先后发行，意味着加拿大主流英语传媒对华裔社会和华文报纸的重视，并从一个方面说明加拿大华文报纸的发展前景乐观"①。1998年，当时的加拿大《星岛日报》最大股东胡仙把55%的股权转让给了加拿大主流报业集团——多伦多星报报业集团，开创了当地主流媒体控股华文报纸的先河。自从多伦多星报报业集团入主《星岛日报》后，经营管理更加到位，市场竞争力更强，媒体资源利用更加有效，业务开展更加全面和深入。《星岛日报》的模式告诉加拿大传媒界，主流媒体介入华文媒体不仅理论上可行，而且实际中已取得成功。在主流媒体的支持下，《星岛日报》已成为加拿大最具影响力的华文报纸。除了《星岛日报》外，多伦多星报报业集团还间接控制了星岛中文电台以及唯一以副波广播的中文电台——美加华语电台等。主流报纸控制华文报纸，利用完善的发行网络，对以免费为主的华文报业造成了一大冲击。

面对多重竞争，许多华文报纸走上报业重组和合作的道路。多伦多《现代日报》（现改为《加拿大商报》）创办一年后，致力于探索与主流媒体合作之路。"2006年8月，《现代日报》与加拿大上市公司下属的全国性报纸——《多伦多太阳报》达成商业合作伙伴协定，从新闻、广告、印刷及推广宣传等方面进行合作。《现代日报》管理层说，与《多伦多太阳报》的合作至少达到了资源共享、市场共享的效果。目前，他们每天新闻内容、图片互用，广告打包销售，并联手进行活动推广。业界人士分析说，《现代日报》与《多伦多太阳报》目前的合作关系虽然还没

---

① 胡文英. 加拿大华文报刊. 见王士谷主编. 华侨华人百科全书 · 新闻出版卷. 北京：中国华侨出版社，1999. 154.

触及股权，但太阳报愿意与华文媒体携手，已说明加拿大主流媒体正在看好华人市场的潜力和华媒的发展空间。”[①]主流媒体与华文报纸的合作，虽增强了华文报纸的办报能力，但也导致华文报业的竞争更加激烈，生存更加不易。从目前的情况来看，除了《星岛日报》《明报》和《世界日报》还坚持收费，每份售价0.75加元，周日售1.5加元外，其他报纸在激烈的竞争态势下，走上了免费报纸的道路，竞争进一步恶化，出现广告专员远比新闻业务人员多的现象。

三、发行地集中且销量少

两年来，无论是在加拿大东部的多伦多、蒙特利尔，还是在西部的温哥华、卡尔加里，华人经常看到不少大陆新移民创办或以大陆移民为主要服务对象的报纸面世，这类报纸多以周报为主，也有一些是杂志型的报纸，例如多伦多的《多伦多第一报》、温哥华的《精品生活》等。

然而，几十份华文报在大多数情况下都是自负盈亏，自生自灭。即使是三大华文报纸，除了《星岛日报》处境比较好之外，《明报》与《世界日报》均面临其他报纸的严峻挑战，处境并不十分理想。在激烈的竞争下，小报的创办或停刊，是一件司空见惯的事情。有的报纸在一个地方维持不下去，就换个有华人的城市继续发行。这也与华人购买力和人口数量有关系。如在安大略省一些只有十几万人的小城市，只要有几千华裔人口，就能“养活”一份小报。这些小报的衣食父母主要是当地的华人厂商，他们所刊登的广告内容范围从商号开张、拔牙看病、商品降价，到生老病死的服务，应有尽有。报纸变成了社区报，为华人的日常生活提供了便利。

华文报纸竞争激烈，但是仍然有生存的空间，究其原因不难发现主要有三个：“一是各大中型城市都有唐人街，报纸有一定的发行市场；二是移民中有不少‘老报人’，其中不少人原来就是《人民日报》(海外版)、新华社或其他专业性大报的知名记者或编辑，有的还具有主任或博士的头衔，他们移民加拿大后，在找不到其他工作的情况下，只好重操旧业，靠办报为生；三是中加经贸关系近几年发展较快，主流社会意识到华人及其文化的

① 晓理. 加拿大华文传媒发展综述. 见夏春平主编. 世界华文传媒年鉴，北京：世界华文传媒年鉴社，2007. 74.

价值，发现华人市场有无穷的潜力，纷纷通过广告向华人推销其业务或产品。”①

在加拿大华文媒体的平面媒体中，拥有港台背景的《星岛日报》《明报》和《世界日报》三大日报仍然是全加华侨华人社区的主流媒体。他们实力雄厚，历史悠久，每天发行，覆盖面广，是当地影响力最大的华文报纸。《环球华报》虽发展时间较短，但因其发行地区广泛（遍及不列颠哥伦比亚省、安大略省和亚伯达省地区）、报道内容深入而成为大陆新移民传媒的代表之一，渐与三大老牌港台报纸并驾齐驱，成为第四大全国性华文报纸。

然而，华文报纸主要集中在渥太华、多伦多、温哥华等城市，导致报纸聚集度极高，竞争日趋激烈（见表2）。

表2　加拿大华文报纸创办地一览表

城市	报纸
温哥华	《松鹤天地》《真佛报》《神州时报》《中华导报》《健康时报》《环球财经》《中国经济报》《真理报》《大华商报》《枫华家庭》《娱乐生活杂志》《号角》《中文买卖报》等
多伦多	《加华新闻》《大中报》《真佛报》《星星生活周报》《环球财经》《健康时报》《加中时报》《东方之星》《号角》《信息报》《电脑报》《地产周报》等
蒙特利尔	《华侨时报》《华侨新报》《路比华讯》《满华报》《先锋杂志》《蒙城华人报》《号角》等
渥太华	《中华导报》《加京华报》《加华侨报》《渥京周末》等
卡尔加里	《亚省东方报》
埃德蒙顿	《中华导报》《爱华报》
温尼伯	《中原侨报》等

几乎全国最有影响力的华文报纸都集中在多伦多、温哥华，仅多伦多一地就聚集了50多家报纸，报纸扎堆的现象非常严重。数家报纸挤在一起办报，严重分散了读者群，而且造成不必要的

① 邹德浩. 华文报纸在加拿大. 环球时报，1999-08-06.

资源浪费。聚集度极高的后果便是各报发行量都很少，一般在2 000～5 000份之间，不足以支撑各份报纸的健康良性发展，反而促成恶性竞争局面的出现。许多报纸的报头、版面编排大同小异，读者很难分辨该报是谁在主办。这种竞争不仅导致了各报相互克隆，挖空心思挖对方的墙脚，以低价甚至免费为诱饵，吸引商家投放广告，而且也造成这些报纸无法培育品牌，不利于华文报纸的长期发展。

四、发行对象趋同且内容相对单调

近年来，随着时代的进步和科技的发展，加拿大华文报纸迈向专业化、多元化和当地化。过去剪刀加糨糊的作业模式已成为历史，不管是大报还是小报，目前基本上都是使用电脑进行编辑和排版，并进行照相印刷。如《星岛日报》等使用的设备，已经接近主流传媒的水平，版面编排也聘请了具有美术功底的专业人员，由此提高了报纸的编辑与印刷质量。专业水平的提高，直接推动了华文报纸版面的改革，如今，加拿大华文报纸的版面活泼大方，图文并茂，并不逊色于主流报纸。

由于港台移民数量减少，而大陆移民增多，各报纷纷转向大陆移民，面对的受众严重趋同，从版面内容来看，华文报纸刊登了大量关于新移民和中国大陆的新闻，报道的方式与内容均迎合大陆新移民。然而，由于竞争激烈，生存不易，许多报纸采编力量薄弱，内容相对单调，有些从网络上复制中国大陆的新闻，然后剪贴成一份报纸，而自主采访回来的新闻则寥寥可数，使一份报纸变成了广告纸或文摘报。

一些报纸为了改善内容不足的状况，选择与中国大陆报纸联合办报，如2005年3月17日，《广州日报》与《明报》合作开设《广州日报·北美专版》，《加拿大商报》与《文汇报》、中新社合作，大量增加人陆新闻，变成一份专门面向大陆新移民，却有香港资本背景的报纸。这种互补双赢的联合办报形式，既可以弥补加拿大华文报纸内容上的不足，又可以使中国的声音传遍加拿大，向加拿大传播更多关于中国发展的新闻，这无疑是对双方都有利的好事情，也将推动加拿大华文报业的发展。然而，更多的报纸缺乏财政能力，无力聘请专业人员，又不愿意进行资源整合，合并到较大的华文报纸，导致如今华文报纸数量虽多，但内容大同小异、版面千篇一律的现象。

五、帮助华人融入主流社会

加拿大是一个鼓励多元文化发展的国家，华人社区因此能够保留独特和完整的族群文化。然而，由于文化上的差异以及华人对中华文化的自我传播力度小，主流社会不易了解和解读华人社区的事情。这样，华文报纸就充当了桥梁的角色，成为华人社区与主流社会的交流媒介。有了这种双向性的交流，华人社区和主流社会及其他族群因此可以消除彼此之间因不了解而产生的“误会”“恐惧”及“抗拒”情绪。同时，鉴于华文报纸的影响，华人也通过这个渠道来争取自己的权利。比如说，主流英文报纸《温哥华太阳报》曾与《明报》合作的双语论坛，互相刊登对方读者来函，为主流社会提供了解华人社区意见的机会，也使华人了解主流人士的看法，增进双方的了解和缩短相互之间的距离。

华文报纸关注当地主流社会信息，报道大量有关当地主流社会的新闻，一方面为当地华人提供主流社会的信息，另一方面也帮助华人了解和融入主流社会。比如说，《星岛日报》《环球华报》等设立专栏，让华侨华人发表对加拿大和当地时政的意见，也让加拿大三级议会的议员向华人社区宣传政府的政策和自己的政见。电台、电视也有相关节目，让华人社区发表声音，并经常邀请政府官员和主流社会人士与华人听众和观众在空中互动和交流。

《明报》和《星岛日报》不仅报道华社新闻，而且大量报道全国新闻。《星岛日报》每天开辟将近 6 个版面刊登 20 条全国新闻。头版一般都是紧扣加拿大国内形势的新闻，如种族关系、教育、旅游、治安等，这些内容能让读者更加全面地了解加拿大各地发生的重大新闻，帮助他们深入地认识加拿大形势。在这些全国新闻中，既有联邦政府的官方消息，也有报社记者根据有关线索采访回来的重大新闻；既有来自政府高层的谈话，也有来自各州的地方性重大新闻。这些新闻只要能够引起华社的注意，并对华社有重大影响，《星岛日报》便会把它们选作全国新闻，并放在全国版予以全面报道。为让读者更加深入了解各种关系到华人切身利益的问题的背景，让各政党和华人社团有更公平的发言空间，报社还会邀请华人社团、政党有影响力的人物前来报馆现身说法，畅谈国家大事，摆出自己的见解。在政治选举期间或其他地方发生重大新闻的时候，为及时、充分地向读者报道最新的选情和重大新闻的进展，《星岛日报》还开辟新版面，及时向读者提供信息。

华文报纸对主流社会的报道，不仅为华人了解当地华人社会提供条件，而且也影响到当地的主流社会。由于华人数量众多，政府和政治领袖为了获得华人的选票，都非常乐意接受华文报纸的采访，以接近华人，这样无形当中就大大提升了华文报纸的影响力。此外，一些地方政府为了了解华人的情况，还专门设置了一个翻译华文报纸的部门，如从1996年开始，温哥华市政府聘用私人翻译公司，每周为市政府提供三份华文报纸的英文翻译，让市议会及各部门主管定期获取华人社区的信息，开创了历史先河。1997年，不列颠哥伦比亚省也设立华文传媒顾问一职，负责省府与华文媒体间的沟通，以及时获悉华人社区所关注的时事问题。温哥华当地主流媒体著名的新闻专业奖“杰克韦伯斯特新闻”奖，从1995年开始增设“最佳中文报道”奖项，标志着华文媒体正式得到主流社会的认同和肯定。此外，多伦多星报报业集团收购加拿大《星岛日报》，也说明华文媒体在主流媒体心目中已占有重要地位。

六、总结

华人在加拿大的政治经济地位日益提高，加拿大近200万华人大部分已经入籍及拥有选举及被选举权，华人参政在这五年内亦逐渐增多，在联邦、省级或市级政府选举中，华人均举足轻重。此外，加拿大华人的经济地位更是有目共睹，他们带来大笔资金及从商经验，因此他们对主流社会的影响力将随着时间的推移逐渐增加。由于华人在加拿大社会地位日渐提高，华文报纸在增进文化沟通上所扮演的角色亦日益重要。华文报纸以第一代及第二代移民为主要受众，又因他们聚居于一两个大城市，平常生活亦以华语为主，所以华文媒体亦成了他们生活中不可或缺的东西，加上政府政策的推动，让下一代儿女学习华文亦成为时尚，这些通晓华文的庞大人群，都为华文报纸的生存提供了广阔的空间。

但我们要看到的是，华人人口的增长与结构的改变，一方面为华文媒体的生存与发展提供了条件，另一方面也对华文媒体的生存与发展构成了挑战。由于报纸对阅读水平要求比较高，读者首先必须具备认字能力，然后是理解能力，这样才能阅读和理解华文报纸传播的信息。所以说，虽然所有的华文媒体都面临读者数量减少的危险，但是相对而言，报纸的压力会更大一些。

此外，中国大陆与台湾的政治议题敏感，也使华文媒体在报道中面临各种困难。由于加拿大华人人口结构包括中国大陆、香港、台湾，目前虽然以粤语为多，但今后随着大陆移民日渐增多，普通话所占比例亦逐渐增大。故在内容方面，华文报纸在兼顾港台人群的基础上，开始吸引大陆新移民的关注，在新闻取材、政治评论方面，亦因两岸政治的微妙而颇为敏感。这种状况的存在，对华文报纸的发展是一个很大的挑战。

华文报纸在竞争越来越激烈的情况下，生存空间已显得越来越小，总的发展趋势是“办报不难，维持不易”。近百种华文报纸的发展史，道尽了海外无数办报人的艰辛历程，反映了他们在海外办报的无尽沧桑，特别是当前国际形势发生重大变化，新媒体对华文报纸的冲击十分明显，华文报纸均面临转型的问题，然而，这种转型并不容易，甚至一些报纸在转型过程中因为财政负担过重而关门倒闭。然而，华文报纸虽然面对诸多挑战，但笔者相信，随着中国经济的迅速发展，中加两国交流更加频繁，再加上移民数量的不断增长，作为族群文化的传承者，华文报纸只要致力于拓宽市场，加强与国内有关行业的联系，仍然会有生存的空间。

（作者单位：暨南大学新闻与传播学院）

多伦多中文免费报纸面面观

■池　敏（Chi Min）

多伦多是加拿大华人最密集的城市之一。在多伦多各大华人社区，中文免费报纸随处可见。这些中文报纸不仅是当地华人获取资讯的平台，也是维系华人情感的纽带和展示华人文化的窗口。20 世纪 90 年代后，随着中国国际地位的提升和华人移民数量的快速增加，当地政府开始派专人每日阅读中文报纸。而在当地华人角逐加拿大政坛的路上，中文报纸也是他们传播政见、争取选票的重要途径。

目前，多伦多的中文报纸以免费发行为主，除了《星岛日报》《明报》和《世界日报》收费外，其余皆是免费发行，且数量超过 30 家。

本文所说的“免费报纸”是指面向社会公开发行，以盈利为目的，以刊载新闻、广告等信息为主，读者无须付费即可获得的报纸。[①] 而那些由社团派发或作为传统收费出版物的促销手段附赠的报纸均不在本文的讨论范围内。

多伦多中文免费报纸大致可分为两类：一类是大报社或大公司创办的，如《加拿大商报》、《加拿大周刊》、《加华新闻》（人民日报海外版）、《环球华报》等；一类是小作坊式的，如《大中报》《加中时报》《文摘报》等。后者多由大陆新移民创办，这些报纸的创办人有的并无新闻从业背景，办报只为逐利或解决就业。这些小作坊式的报社通常人手少、资金短缺，加上缺乏系统的市场调查，不少还未成气候就销声匿迹了。

① 李莹，喻国明. 地铁报：免费报纸的新宠——免费报纸的缘起与操作模式研究. 新闻与写作，2007（10）.

一、多伦多中文免费报纸的特点

（一）报纸版式

多伦多中文免费报纸多是周报，每周五出版，或每周出版三期，日报极少。与“又厚又大”的收费报纸相比，多伦多免费报纸多采用4开小报样式，身形小巧，便于携带。免费报纸的诞生与都市人生活节奏的加快、网络媒体的壮大不无关系，经过“瘦身”的免费报纸更容易为读者所接受，成为读者乘车、用餐、休闲的伴侣。

（二）报纸内容

在内容方面，多伦多免费报纸可分为综合类报纸与专门报纸。综合类报纸的新闻主要是围绕华人社区，并涵盖中国大陆与国际新闻，从政经到生活、娱乐、资讯，应有尽有。多伦多专门报纸的主题包括健康、房产、教育、商业、电脑等。与收费报纸相比，免费报纸的新闻显得更“短”、更“软”、更“轻松”。以《加拿大商报》为例，自2010年改为免费发行后，《加拿大商报》采用小报样式，并装订成册。原先的深度报道被代之以短篇消息，每篇文章的字数也被严格控制在400字以内，形成短小精悍的风格。

在报道立场上，作为纯商业属性的报纸，这些免费报纸通常会避开敏感议题，或采取客观中立的态度来报道事件，以多方面协调广告商或读者间的意见分歧。在这个问题上，《大中报》是个特例。已经历过两场官司的大中报社长贾宁扬极力推崇新闻专业主义，并在《大中报》官方网站的首页标出“准确、公平、平衡是大中报的服务宗旨”。

在新闻来源方面，多伦多免费报纸的本地新闻通常由报社记者负责，外地与国际新闻则由中新社供稿。为满足不同读者的口味需求，多伦多中文免费报纸也不断加强与国内媒体的合作，并以此形成自身特色。例如，《加拿大商报》的新闻版面目前由香港《文汇报》、中新社以及上海、广东、西安等地的媒体提供，这些版面不仅增加了《加拿大商报》的特色，也为其带来了丰厚的广告收入。

（三）广告与发行

由于是免费发行，报纸版面的广告收入是多伦多中文免费报纸最主要的收入来源。而如何吸引更多广告商的投资与如何满足广告商的需求是这些免费报纸共同面对的难题。对此，免费报纸的策略是将头版，甚至二版、三版让位于广告。对于运营状况较好的媒体，将报纸整版上传至官方网站以减少发行成本，并借此进一步扩散广告信息也是其突围之策。因报社背景与资金状况的差异，各报社的广告刊载量并不统一：对一些纯粹逐利的小报而言，广告就是生命，广告通常占版面70%以上，且一旦广告不足，这些报纸通常会立即削减版面，甚至停办；对《环球华报》《大中报》等有新闻理想与新闻抱负的媒体而言，控制广告量，提高报纸的可读性是必不可少的举措，它们的广告在版面的占有率通常控制在50%以下；而《今日中国文汇报》、《人民日报》（海外版）等党报的广告量则几乎为零。

在发行方面，中文免费报纸皆集中放置在华人社区的各大超市、商场、酒楼、书店及免费取阅点，这为报社节省了大笔派送开支。由于加拿大地广人稀，多数人家都是独门独户，加上人力和汽油成本的上涨，派送开销挤压了报社的利润。以《加拿大商报》为例，过去派送员在不堵车的情况下，两小时派送不到100份报纸，而如今改为免费取阅后，发行量增长了一倍，通常在午前即可全部被拿空。当然，也有一些中文报纸因可读性不强，放置数日无人问津，最后被超市取走用作商品包装，而这种情况就降低了发行量对于免费报纸影响力评估的可信度。

二、多伦多中文免费报纸的问题与挑战

（一）新移民数量减少所带来的读者危机

20世纪90年代以来，华裔已成为加拿大少数族裔中人数最多、人口增长速度最快的族裔之一。据加拿大统计局2008年公布的人口普查数据显示，加拿大华裔人口达121万，占全加总人口3.9%。20世纪80年代，华裔移民主要来自香港地区，随后台湾移民开始增加，相应的备受港台移民欢迎的《星岛日报》《明报》《世界日报》也进入加拿大。然而，从20世纪90年代开始，中国新移民的主力从港台转移至中国大陆。众所周知，中国大陆与港台间存在着巨大的文化差异，来自中国大陆的新移民讲普通话，习惯看简体字；来自香港、台湾的移民前者讲粤语，

后者讲普通话，二者都只会看繁体字。加上粤语与普通话在文字表达上的差异，中国大陆新移民并不能完全适应阅读港台报纸，这就为部分以大陆新移民为读者的免费报纸的诞生创造了市场空间。然而近几年，每年来自港台的新移民数量只徘徊在200人左右，而来自中国大陆新移民的数量较之过去也呈下降趋势，这给以新移民为服务对象的华文媒体造成了巨大的生存压力。

另外，老一代华人的离世也加剧了华文媒体的读者危机。移民加拿大的第一代华人，大部分已在国内完成了基础教育，在阅读华文报纸上没有障碍。加之这些华人本身的英语水平有限，移民后对当地各类生活资讯有强烈需求，在感情上也和中国更为亲近，希望通过华文报纸获悉故乡消息与中国的发展情况。而在多伦多成长起来的第二代、第三代华人受当地主流文化同化程度高，周围缺乏学习中文的语言环境，感情上也与中华文化较疏远。可以说，除了肤色相近外，这些年轻华裔和中华文化几乎没有联系，很多华裔之间的交流也完全依靠英语，华语对他们而言是名副其实的“外语”。在多伦多，有不少华裔家长对孩子上中文学校表示支持，但目前多伦多的华文教育多是课外辅导形式，每周仅数小时，这对学习一门语言来说是远远不够的。缺乏系统的华文教育与华语的应用环境，新一代华人很难达到无障碍阅读中文报纸的水平。因此，随着新移民数量的减少，老一代移民的离去，新一代华裔华语水平的下降，多伦多所有的华语媒体都面临着读者危机。《加拿大商报》的门宗伟社长坦言，“只要一天有新移民，报社就能生存下去”，然而根据目前的人口变化的趋势，如果新移民数量持续下降，那么多伦多华文媒体的辉煌可能只能维持50年。

（二）华文报纸的办报水平堪忧

首先，人才短缺。由于新移民数量的减少，当地人力成本的高昂（目前多伦多每小时最低时薪11加元），在多伦多招聘到合适的、经验丰富的新闻人才并不容易。如今，多伦多媒体行业的从业人员绝大多数是临时工，这些临时工性质上相当于国内的无编制人员，他们有的供职于多家公司，有的只将这份工作当作跳板。而土生土长、受过良好教育的新一代华人也甚少到华文媒体工作，他们英语流利且早已被当地主流文化同化，对他们而言，市场广阔、影响力大的主流媒体更具吸引力。因此，不少报社因缺乏人手开始到劳动力成本相对低廉的中国大陆招聘员工，而一些财力不支的报社社长甚至被迫采编、广告、发行一肩挑。

另外，报社福利待遇不佳也进一步降低了员工积极性，并间接影响了报纸的质量。例如，多伦多虽有最低时薪限制，但不少临时工的薪金都按一稿一酬算，因此他们的实际付出与所得有时并不一致。

其次，报纸内容东拼西凑，内容同质化，可读性不强。由于经费不足、记者短缺，小作坊式的中文报社只能靠改写其他报社的文章或网络资料来填版，在内容和版面设计上存在同质化问题。而有些报社则太注重自己的新闻理想而忽视了读者的需求与兴趣，办了十几年依旧不温不火。与中文免费报纸的低质量相对的是新移民对报纸质量的高要求。区别于20世纪，当代中国大陆新移民通常接受过良好的教育，英语水平较高，对精神文化产品有很高的要求。为了适应当地社会，他们通常会有意识地阅读当地的英文主流报纸。在这种情况之下，通篇广告的中文免费报纸根本无法满足这批高素质读者的需求，因而又加剧了中文免费报纸读者的流失。

再次，片面追求短期经济效益，广告、软文篇幅过多。对中文免费报纸而言，广告就是生命。一些以经济利益至上的中文免费报纸几乎就是广告纸，或以零星几篇位于版面边缘的文章点缀，或以大篇幅软文填充版面。这样的报纸虽可获得一时的经济效益，但从长远来看难成气候。

最后，对广告商过度依赖，难以实现新闻独立。由于加拿大鼓励少数族裔发展自己的文化，因此在多伦多办报几乎无政策上的阻拦。对小作坊而言，资金是报社发展过程中所遇到的最主要的问题。由于报社的一切运作皆需经费，加之免费报纸又无发行收入，因此获得华商、华社的广告投资是报社赖以生存的方式。在多伦多，中文免费报纸要发展壮大必须要处理好与华商、华社之间的关系，而这必然影响报社的报道立场，让新闻独立成为空想。

（三）新媒体对中文免费报纸的冲击

近10年来，新媒体在世界范围内的崛起极大地挤压了传统媒体的生存空间，乃至有百年历史的《基督教科学箴言报》也于2009年被迫宣布停止出版纸质报纸，从此专注于网站建设。同样的，新媒体的旋风也开始侵袭多伦多华文媒体市场，促使传统媒体开始思考转型问题。

多伦多华文报纸的“报网互动”策略起步较晚。《加拿大商报》是加拿大第一份将整份报纸以图像形式上传至互联网供读者免费阅读的中文日报。随后，《加中时报》《大中报》等数家中文免费报纸也开始了类似尝试，但目前还有大量小报社驻足于互联网大门之外。

其中原因，除了资金、人才问题，经营管理人员意识不足外，最主要还是互联网盈利模式的不成熟。一方面，多伦多中文免费报纸的读者以 35 岁到 55 岁的第一代侨民为主，这群读者已经习惯于阅读纸质媒体，一些中老年人对新媒体热情不高。另一方面，对于报社经营者而言，如何让互联网点击率变为广告收入是一个非常现实的问题。由于中文免费报纸多是小作坊经营，缺乏大笔资金来源，互联网商业模式的不明朗极大地降低了多伦多报业管理者投资网站建设的热情。对于新媒体，大多数管理层仍处于迷茫与纠结中，一方面不甘落伍，另一方面又不愿意承担风险全力以赴。照此情形，新媒体发展前景并不乐观。

与新移民数量减少所带来的读者危机相比，新媒体的冲击并不是最大的威胁，但长此以往，伴随着中青年群体向新媒体靠拢，这些中文免费报纸所面临的读者群丧失问题可能会进一步加剧。当然，传统媒体与新媒体各有优势，没有任何一种新媒体可以完全取代传统媒体，只要传统媒体能继续发挥自身优势，相信能在未来的新媒体环境中占据一席之地。

三、结　语

受近年港台、大陆新移民规模缩小影响，加之新媒体的冲击，多伦多大多数中文免费报纸的生存与发展受到严峻考验。这些免费报纸因资金、人才、创办人自身经营理念等影响，大多质量不佳，同质化严重，内容缺乏新闻性与可读性，完全依赖于广告生存。然而，作为一份中文免费报纸，这些媒体也在服务华人、服务社区，为华人利益代言，为华人排忧解难等方面起到了积极作用。如今，中文免费报纸的发展并不乐观，市场或许会重新洗牌，只有那些既有新闻理念，又善于经营管理和遵循市场规律的媒体才有可能存活下来，成为多伦多华人的舆论阵地。

（作者单位：暨南大学新闻与传播学院）

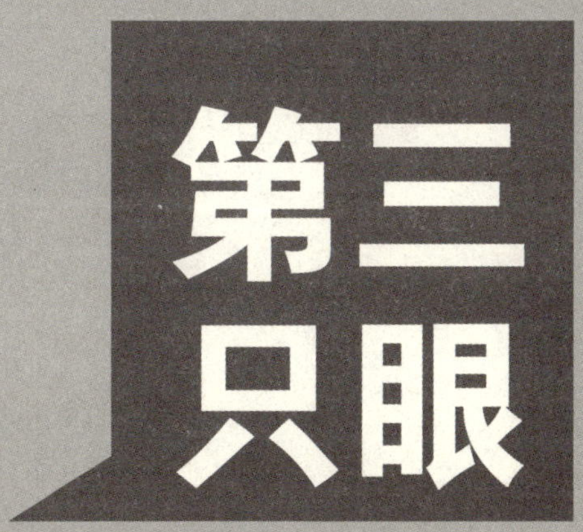
第三
只眼

义工：加拿大人的共同身份

付梦雯（Fu Mengwen）

在为期十五天的访加调研中，听到极多的字眼除了 Excuse me、Thank you、Sorry 之外，还有一个让我们很意外的词“义工”也被谈论得极多。无论是在加从政的华人还是华商、华文媒体工作者都谈论着义工生活对自己的改变，从事华文教育的老师以及孩子家长也认为义工是孩子们成长过程中最重要的一部分。何谓义工？若不是众多采访对象都提起自身的义工经历，或许我们从未想象义工会是一个国家全民的共同身份。

对于一个城市、一个国家而言，义工是文明爱心的播种机，更是和谐社会的润滑剂，其爱心、热情、奉献有目共睹。

一、义工——微小却伟大

（一）何谓义工

义工是指基于社会责任及义务，自愿贡献自己的时间、精力、技能，为促进社会的改善和发展，无偿地参与社会服务的人员。简单地说，从事义工服务的人被称为义务工作者，简称“义工”，也称“志愿者”，由英文“volunteer”翻译而来。[①]

义工参加服务活动都是自觉进行选择，没有外在力量的强制；他们并不追求物质收益，服务的对象是社会公众和困难群体，服务的内容是向这些群体提供所需的服务。除了奉献自己的时间、精力、技能外，做出其他如献血、捐献骨髓、捐款捐物

① 刘婷. 社工介入对义工增能的作用研究——以深圳市宝安区松岗街道 40 名义工的实践活动为例. 华中科技大学硕士学位论文，2013.

等自愿行为的人，也被称为义工。①

在世界各地区，义工有不同的称呼，但其内涵基本一致，例如欧美、中国香港地区称之为义工，中国台湾地区叫志工，中国大陆叫志愿者。志愿者服务活动具有巨大的精神价值和经济价值，已受到各国政府和社会的重视。1985 年第 40 届联合国大会通过决议，将每年 12 月 5 日确定为“国际志愿者日”。

（二）加拿大义工发展历程

加拿大的志愿服务活动起步早，规模大，社会效益好。加拿大的第一个志愿者服务中心建立于 1937 年，现在全国有 200 个志愿者服务中心。② 加拿大对义工服务有一个比较完整的管理体系，义工中心根据各地的实际情况制定义工服务项目，并收集国内外服务项目的信息。目前，加拿大义工服务开展势头良好，拥有广泛的群众基础、良好的声誉及完整的运行机制。据调查，65% 的加拿大公民至少在一个志愿公益组织中提供过无偿服务。③

加拿大人热衷于参加公益活动，经常将他们的空闲时间和技能用于义务服务。加拿大的义工不仅给国家和社会带来了良好的社会效益，也创造了巨大的经济效益。时任联合国秘书长安南在 2001 国际志愿者年启动仪式上的讲话中提到：“根据有些国家的测算，志愿者所创造的财富占本国国内生产总值的 8% ~14%。在加拿大，每年有三分之一的公民参加志愿服务，时间累计超过 10 亿小时。”④从家庭到社区、从申办奥运会到环保项目、从国内到国外，到处都有加拿大义工的身影。

在加拿大的政府机构、公共服务机构、学校、医院等都有义工职位，不同性质的义工职位有不同的申请手续，如申请到学校做义工，则必须到市政府办理无犯罪记录手续；申请到老人院、医院等特殊职位做义工，则必须接受特殊技术培训等，这一切都

---

① 刘婷. 社工介入对义工增能的作用研究——以深圳市宝安区松岗街道 40 名义工的实践活动为例. 华中科技大学硕士学位论文，2013.

② 有奉献也有收获——访加拿大青年志愿者. http：// news. Xinhuanet. com/world/2003 -06/30/content _945018. htm.

③ 罗军飞，龚芳. 论市场失灵、政府失灵和志愿者组织失灵——基于灾难管理的视角. 科技创业，2009（1）.

④ 联合国秘书长安南在 2001 国际志愿者年启动仪式上的讲话. http：// www. people. com. cn/GB/shizheng/252/6135/6139/ 20010918/ 563834. html.

已固定程序化、整体规模化。①

“慈善不是富人的事，也不是闲人的事，慈善是每个人的事”，这是加拿大社会形成的一个共识。

二、做义工从孩子抓起

孩子做义工，是加拿大的一个传统，这是为了让孩子从小养成回馈社会的习惯。家长们普遍认为，孩子从小有做义工的经历，会给他们的成长带来很多好处。在加拿大，只要年满5周岁，就可以申请在图书馆做义工。英文水平不过关的，可帮助“儿童馆”更小的孩子整理玩具和图书，引导他们上洗手间等。有一定英文基础的，则会在父母的帮助下，为儿童馆的图书编写母语与英文对照的“检索目录”。加拿大的公益性图书馆还有针对高龄读者的一项特殊服务：馆方定期送书去老年公寓，为老人送上“精神食粮”。由儿童义工组成的“业余朗诵小队”，为老人带去了欢声笑语，让他们感到温暖。这些儿童义工的年龄通常在8～12岁之间，除了为孤独的老人们朗读书刊外，还为老人们表演小魔术、小话剧和歌舞。移民的孩子还会带来展示自己国家人文特色的图书和礼物。②

加拿大义工活动从孩子抓起，小学生以一些简单的家务劳动和服务工作为主，包括帮助父母擦汽车、为邻居剪草坪、在社区内送报纸、为朋友照看猫狗等。加拿大的中学会组织学生面向社会从事各类义工活动，譬如走向各大医院、医学院实验室、社区各种服务机构、红十字会、图书馆以及博物馆等。③

三、完善的制度强化义工服务

加拿大高校录取新生跟我国高考体制不同，完全是由各高校自主招生，没有全国统一入学考试。录取新生除了要参考高中阶段的学习成绩，众多高校普遍将新生在高中阶段的志愿服务情况作为能否入学的重要依据。高校普遍认为学生参加义工活动

① 王光秀. 比较视域下“义工教学法”在思政教育中的作用研究与实践启示. 教育与职业，2013（24）.

② 本综. 加拿大：义工也有孩子份. 小读者，2006（7）.

③ 本综. 加拿大：义工也有孩子份. 小读者，2006（7）.

是自我完善、培养健康人格的重要环节。例如，加拿大麦克马斯特大学医学院在录取新生前，要求学生必须要有义工的经历，否则不予录取。加拿大高校制定了形式多样的义工奖励机制，引导和激励大学生做志愿者。同时，社会普遍重视义工，形成了争做义工的良好社会风尚。企业在录取新员工时，同样十分重视毕业生在校期间的义工经历和其他社会服务经验。

加拿大高校有优良的传统，特别重视为义工提供服务的载体。每个高校都会开展学生社团活动。学生社团是义工们的广阔舞台，义工是校园文化活动的生力军。加拿大高校普遍重视开展义工服务，努力培养人格健全的大学生。社会各界、家庭也都十分重视孩子的义工服务，从小培养孩子的服务意识和奉献精神。加拿大的义工制度在人与人之间传递着爱心与责任。①

加拿大义工服务制度化突出表现在加拿大学生做义工的几个方面：第一，规定从十年级开始，学校要给学生讲授参加义工服务的重要性和必要性；教授学生如何去申请义工以及给学生提供义工职位的信息等。第二，规定学生必须有一定的义工时数才能获得毕业证书（如安大略省要求有 40 个小时，不列颠哥伦比亚省则要求不少于 30 个小时）。第三，规定学生申请大学时必须有义工记录。各个高校要求不一样，但都会高于高中毕业时的义工时数。而义工服务时数多，亦可成为高中毕业生申请大学的有利条件之一。第四，大学生要求有一定数量的义工时数，义工经验对大学生毕业求职具有直接的参考价值。第五，规定接受义工服务的机构，必须为义工提供证明及相应的评价等。以上的一系列规定使得义工服务在加拿大制度化、规范化，进而使得义工的育人作用得以稳定发挥。②

Tony 的一位好朋友想读多伦多大学医学院，依照该校规定，必须在高中和本科期间持续在医院当义工 5 000 小时，以证明其耐心、爱心和对医学事业的恒心。这个规定得不到半点妥协，必须做到做好才能顺利毕业。

---

① 王光秀. 比较视域下“义工教学法”在思政教育中的作用研究与实践启示. 教育与职业，2013（24）.

② 王光秀. 比较视域下“义工教学法”在思政教育中的作用研究与实践启示. 教育与职业，2013（24）.

四、诚信让义工工作更透明

学生们在做义工时，都会得到一份凭证。我们会习惯问：会不会有人做手脚，比如只做了半小时，却登记上两个小时，或者找个“关系户”，本来没有做，却也得到了做义工的记录？

朋友给的答案是：绝对不会。在加拿大，诚信是非常重要的社会公德，诚信教育是学校里公民教育的重要内容。不能说谎，不做伪证，是加拿大孩子从小就知道的“大法”。而且，不诚信的行为会降低一个人的信用等级，其必然会在求职、消费贷款等方面受到负面影响。

加拿大的义工制度有优良的传统、专业的服务和良好的专业素养。人性总是具有两面性的，即积极的和消极的，参加义工服务，是人性善的体现，是用积极的方面抑制消极的方面；这使义工有一种内在的自我激励和自我提醒，进而不断规范自己的行为，并努力提升工作技能，更好地为他人和社会提供服务。

（作者单位：暨南大学新闻与传播学院）

加拿大价值观之我见

■区瑞麟（Ou Ruilin）

短短十多天在加拿大多伦多的采访实践活动，不足以让我了解一个城市的方方面面，但我所经历的事情却触动了我的神经，使我固塞的思维得以润滑，令我对这个国家和城市有了崭新的认识。在行程里，我遇到了很多有趣的加拿大人，在和他们面对面的接触交流中，我好像有点明白为什么这个“枫叶之国”会是一个移民大国，为什么多伦多会被誉为全球最宜居的城市之一。城市是由人构成的，一个社会的发展需要人民来推动，而这一切则根植于人们是如何思考，如何对他人和世界做出回应的。我们通过思考会做出各种各样的选择，进而在生活上和工作上和他人互相交流联结，从点到面，最终作用于社会，推动一个城市的发展。

这一点说到底受社会主流价值观的影响甚大。加拿大的主流价值观是什么？通过这十多天的切身体会和观察，我觉得保障人权、捍卫民主、追求平等自由、尊重文化差异、热爱和平、在法律和规则下有序生活，就是加拿大主流价值观的反映。

通过多年的文化教育和环境熏陶，这种价值观已渗透在加拿大人的骨子里，不仅潜移默化地浸润着加拿大人的思维，而且在他们的日常生活中自然而然地表现出来。

记得有一次，我揣了一大袋的硬币，有 10 分的、25 分的、50 分的，零零散散，携带不便，正好在需要坐地铁时，想趁机把采访几天积攒下来的硬币都拿来购票。我把硬币全部递给一位黑人女售票员，告诉她我想去哪，要买一枚地铁币。起初我还有点担心她见到这么多硬币会产生不满，然而，她只是扫了一眼，就把地铁币递给我了，然后让我把那 20 多个硬币放到投币箱里，这大大出乎我意料的举动令我讶异得一时语塞，我问她：“Don't you need to count it?”（你不要数一下吗？）她直接就说：“I trust you.”（我相信你。）三个英文单词，一句短语，却那么简短有力，直击我心灵。这位黑人售票员不数硬币是否足额，不是因为她不负责，懒得数钱，而是出于对我的信任，认为我不会骗她。看似只是几加元的小事，但管中窥豹，可见信任的重量。回想国内社会，人与人之间缺乏沟通，缺少信任，令冷漠成为常态。这是一种心理上的不安全感，这种不安全感不仅与制度有关，也是由于我们从小只注重应试教育的填鸭式学习，缺乏互信互爱素质教育。近年来在党和政府的推动下，人们对中国特色社会主义文化和道德有了更深更广的了解，这自然是好事，可是社会上各种违背社会主义核心价值观甚至法律的事件依旧层出不穷，并随着网络的传播而逐渐发酵，引起热议。我们可以看到党和政府在制度建设和道德文化发展方面的努力，但同时也看到，开展道德教育和素质教育的急迫性。营造具备人文关怀的社会文化氛围十分重要，而教育方式、实践方式的改良也值得考虑。

无规矩不成方圆，加拿大人在法律和规则下有序生活。最明显的感受是，在多伦多生活的十多天里，每次过马路，我看到人们都很遵守交通规则，从来没见到任何一个人闯红灯，哪怕路上一辆车都没有，人们依然安分地在路边等着交通灯“由红转白”（多伦多的可通行指示灯颜色是白色而非绿色）。换作在中国大陆的大小城市，没有车的路上也许早就出现闯红灯的现象了；又或者如之前网上造的热词“中国式过马路”一般，凑齐人数就可以安心而肆无忌惮地闯红灯了。在多伦多，居民遵守法律和秩序，用心维护规则，因为他们明白，规则的破坏只会造成社会运行的混乱和失序，造成的种种恶果最终只会自食。古语云：“勿以恶小而为之，勿以善小而不为。”如果在小事上都不自觉、不自控，更遑论在大是大非前能保持清醒的认识和判断。

加拿大人重视、尊重每一个人的权利，他们享受言论自由、思想自由和宗教自由，他们有权表达异于他人的意见，这是一个允许“发声”的国家。有一次在海柏公园做问卷调查，遇到两名男子坐在树荫下下跳棋，我上前询问他们是否愿意做一下关于中国国家形象的问卷调查，其中一名稍胖的中年男子善意地回绝了，而另一位年轻男子在我诚意的劝说下，同意填问卷，他边填问卷边问我一些关于问卷内容的问题，有时会略有犹豫，尤其是涉及一些较为敏感的选项时，再三思考后才动笔填写。我告诉他，只要如实填写就行了，怎么想就怎么写。也不知道是否是被我的诚心打动，另外一位中年男子后来也愿意做问卷了，而且他俩做完问卷后很友善地问我，能否就问卷的设计及内容给我一些建议和反馈，我当然乐意聆听。于是，这两位喜欢中国传统文化的男子跟我提到了当今中国的政治体制问题，谈到了人权问题。在和他们的交流中，我更加清晰地认识到，所谓的自由，不仅是行为上的，更是思想上的，不是写在纸上的空话，而是脚踏实地的作为。加拿大人可以通过各种渠道自由地表达对政府的意见，可以在不恶意中伤、诽谤他人的前提下，在网络媒体上表达个人的言论观点，可以去图书馆借阅任何思想流派的著作。而他们作为加拿大人对人权问题的关注，也反映出加拿大对这一领域的重视。对于生活在加拿大的公民来说，尊重人权就像呼吸一样理所当然，捍卫人权就像吃饭一样正常。

作为一个民主政体，无可否认加拿大在保护人权方面走在了世界的前列，其政府认为，对人权的尊重不仅是他们的一个基本价值观，同时也是社会得以繁荣稳定发展、保证民主机制的重要因素。从起草《世界人权宣言》到落实《儿童权利公约》，加拿大各级政府都在不遗余力地推动和实践着人权的保护；在创造言论自由的环境方面，加拿大也有很多值得我们借鉴的地方。同时我们也要明白，兼听则明，偏信则暗，我们要懂得独立思考的重要性，不能人云亦云，要从多方面多角度地去了解、考证事实的真相，这对于新闻相关专业的学生来说尤其重要。

加拿大作为一个移民大国，尊重多元文化是这个国家最大的特点。从人口构成来说，加拿大包括了原有的土著人、最初的欧洲移民以及多年来来自世界各地的移民群体，在这基础上形成了一个同繁荣共发展却尊重各种文化差异的和平社会。加拿大的多元文化主义体现在反对种族歧视和种族主义、进行跨文化理解、让政府机构代表加拿大的不同人群等方面。加拿大于 1971 年成为世界上第一个采取多元文化政策的国家，通过这项政策推行不同的项目，鼓励不同背景的加拿大人融入社会、参与建设社会。在 1988 年，国会通过了加拿大多元文化法案。可以说，通过多元文化主义政策，加拿大让生活在这片土地上的人更紧密地联系到了一起。

所以，我们在十多天的采访里，可以看到华人在加拿大的多元文化生活中扮演着重要的角色。在多伦多的中国城，各式各样的中餐馆是城市的一道风景，几乎整条街都标有汉语，华侨华人络绎不绝，而其他肤色的人种也非常多，中国城成了赴加旅游的一个必去的景点。近年来各种为弘扬中华文化、搭建文化交流桥梁的中文学校、孔子学院等陆续成立，获得不少当地人的喜爱，汉字汉语、书法绘画等中国传统文化，成为多伦多多元文化中的一道靓丽的风景线。此外，每逢春节等重要的中国传统节日，多伦多政府以及社会机构还会组织不同的活动来庆祝，其乐融融的氛围与在国内过节没什么两样。 可以说，在多伦多等很多华人聚居的城市，他们在很大程度上能继续保有原来的生活方式，这是加拿大尊重文化差异、支持多元文化发展的一个缩影。

加拿大人的彬彬有礼也让我印象深刻。 我们采访的地点距离市中心很远，要经常坐公交车，还要转车。 为了避免搭错车走错路，耽误采访事宜，我们每次坐车前都会向司机问路，有时讲不明白就干脆拿出写有采访地址的纸条给司机看。 每次司机都会停车耐心地回答我们，乘客们也会耐心地等待我们问完，不会不满或躁动。 有一次我们一行人下车后在另一条路边再次遇上刚才的司机，尽管离得远，但他还是认出了我们，并在车内同我们打招呼；面对这种热情，我们倍感温暖，自然也微笑挥手回应。 善意和礼貌能相互感染，如果每个人都能切实做到明礼、诚信、团结和友善，我们所追求的社会主义和谐社会其实并不遥远。

然而，对于加拿大的主流价值观，并不是每个移民到加拿大的中国人都能轻易接受的。

比如，笔者在采访当中认识了一位华文媒体的从业人员，他说，很多移民当地的华人都不太在意自己的选举权与被选举权，都不愿意去投票选举，觉得无所谓。 而那些想当选议员的华人候选人就每家每户地去敲门拉选票，平时参与很多社区活动，为他们服务，帮助社区居民解决各种困难。 从中就可以看到，很多华人作为加拿大的公民，对于在加拿大这个国家应该承担什么责任没有一个清晰的认识，对自己的权利和义务不重视。 但还是有进步的空间，就像我国的民主法治建设，在不断地完善中会出现各种曲折，暴露出不同的问题，但跟以往相比，人民获得了更多发声的机会，拥有了更多参与社会主义民主法治建设的渠道和方法，这就是一种进步。

半个月时间，让我对加拿大有了一个全新的认识，多伦多环境优美，生活井然有序，没有太多的喧嚣和行色匆匆。 当地人的友善平和、对法制观念和民主自由权利的认识、对加拿大核心价值观的恪守和身体力行，都深深地震撼了我。 由此我才明白，无论什么社会体制，人们生活安康而有幸福感才是硬道理。 为构建社会主义和谐社会，我们要从不同的文化和制度中汲取经验教训，取其精华去其糟粕，为己所用。

（作者单位：暨南大学新闻与传播学院）

行走加拿大

——把心留在那片蓝天白云里

刘晓彤（Liu Xiaotong）

第一次出国，十五天采访，行走在加拿大的不同城市。每走一个城市我都细细品味，多伦多、金斯顿、渥太华、蒙特利尔、魁北克，对每一座城市痴迷的记忆形成我对加拿大这个国家的印象，其中也不乏它的各种优缺点。

一、初见多伦多

TORONTO（多伦多）源于印第安 Huron 族的语言，意思是“会面之地”。而我们又将与这座城市有怎样的“会面”呢？故事还得从多伦多市的交通说起。

为什么要从交通说起呢？我们一行人是去加拿大各地采访的，每去一个地方肯定得搭乘地铁、公交车、出租车等交通工具。可加拿大第一大城市的交通让我们一行人颇费了一番功夫。我们住在多伦多市中心，而第一天的采访对象是《加拿大商报》，从市中心到加拿大商报报社所在地的这段路程我们是陌生的。就这样在对距离毫无概念和对交通完全不熟悉的情况下，我们乘坐地铁到终点站并转乘公交车 3 次，出了地铁站就基本到了荒无人烟的区域了，这也是我第一次对“地广人稀”这四个字有清晰的概念。坐上公交车，一路上满眼都是白色的大房子，我只顾欣赏车窗外湛蓝的天空和棉花糖般的朵朵白云。最终我们共耗时两个半小时抵达加拿大商报报社所在的区域，眼看着采访时间就要到了，可应近在咫尺的报社就是找不到！着急的我们只好给报社社长打电话求助，社长开车把我们接到了报社，才没有耽误同安大略省旅游、文化和体育厅厅长陈国治先生约定好的采访时间。还真是有惊无险啊！

经过这么一趟，我们才知道多伦多市的地铁只有两条线，并且只在市中心，当时我就惊呆了！ 怎么可能，广州地铁都有八九条线，且覆盖市郊各地，很是方便。 北京就更不用说，十几条线啊！ 多伦多是加拿大第一大城市和文化与经济的心脏，怎么可能只有两条线？ 不过经过了解后才知道这和它的历史、城市规划、城市分布及市民出行习惯有关。 多伦多这座城市原来是由英国人建造的，当初就没有按照第一大城市的规模规划，这导致多伦多的市中心占地面积有限，如果要游览市中心，跳上一辆古老的红色有轨电车（street car）就搞定了。 土地有限，地铁够市中心用就可以了。 问题随之而来，住在市郊的人怎么办？ 地铁不通他们那儿，他们生活会不会不方便？ 当然不会，私家车可以解决一切。 在加拿大人眼中，汽车作为代步工具就如我们随身携带的手机一般方便，这也不难解答每每在下班高峰期为什么会在市区和公路的接口看到塞车现象，人们都居住在市郊，私家车便成了连接住处与工作地点的唯一交通工具。 除此之外，还有多伦多的政府办事效率低和赋税政策等原因，听闻多伦多曾经有一条马路修了 20 多年！ 赋税政策是指修一条地铁的钱得摊在每一个多伦多纳税人身上，但由于多伦多地铁常年是亏损状态，所以财政状况决定了政府无力修建其他地铁线路。 以我自己乘多伦多地铁的切身体会也很容易理解多伦多市民为什么不想多修地铁线了——地铁里人很少，根本不会出现北京和广州地铁拥挤的盛况。

走在多伦多市中心，你会情不自禁地被无处不在的郁金香吸引住目光，教堂的角落、城市两边的绿化带、街心花园……所到之处都有它美丽的身影。 我不禁产生了一个疑问：郁金香是荷兰的国花，为什么加拿大会种植这么多郁金香？ 带着这样的疑问去查询，结果真的发现加拿大与郁金香的一段故事。 加拿大人与郁金香结缘，源于 1946 年秋天。 那年，荷兰王室为感谢加拿大政府让他们躲避战祸，送给加拿大 10 万株郁金香。 从此，每年荷兰都向加拿大赠送郁金香，因而每年 5 月，加拿大首都渥太华都举行盛大的郁金香节。 但遗憾的是我们去之时它刚刚结束。

每个城市都有它不同的气质，除了洁净、美丽之外，多伦多享有世界上最多元化城市的美誉，包容了来自一百多个国家的移民。 这样多元化的背景让我很少有自己是“外地人”的感觉。

二、“奇遇”多伦多

你可能会好奇我们在多伦多有怎样的“奇遇”，我也不知道视它为“奇遇”准不准确，或许加拿大人早已习以为常，那就是多伦多的公交车司机可以不慌不忙地为我们指路甚至为此停车。我们为了采访每天要多次乘坐公交车穿梭在城市的各个角落，当然途中免不了向不同年龄、操着不同口音英语的司机问路。但是他们的指路方式让我称奇，从一件件奇事中也可以看到加拿大人独有的性格。如果是上车问路，我们一行十一人，先派一人上前与司机交涉，司机一般先明确我们坐的车正确后才开动公交车；有时候我们会在途中向司机确认我们的目的地，千万别惊讶，此时司机竟会将车停在半路专门为我们服务；有时不确定这一站是不是我们要下的站或询问下车该怎么走，我们不得不再麻烦司机，待问清楚后我们下车，司机目送我们离开后才缓缓地将车开走。最令人惊讶的是一次在多伦多市区乘坐有轨电车，司机为了提醒我们下车，竟然离开驾驶座在全车乘客的注视下迅速走到我的面前说：“这就是你们要下的站，你们从这里再往前走就到了。”现在想起来真的不得不被多伦多公交车司机的指路方式折服，同时也感受到了他们的友好和“不赶时间”的生活态度。有意思的是，加拿大（Canada）这个国家的名字就与指路有关。1535 年，欧洲航海家雅克·卡蒂尔来到了现在称为魁北克的地方，有两个年轻的原住民用“Kanata”一词为他指路。“Kanata”在原住民的语言里表示“村庄”或“聚居区”。雅克·卡蒂尔后来就用 Canada 一词命名自己发现的新大陆。1867 年新的联邦国家成立时，人们正式使用 Canada 作为国家的名字。

还必须说的一点是多伦多市民的办事效率不高，而且外国人的数学真的不太好，从同行的同学以算房费的能力征服入住酒店的前台服务员这件事就可以看出。我们入住酒店时，前台小伙子给我们算好了房费是 237.12 加元，我给他 240 加元，我同学本着中国“凑零找整”的方式给了他 7 加元 25 分，并说剩下的零钱不用找了，找 10 加币就好。这位前台小伙子按着计算器算了很久都没算清楚，还找给我们一堆零钱。我同学对这位小伙子说：“你给的不够，零头我已经给你了。”于是这位小伙子一脸茫然地对他的同事说：“我需要帮助。”他的同事用另一个计算器算了很久后，同样找给我们一堆零钱。在这种情况下，我的同学有些急了，撸起袖子拿过计算器并说：“I gave you 247.25，ok? The total number is 237.12，OK? 247.25 minus 237.12 is 10.13. So you should give 10 dollars to me，OK? ”前台小伙子听完看着计算器露出了尴尬的笑容，礼貌地退给了我们 10 加元。也怪我们高估了外国人的数学能力，这样的付钱方式确实把他们搞晕了！

让人啧啧称奇的事还真不少，一件接着一件仿佛是给我们的惊喜。在我们一行人去安大略湖的途中，多伦多的天空突降瓢泼大雨，由于雨太大，而我们带的伞不够，一行人便在多伦多街头的商铺前躲雨。这个时候我发现加拿大人下雨居然不打伞，太酷了吧，甚至有一位妈妈推着婴儿车也不躲雨，简直不可思议！难道是加拿大自然环境太好，下的雨也干净？还是加拿大人更皮实？我正纳闷的时候雨又突然停了，随之太阳出来了，天边一道彩虹也出现在我们眼前。也许加拿大人知道雨不会下太长时间，雨后的太阳可以很快把淋湿的衣服晒干，所以，淋雨也就变成了他们的一种生活习惯吧。

三、“纵览”加拿大

想多方面地了解一个国家，只待在一个城市当然不够，如果说在多伦多市体验到的一切只是前奏的话，那么接下来的行程才是主曲。三天时间里我们驱车 1 800 公里，游走于金斯顿、渥太华、蒙特利尔和魁北克四个不同的城市。我们的脚步从未停下，一路在听故事和看故事中度过，也正是在这不断扩展视野的旅途中，我更加了解加拿大这个国家，并尝试着去理解它。

大巴车行驶在加拿大的高速公路上，一望无际的森林成为我眼前独有的画面，这个国家的森林面积覆盖率达到了44%，这样好的生态环境当然也离不开人的保护。五个城市走下来，我对加拿大的总体印象是：空气好到了“甜”的程度。加拿大人爱动物，把它们当作亲人朋友，不用跑到动物园就能看到动物，在多伦多市郊采访时我们就碰到过悠闲地走在路上的鹅和向我们镜头摆 pose 的松鼠；加拿大街头许多大垃圾桶竟然是为了防止熊找东西吃而特别设计的。在赞叹这些的同时，我也会问除了这个国家得天独厚的地理环境之外，难道加拿大人天生环保，天生跟动物那么亲近吗？有没有什么历史原因？这些疑问在我走进可以远眺风景优美的圣罗伦斯河的加拿大文明博物馆时，找到了答案。

加拿大文明博物馆馆内有全球最大的室内图腾展，这里记载了横跨千年的北美人文历史，里面甚至复原了当时的传统建筑，可以使参观者了解加拿大逾千年的历史。印象最深刻的当属原住民特有的图腾柱，对于加拿大的祖先原住民来说，每根图腾柱都是有故事的。比如展厅中有一根图腾柱讲的是一个月亮家族的族长去世了，族长的尸体应该放在图腾柱的最上面，图腾柱上面的盆代表这根图腾柱是立在他们家族的门口，再往下画着一只山羊，山羊的脚两边各有一个小人头，一个代表儿子，另一个代表女婿，说明是由这两个人出资把这根图腾柱给立起来的。家族通过图腾柱和口口相传，把祖先的故事代代相传下去。现在仍然有很多原住民艺术家在做新的图腾柱、讲新的故事，因为家族的故事在不断发生。

另外，原住民很喜欢渡鸦，有时候在图腾柱上也会发现它的身影。渡鸦是一种主要分布于北美地区，包括美国、加拿大、格陵兰岛等地的体型很大的全黑的鸦属物种。为什么原住民会喜欢渡鸦？这也源于一个故事：原住民中某一部族的祖先在海啸来临时躲在蚌壳里，洪水退去后，他不敢出来，而渡鸦出现了，它站在蚌壳上把蚌壳敲开，并对这位祖先说："出来吧，没事了，安全了。"在某种程度上原住民把渡鸦视为引航者。

你会发现在很多原住民的故事里都有动物出现，图腾柱上的动物对他们来说就是一个故事，甚至原住民头上戴的动物装饰也代表着人与动物的融合。原住民看到的是动物的品德，如蜜蜂的勤劳。原住民认为他们能够跟动物做一种灵性的沟通。他们甚至认为动物是他们祖先的灵魂，或是神的侍者，所以他们中很多人都信奉萨满教。修萨满时，原住民尝试着让他们的巫师进入动物体内，例如进入鹰的体内，通过精神上的联系，借用鹰的眼睛去俯瞰大地。也就是说在萨满教里，人和动物是分不开的。

还有一个有关原住民的故事，我认为十分值得与大家分享。这是一个有关"西雅图酋长"的故事。当时欧洲白人强占印第安人的土地又想合法化，白人让印第安人推举一位代表与他们对话，西雅图酋长便是在这个时候站出来，发表了后世传颂的《西雅图酋长的宣言》。大意是："我们这里的每一棵树里面都是兄弟的血管，我们这里的每一条溪流都流着祖先的鲜血，水里的每一个倒影你都可以看透几百年前的回忆。"这份宣言表达了印第安人对大自然的尊敬，字里行间流露出原住民与土地之间如家人般深厚的情感。我想如果内心没有对大自然的深深的热爱，是说不出这些话的。

加拿大人对大自然有那么亲近的情感，原因是多方面的，其中一个原因是他们的祖先对大自然有着从古到今从未间断过的特殊情愫，慢慢地也将这份情感传递给移民到加拿大的每一个人。正是这份传承才让我们看到了今天的加拿大人是如何真正做到人与自然和谐相处的。

旅行中遇到的每一个故事都渗透着加拿大的历史文化，无不让人感到这个国度的独特与伟大。加拿大人常说"我们没有悠久的历史，但我们有多姿多彩的地理”。加拿大是面积第二大的国家，986 万平方公里的国土面积上却只有三千多万人口，也就是每平方公里不到 4 个人。在这片广袤的土地上，确实有着难以计数的奇观美景。

最后我还想谈谈加拿大的饮食。讲到吃我觉得很有意思，半个月下来，我对加拿大饮食的印象很模糊。通常，我们很容易在一个国家的饮食里找到一道特色菜，有时候这种特色就能说明这个国家的性格和文化。例如说起日本，会想起寿司，韩国则会想起泡菜和烤肉，英国就会想起炸鱼和薯条，法国当然就是鹅肝之类的东西。每个国家都有它代表性的东西，但在加拿大的饮食中找不到一种独特的菜，说不出一种独特的烹饪方式，无特点就是它的特点，这也显示出这个移民国家的特色。但有一点不容忽视，它过去有很多“工业食品”，跟美国差不多也吃汉堡之类，如今由于对环保、社群等因素的重视，在当地报纸的餐饮广告上经常能看到这样的标语：“本餐厅百分百用的是本地货。”因为加拿大不产咖啡，所以在咖啡店里，他们则会标出咖啡都是通过公平贸易来的。这能看出加拿大人饮食环保倾向很明显，这个环保指的是支持本地农民和本地社群，减少食物在运输过程中产生的碳排放量。

旅行本身就是一种体验，加拿大之行使我收获了一种体验，看到了另一种生活方式——人们选择更加环保的居住方式，人和动物的关系很密切，整个国家对生态环境都很关注，甚至可以用“体贴”两字来形容他们对自然环境的保护。

最后集合我所感受到的加拿大的所有，赋诗一首，并与加拿大道别：

像和平般的蓝色，是天空
像棉花般的白色，是云朵
像希望般的绿色，是森林
像骄阳般的红色，是街上的郁金香
再见，一句简单的再见，加拿大

（作者单位：暨南大学新闻与传播学院）

枫情加国半月行

■章　娟（Zhang Juan）

回国很多天后，回顾这半个月的行程，很多东西值得记录下来为下次出行做参考。此前听说加拿大签证最麻烦最难办，所以当成功获得签证后，感觉以后任何国家的签证都可以自己搞定，瞬间觉得自己棒极了。

枫叶之国、移民、黑户、冷，这就是我脑海里关于加拿大的关键词，现今的移民潮余热不断，那里真的那么好吗？中国人在加拿大的形象又是怎样？带着这种困惑，我们经过 15 小时的飞行，终于抵达多伦多。到了高纬度地区，昼长夜短，多伦多比北京时间慢 12 小时，刚好与国内是日夜颠倒的时差，当然要把生物钟切换到多伦多时间。五月的多伦多是干燥大风的天气，飞行时鼻子有堵塞感，到达地面后依然明显，作为典型的南方人我流鼻血了。大风、大太阳、大湖泊给人一种心旷神怡的感觉，你不用担心一阵风刮来沙尘，这里的环保做得很好。

一、我们的出行

出发前，我们查询了多伦多的交通概况，市内公交系统 TTC（Toronto Transit Commission）包括地铁和轻轨、巴士和街车，旅客只需要付单次车费就可以在系统内的交通工具中自由穿梭，换乘时需要在上车前拿换乘券，作为换乘的凭证，方向是不可逆的，只能往一个方向换乘，因此乘客需要清楚地知道自己的目的地和换乘线路。当然 TTC 只包括多伦多市内，跨市后交通系统不同，需要另外收费，单程不论远近一律 3 加元，以当时汇率5.7 来计算，坐一趟车大概需要 18 元人民币。当然也有 daypass（日票）和 weekpass（周票），还可以自助购买 Token 代币，购买相应数量的 Token 有相应的优惠，还是挺方便的。总的来说，市内交通便利，市区比较小，市中心的游玩完全可以靠走路。刚到时，我们对市内交通还很陌生，很豪爽地买了一张 daypass，利用率不高，慢慢熟悉后，就能够合理计算路程再进行购票。

多伦多目前只有四条地铁和轻轨，呈 U 形，外加一条横贯东西的 Bloor-Danforth 线，非常简洁，跟北京、广州相比线路很少。在与当地华人聊天时说到这个问题，据说是因为多伦多议会想要增加地铁线，但遭到当地居民反对，因为修建地铁会打扰居民的正常生活和交通，引起生活的不便，所以议题就一直被搁置，几十年多伦多市的地铁仍然保持原状，没有增线。采访时谈到关于多伦多市政建设的问题，得到的反馈基本是民主国家想要通过一个议题非常难，意见太多无法集中统一，只能不断地开会商议再商议，时间都浪费在开会上，还是没能得到一个结果。这种情况与中国的城市建设相比效率很低，太多意见达不到共识，议会无法满足每个人的意见和要求，人们的精力都花在不同利益团体的角力当中。反观中国，高楼地铁的建设总是高效率地施工完成，总能在新闻里听到某某线路开始施工修建，不久即试运行等。我们看到的是国内现代化建设快速的脚步，而西方貌似还在为地铁增线的问题争论不休，事件本身无关好坏对错，只是政治制度不同的具体体现罢了。

最令人感动的是 TTC 公交系统的司机，刚到第一天，我们按着采访地址去乘车，上车咨询司机路线，当时乘客都上车就座了，他却不着急开车，耐心细致地给我们指路，并且车上乘客也都耐心等待，不催促司机，这种情况在我们后来的乘车经历中多次发生，不是特例，这种以人为本的慢生活节奏真是让人羡慕。在国内，并不是说司机不想帮助路人，没有耐心，而是鉴于国内的交通压力，不可能让全车人等一个人问路，大家都很忙，需要赶时间，这里没有批评对比的意思，而是觉得地广人稀的好处就是慢生活慢节奏，这应该是部分国人想要而不得的生活吧。

二、我们的住宿

海外住宿肯定不便宜，所以青年旅馆当然是省钱安心的不二之选了，为此大家都办理了一张国际通用的青年旅馆会员卡，有了它入住青年旅馆就可以免交服务费了。在没住青年旅馆前，有个姑娘就说到她之前在国内留宿青年旅馆的经历，从她的讲述中可以听出，青年旅馆能营造一种年轻活跃的氛围，是很多年轻人能够相互交流沟通的地方，很好玩。这让我对此次留宿异国青年旅馆抱有很高期待值。这是我第一次住青年旅馆十人间，还是男女混住，会有些紧张和担忧，到达后才发现并不是想象中的那么回事。首先，国际青年旅馆真的是住了来自世界各地的人，但不一定都是青年，很多人会因为低价格而选择青年旅馆；其次，以个人经历来看，青年旅馆的公共区域是开放的，不过大家好像都低头摆弄着自己的电脑、手机、iPad，估计和我们一样，初来乍到，需要搜索路线，除了与自己的伙伴交流外，基本和其他人无交流，大家都做着自己的事，没有传言中那种活跃热闹的氛围；最后，十人间的房间干净整洁，床铺占据了大量空间，同住一屋的有一对日本情侣，进门就很客气地对我们点头打招呼，之后大家就开始整理自己的东西，说话音量都会自觉放低，以免影响他人休息。

这次的青年旅馆住宿是很不一样的体验，因为采访，我们会比较晚才回来，也没能够空出时间与其他房客深入交流。后来跟一位早期华裔移民聊天，他说本地的加拿大人几乎是没什么夜生活的，下班后就回家陪家人，很少有应酬，周一至周五基本就是工作，周六周末就开车带着家人到户外游玩运动。相比国内年轻人丰富多彩的夜生活，这里其实是比较单调的，并不是酒吧遍地不夜天。当然，这里也有酒吧等娱乐活动场所，学校附近会多一些，是为了留学生开设的，数量并不多。所以很多华人到加拿大后感觉生活很无聊，国外并不如想象中的热闹。

三、我们的饮食

说到吃，多伦多还真不像国内那样，有着各种菜系，西式快餐基本是饮食的主流，国内很常见的快餐品牌在这里随处可见，不同的是加拿大有个连锁餐厅 Tim Hortons，堪称加拿大“国店”，大街小巷随处可见。这个品牌是由加拿大职业冰球运动员 Tim Hortons 创建的，走在路上常常能看到行人手里拿着一个棕色的 Tim Hortons 咖啡杯。半个月内，抱着比较分析国内外快餐口感差异的心态，我尝试了街边所有快餐店，体重当然也随着上去了，西方人从早到晚都吃这个，难怪肥胖指数会那么高。相较于中式餐厅，快餐的价格便宜许多，但很多外国人都会进中餐馆，貌似他们对中餐的接受度很高。

神农尝百草般地吃完所有品牌的快餐后，我发现加拿大的麦当劳比国内好吃，KFC 的味道则不如国内。麦当劳最具加拿大风情之处体现在 logo 的设计上，M 字母的凹处有着枫叶标识。加拿大国旗称为枫叶旗，国旗本身是由红白二色组成，中间的白色代表加拿大广阔无垠的国土，两侧的红色代表与东西两岸相邻的大西洋和太平洋，中间的红色枫叶则象征着生活在加拿大富饶国土上辛勤努力的人民。走在市区，经常能看到飘动着的枫叶国旗，公园里也能够看到枫叶旗。在超市买东西，很多商品包装袋也能够发现枫叶的标识，这让我惊异于加拿大人的国家形象意识，在你视线范围内，总能看到枫叶标识。就算没来过加拿大，我们也都知道它的国旗是枫叶，来了之后就更能理解加拿大对枫叶的情有独钟，也能看出加拿大对辛勤努力的人们的尊重和感激。

四、我们的游玩

鉴于采访行程的密集，我们匆匆报了两日一夜的加拿大东部游，目的地是首都渥太华和旧首都金斯顿。从旅行社租了一辆七座的商务车，早晨七点就踏上了自助游的旅途，司机兼职导游，他精通加拿大的人文地理政治以及与中美的关系，沿途讲解不停，信息量非常大，我后悔没带上录音笔，不然还可以录下来反复回味。印象最深刻的就是谈到加拿大首都的事情，渥太华是首都，属于政治中心，但不是一个经济中心，渥太华有偏向田园风的居民建筑和一些古堡古迹；多伦多是经济中心，蒙特利尔是个设计之城。每个城市资源是适度分散的，并不像国内，首都北京拥有一切优势资源，集政治、文化、经济、教育为一体，在加拿大是一种资源平均分配的状况。我觉得这对于城市建设来说很重要，当一个城市聚合了所有的优势资源，人们就会越来越多地涌向那里，造成人口压力和环境压力，形成所谓的一线、二线、三线城市。所以我觉得未来城市规划完全可以资源分散，合理平均分配，以缓解城市的人口压力，这样大家的生活都会好过一些，不用蜂拥而至地当“北漂”“广漂”了。

五、我们的购物

加拿大是个高福利国家，同时也是税务大国。税务大国何处体现？购物时你就知道了，加拿大人力成本很高，加拿大规定劳动力 1 小时工资不能低于 15 加元，具体标准因地而异。在加拿大境内，除了国际机场和关口免税店外，在其他地方购物都需要缴纳购物税，大多数地方都是 HST 13%（联邦税 GST 5%，省府税 PST 8%）。联邦税是加拿大联邦政府征收的，主要用于与整个加拿大联邦有关的事务，如国防、外交、国家级公路铁路建设等，省府税则是用于与各省有关的事务，如医疗、消防、省级公务员、省级公路建设等，加拿大各省都十分独立，可以根据自己的情况制定税。其实在国内，买任何东西也都要交税，商家在制定价格时已经将税纳入商品价格，只不过我们不知道而已。加拿大人对纳税概念有很清楚的认识，而我们在国内不知道自己缴了多少税，所以对纳税意义的认识才不够深刻。我认为应该缴税透明化，将消费税单独列出，放在购物清单后面，虽然麻烦一些，但是能使人明晰义务并且加深自己是纳税人的意识。在加拿大，你不但清楚知道你交了多少税，并且能够知道税的用途。

加拿大优越的医疗和养老福利系统造成政府财政入不敷出，但加拿大政府不但不加税，还逐年减税，联邦税由原来的8%减至现在的5%。这种情况其实是由于政党之间的竞争所造成的，为了能够得到选民的支持，各个政党都在竞选时大打减税牌，最终国民得利，这也应该算是民主给人民带来的最直接好处了。

看一本书讲加拿大物价，作者表示在加拿大购买两颗普通扣子，含税大概2加元，约人民币十多块，而后回北京却花十块人民币买了一袋扣子。这令我印象深刻，尤其在吃饭买东西的时候，总是会掏出手机打开计算器将价格乘以1.13，然后将加元换算成人民币，这种习惯刚回中国还真是一时半会改不掉。

六、我的小冲击

有一次，我们一行人采访结束，坐上公交车，大家分散坐下，两位小伙伴在聊天。她们的左边坐了一位白人女性，右边坐着一对白人情侣，在那位白人女性的旁边坐了一位黑人，那位黑人并排的位置空着，他把报纸放在上面。两位小伙伴在交谈，白人情侣在嬉笑聊天，这时候那位黑人突然用英语对着我们的小伙伴怒喊，说这里是公共场合不是中国，让她们安静，不要大声说话。当时整个车厢都陷入了安静的尴尬中，我们瞬间懵了，无力反驳，突然那位白人女性带着不置可否的表情问那位黑人：你知道这是哪里吗？黑人很自然地回答，这里是加拿大，他是加拿大人。紧接着那位白人女性很不以为然地冲他说，噢，你是加拿大人吗？我可看不出来。大家很尴尬。平心而论，两位小伙伴的声音和白人情侣的声音是差不多大的，并没有哄吵，只是很普通的交谈音量，我只是纳闷为什么那位黑人就挑小伙伴们怒吼，借机挑事，拿国家说事，而不去指责白人情侣。没等我们反应过来，那位黑人开始通电话，嗓门非常大，整个车厢的人都能听到他的讲话声，大家都为之侧目，而后那位白人女性很无语地走到前排重新找位置坐下，我身旁的几位黑人年轻小伙子也开始偷笑，那位黑人真是搬起石头砸自己的脚，让大家都很无语。等到终点站时，大家都下车了，我们发现那位黑人把看过的报纸都扔在了椅子和地上，行为举止非常粗鲁。

说这个小插曲，不是为了谈论种族歧视，也不是针对黑人群体来说事，因为这是个案，拿出来说是因为自己有所触动。如今华人精英越来越多地移民加拿大，并且职业由早期的开洗衣店、开餐馆转向从政、做律师、当医生，逐渐步入加拿大的精英阶层，素质越来越高。但早期中国人从事苦力劳动、大嗓门、不注意卫生的刻板印象还是会被一些人拿来借题发挥，虽然嘴长在别人身上我们无法阻止，但还是希望在外的华人能够规范自身行为，将新的华人形象带到海外，并且能够在主流社会中掌握话语权，帮助各个民族一起进步；对社会和国家多尽一些责任和义务，参加公益活动，勤做义工，用自身的行为来改善外国人对华人的认识。

还有一点让人印象深刻，就是加拿大的义工文化，在采访社团和学校时，大家都强调做义工，强调个人对社会的责任感。采访中遇到的一个华人社团，专职帮助新移民适应加拿大生活，帮助新移民安迁落地，提供语言和就业的咨询以及移民服务。当问到该社团的员工规模时，负责人说，这个社团的正式员工有几十人，但义工有几百人。当时我就震惊了。筹划举办活动都需要大量人手，加拿大劳动力很贵，如果真的按小时付费，大概社团早就倒闭了，他说依靠的都是义工的力量。国外的高中生必须做义工修满 40 个学分才能毕业，义工意识从小培养，这样人人都能为社会做贡献，国家才能更好地进步和发展。当做义工成为一种习惯，国民对国家和社会就有了更深的归属感和责任感。

访问考察的意义在于对比和自我提高。优化了环境，净化了空气，我们能拥有的肯定也是碧水和蓝天。受时间限制，短期内没能深入了解加拿大各个行业，个人认知也比较浅薄，没能全方位地接触社会百态，对海外华人现状的了解也比较片面和局限。当然加拿大肯定有不好的地方，比如在某些地方还是看到垃圾成堆的情况。国情、人口、环境不同，很多东西不能生搬硬套，但可以试着学习改变一点，在大国文化体制下，相对而言比较容易实现的应该是义工精神，只要人人奉献一点点，作用就会不可估量，最终实现质变。

（作者单位：暨南大学新闻与传播学院）

加拿大纸币上的主旋律赞歌

■周　杨（Zhou Yang）

手中崭新的加拿大纸币着实要亮瞎我的双眼，塑料的质感略显失真，而侧面的透明窗以及闪亮的色彩更让人觉得科幻。这套2011年开始发行的新版纸币在增强钞票防伪功能的同时也注重从设计上体现加拿大的历史与科学技术的创新。每一面值的纸币上都印有由全透明的外框包围的枫叶形半透明窗，透明窗的金属薄膜上印有与主图案一致的人像，下方是国会大厦的一部分，背面围绕一个主题呈现若干具有代表性的画面。

一、纸币上的正面肖像

加拿大纸币上的正面肖像清一色政治人物。

首位法裔总理威尔弗里德·劳雷尔（Wilfrid Laurier），是蓝色5元纸币上的人物。在他执政的15年间，加拿大的政治、经济、工业化、吸纳移民等方面都有了长足的发展，同时也使加拿大从英国的控制中得到更多自治。他的葬礼举行得极为隆重，5万加拿大民众和来自全球的上千位政客前往渥太华为这位伟大领袖送葬。为了纪念这位伟人，他的故乡被列为加拿大历史遗址，其生前的渥太华住宅所在的街被更名为劳雷尔街；安省一所大学则更名为威尔弗里德·劳雷尔大学。

10元纸币的正面是加拿大首任总理约翰·亚历山大·麦克唐纳（John Alexander Macdonald），被视为加拿大之父的他联合各种政治力量，建立起这一横贯北美大陆的国家，并使这个新的国家成功地抵御了美国的政治经济吞并。2004年，在加拿大广播公司举办的“最伟大的加拿大人”评选中，麦克唐纳当选“十大杰出加拿大人”。

英联邦元首伊丽莎白二世（Elizabeth II）的肖像出现在20元钞票上，好像在提醒我们历史上加拿大与大英帝国的爱恨情仇。

三度担任加拿大总理的威廉·莱昂·麦肯齐·金（William Lyon Mackenzie King）是英联邦历史上在位时间最长的一位总理，在第二次世界大战期间领导国家，他与英国首相丘吉尔、美国总统罗斯福建立的亲密关系，是盟军胜利的基石之一。他是50元纸币上的人物。

罗伯特·莱尔德·博登（Robert Laird Borden）则是领导加拿大人民经历了“一战”的总理，他强调加拿大在世界事务中的独立性，为加拿大在国际联盟中赢得单独的席位，因此他在100元纸币的正面占了一席之地。

二、纸币上的背面图案

1. $5——国际空间站的“加拿大2臂”（Canada Arm 2）

5元纸币背面的机械手臂是连接在国际空间站上的一个机器人系统——移动维修系统（简称MSS）中的主要部件，被称为“加拿大2臂”。MSS由加拿大2臂、名为Dextre的加拿大手以及一个移动基座组成，在空间站的装配和保养上扮演着关键角色，包括搬运设备和补给，帮助宇航员在太空中工作，在空间站上安装设备和其他载荷。加拿大2臂由代号STS-100的任务于2001年4月发射。加拿大手用于在太空行走时，替代宇航员进行精密装配的工作。MSS是加拿大宇航局对国际空间站所做的贡献的一部分。宇航员图案代表了为国际空间站做出贡献的所有加拿大人，特地凸显了加拿大国旗布贴。

2. $10——横贯东西的“加拿大人号”（The Canadian）

“加拿大人号”是一条铁路线。加拿大地形多变又危险，对于一个独立不久的年轻的国家来说，这条铁路线在19世纪80年代的扩张曾被视为了不起的壮举。它曾是最长的铁路线，横贯加拿大东西边境，联结了人民也促进了商品的贸易发展，体现加拿大人的开拓精神。今天，加拿大人号列车从多伦多出发，经过湖区农场、国家自然保护区、原始森林、落基山、河谷、国家公园、风景区，最终抵达港口城市温哥华，展现加拿大自然风光的同时也是其100多年来成就的象征。在10元纸币的背面不仅可以看到迎面驶来的6403号列车，还有落基山脉多样的山峰美景以及简化了的加拿大客运铁路图，以展现加拿大地域之辽阔。

3. $20——佩戴虞美人花的国殇日

11月11日，不仅仅是个忧伤的单身节，其实这天有个更忧伤更国际化的名字——国殇日，是为纪念在两次世界大战和其他战争中牺牲的军人与平民。其原本是英王乔治五世在 1919 年创立的，用来纪念于 1918 年 11 月 11 日上午 11 时结束的“一战”。在这一天人们佩戴红色虞美人花，这源自加拿大军医 John McCrae 的诗——《在法兰德斯战场》，作为“一战”中最惨烈的战场，法兰德斯盛开着虞美人花，红色则代表了壕沟中的鲜血。加拿大的很多省在这天放假，纪念活动是在每年 11 月 11 日 11 时开始，加拿大总理、总督都会和国民聚在渥太华的国家战争维米纪念碑（The Canadian National Vimy Memorial）前参加纪念仪式，为战争中不幸死亡的军人和平民祈祷，学校也会讼读《在法兰德斯战场》这首诗。加拿大民间非常重视这一纪念日，从一周前民众就开始佩戴虞美人花直到 11 日 11 时默哀。国家战争维米纪念碑原本只为纪念在“一战”中为国捐躯的加拿大军人，但是 1982 年纪念碑基座刻上了“1914—1918”“1939—1945”和“1950—1953”的年份，纪念“一战”“二战”和朝鲜战争中为国捐躯的烈士。

4. $50——*海岸护卫船阿蒙森（Amundsen）号*

世界上有三个国家的破冰船天下闻名：加拿大、挪威和俄罗斯。“阿蒙森号”是世界上第一艘可以在北极进行冬季探险活动的科研破冰船。自下水之日起，这艘破冰船就在加拿大北极科学研究中扮演重要角色，也是其他外国合作者的可移动研究平台。破冰船执行海洋搜索救援任务，参与国际环境研究，在辽阔壮美的加拿大北部地区扮演着重要的角色。“阿蒙森号”令加拿大处于北极研究的领先地位，同时亦为世界上的海洋学家、地质学家和生态学家提供无可比拟的北极航道，与罗盘、北部地图、因纽特文的“北极”一起象征着加拿大人在地球北方的研究活动。

5. $100——*胰岛素是加拿大人发现的*

100 元面值的钞票背面是加拿大在医疗方面的成就，比如胰岛素就是 1921 年由加拿大人 F. G. 班廷和 C. H. 贝斯特首先发现的。1922 年胰岛素开始用于临床，使过去不治的糖尿病患者得到救治。加拿大 20 世纪 80 年代初已成功地运用遗传工程技术大量生产人的胰岛素，并已用于临床。坐在显微镜前的研究员则是所有为医学做出贡献的加拿大人的缩影。DNA 链和心电图的图案也提醒人们加拿大人在这方面的贡献。

6. $100——*哪儿都少不了的国会大厦（Parliament Building）*

所有面值的玻璃窗中都分别展现了国会大厦的一部分建筑，它位于首都渥太华的国会山上，是渥太华乃至整个加拿大的象征。国会大厦由三栋哥特式建筑组成，分中央区、东区与西区，是目前加拿大政府及参议院的所在地。国会大厦是加拿大的中心标志，渥太华河畔毅然矗立着一系列石砌铜顶的哥特式建筑物，象征着加拿大民族不屈的精神。

经过这番主旋律的洗礼，加拿大在我的心里逐渐形成了一个轮廓，里面不再只有枫叶和冰雪，辽阔的土地、多元的文化、文雅的品性……这些感性而粗略的认识在我与它的零距离接触中变得实际而具体。

结束多伦多之行后，我留下一张纸币作为纪念。随着 2015 年版第五套人民币 100 元纸币的发行，我也期待着首款塑料人民币的问世。毕竟货币所承载的，不仅仅是最先进的防伪技术和印钞工艺，其本身也具有极高的艺术鉴赏价值，是国家形象最为直观的展现。

（作者单位：暨南大学新闻与传播学院）

“慢”步多伦多

■史　谅（Shi Liang）

来到多伦多之前，听别人说这里是加拿大最大的城市，也是一个国际化的大都市。但也有人告诉我它的另外一个名字——多村，说这里是一个最适宜居住的城市。穿梭在城市的大街小巷之中，这里给我印象最深的不是繁多的高楼大厦或金发的帅哥美女，而是这里慢节奏的生活方式。

这里的公交车站没有站牌，只是非常简单地标了一个号码，正当我们为在哪一站下车苦恼的时候，公交车司机变成了我们的专属导游。他拿着我们要前往的地址细细看着，跟我们交流应该在哪里下，应该往哪个方向走，要走多远才可以乘坐下一辆公交车。我没有专心听他讲话，只是看着司机头顶的交通灯从红色变白色又变成红色，不知道过了多久，他才朝着我们挥了挥手慢悠悠地往前开去。被堵在后面的八九辆私家车就一直静静地等待，没有刺耳的鸣笛声，也没有烦躁的叫骂声，就连公交车上的人也只是静静地做着自己的事情，丝毫不在意公车被我们拦停了好几分钟，至于我则是万分的不好意思。等到了我们要乘坐的下一班公交车，只见司机慢悠悠地下了车，拉开车头前面不起眼的金属杆子，帮旁边一个骑自行车的小伙子把自行车放在了车头；等司机上了车我们又跟司机请教了一番，他也很耐心地告诉我们，放心吧，他会告诉我们在哪里下车的。我坐在车尾望着窗边划过的霓虹灯，在心里描绘着一个安静的都市。公交车到站停了下来却久久没有开启，回头一看有位热心的乘客站在我面前说着我反应不过来的英语，同行的人拉了拉我说，司机叫我们下车呢，我这才反应过来向司机道了谢下了车。这里的公交车司机永远是不慌不忙带着微笑的样子。有一次我们站在路口等车，对面车道的一辆公交车突然停了下来，司机朝我们挥着手，让我们莫名其妙，他见我们不明白便走下车，指着我们的后面大声告诉我们要在那里乘车，我们站错位置了。多么可爱的司机呀！

多伦多大学是我很向往的一所学校，也有好几个朋友飞越太平洋来到这里求学，我趁着休息让他们带我转转。出了地铁站走着走着，朋友突然指着一栋建筑说那是他们的教学楼，我还没反应过来："我们什么时候进大学里面了？"他笑了笑说："大学就在城市里面，没有门。"一所没有围墙、没有东南西北门的全开放的大学让我有点茫然，学校不应该就是一个独立的空间吗，而多伦多大学跟城市融合在了一起，公交车在里面穿梭，城市与学校的界限模糊不清。突如其来的一场大雨打断了我的思路，"你运气真好，这边难得能见到一场雨呢"，朋友说。我愣了一愣，发现街道上除了我和身边的朋友，就没有一把伞再撑起，旁边一个卷发的外国帅哥戴着帽子静静地斜靠在树下听歌，似乎疯狂砸下的雨点只是音乐里的伴奏，对他没有丝毫影响。"在这里大部分加拿大人是不打伞的，他们穿着风衣把帽子一戴便毫无顾忌地漫步在雨中。打伞的往往是中国人，当然还有英国人。"我在校园里面感受到的是一种自由、融洽、慢节奏的学习氛围。

在大商场发问卷的时候，我吞吞吐吐地不知道怎么开口，一个年轻的小伙子向我走过来问我是否需要帮助，当我告诉他我的难题时，他笑着拿起了一张问卷填了起来，而周边坐在椅子上的几个老人也围了上来很主动地填问卷。在之后派发问卷的过程中，只有偶尔几个人摆摆手说正在忙。我还遇到一件很尴尬的事情，在派发给一位女士的时候，她说需要我帮忙填写，我便按照她的意思帮助她填写选项。完成了一半的时候，突然一阵婴儿的啼哭声从她的衣服下传了出来，我这才知道原来她一直在给她的小宝宝哺乳，她倒是大大方方地安抚好小婴儿后把问卷完成了。也有一个外国人看到问卷之后很耐心地开始和我讨论起问卷上的问题，说起对大学、对中国的想法，拿着问卷跟我们聊了半个小时。

有人告诉我这里为什么叫多村，那是因为多伦多往往指的并不是多伦多市区，而是大多伦多地区，囊括了好几个城市。高楼大厦只是其中小小的一部分，这里最多的是两三层高的平房。离开商业区，便是一马平川，低矮的房子和每隔几公里便会出现的小广场成为市区以外出现频率最高的景观。因为地广人稀，地价便宜，建立高楼大厦只是徒增成本，所以路边的房子都是一个又一个的小方块，而广场边分布着几家超市和餐馆，成为附近的一个小生活区。每当经过十字路口，我都会诧异地看着信号灯，只有直行没有转弯，每次信号灯变化时都只有少数车会借着一两秒的黄灯快速地开走，后面长长的十几辆车都是慢悠悠地放着音乐并不着急。得亏这里的房子特别矮，在公车上一路都可以看着夕阳缓缓坠入地平线，映衬着红色的枫叶，显得特别安静。

我们终于体会到了加拿大的地广人稀。到多伦多之前我们放弃了办理国际驾照自己开车的想法，想着多伦多的公共交通肯定比广州要好上不少。结果进了地铁便傻了眼，只有两条线路，每次乘车要花上十五块人民币，由于线路少还要去外面再转公交车。而这里公交车的一大特点是顺着道路走直线。犹如网状一样的公路，大部分站点只有一路车经过，每辆车都不会拐弯的。公交车车窗的玻璃上有一条长长的黄线从车头连到车尾，轻轻一拉，司机头顶的铃铛便响了起来，很简单却很方便。在大多伦多地区，公交车都是跨市的，有时候一下子就从多伦多市到了士嘉堡区或者是列治文山市，一过那条象征城市的边界便要再掏出几块钱的车费。每天采访来回的时间往往要花上四五个小时，每人车费也要近百人民币，不得不说地广使得这里的公共交通发展缓慢。

我们还去参观了好几家报社、电视台，还有书院，名字都特别高端，让人浮想联翩。当得知其中一家报社的固定记者只有两个，一家电视台的工作人员只有三十几人时，我突然有点反应不过来。这些机构虽然没有多少工作人员，但是每一项工作都开展得井井有条，也可以说是麻雀虽小五脏俱全，在当地华人之中也都是颇具影响力的。在这里，没有加班，每天八小时，每周休两天，一切都有条不紊。

在我心里，多伦多并不是什么国际化大都市，但这里的确是最宜居的城市之一，很慢、很安静、很温暖，几乎每个人都带着笑脸。慢节奏的生活可能缺少了点激情，但是就因为它的慢，才显得特别有人情味。

（作者单位：暨南大学新闻与传播学院）

易被忽略的加拿大餐

■曾眉妮（Zeng Meini）

加拿大作为世界上面积最大的移民国家，其文化和历史极具多元性。它不像邻居美国那般，把世界各国各民族的特色都融合起来，而是把它们汇集在一起却又使之独立发展。不管是在多伦多市区，还是在士嘉堡区与万锦市，你都能轻松地找到想要的餐厅：美式快餐、中餐、日本菜、韩国菜，甚至是更细分的范式茶餐厅、川菜、本帮菜。但与此同时，好像甚少游客能说出加拿大本土菜肴是什么味道。

参观多伦多瑞尔森大学期间，校方介绍人曾在闲聊中询问我们对当地美食的印象，得知我们多以中餐和西式快餐为主后，便热情地为我们推荐了几家她最爱的饭馆。接过写着饭馆名字的小便签后发现，后两家加拿大菜馆都附着详细的地址，而首项却只写着两个单词：Tim Hortons。

的确，这样的介绍方式充分展现了 Tim Hortons 在加拿大的情况——品牌和食物足以成为加拿大的代表，且无处不在。

漫步多伦多，随便走走便能偶遇一家 Tim Hortons。在早上通勤时，来往人群手中大多捧着一个 Tim Hortons 的杯子，这似乎已成为加拿大人生活中固定的一部分。Tim Hortons 不仅热卖于对棒球有特殊情感的本土西方社会，在我们参加华人社区采访活动时，也经常见到主办方准备的餐点里包含 Tim Hortons 的外卖咖啡。说来惭愧，我第一次在 Tim Hortons 买咖啡时因不知对糖和奶的要求须提前告诉点餐人员，当被问到“Double – Double？”时迷茫中应了句“Yes”，后来得知这句“Double – Double”（双奶油，双糖）早在 2004 年便因常在 Tim Hortons 内使用而被《加拿大牛津词典》所收录。在加拿大人的心目中，除了枫叶，估计没有什么比随处可见的 Tim Hortons 红色招牌更受欢迎了。

Tim Hortons，被誉为“加拿大人的咖啡店”，是一个成立于 1964 年、由加拿大棒球明星 Tim Hortons 创办的同名咖啡品牌。

这家以咖啡和 Bagel 面包圈起家的快餐店，截至 2013 年 6 月在加拿大境内已累计开了 4 304 家，并拥有激进的扩张计划。[①] 早在 2002 年，Tim Hortons 便通过特许经营加盟方式迅速扩张，店铺总数量达到麦当劳在加拿大店铺数量的两倍，销售额也超过麦当劳同区域同期销售额，从而取代麦当劳成为加拿大最大的食品服务运营商。 2005 年，Tim Hortons 占到加拿大快餐行业 22.6% 的市场份额。[②] 2009 年时，Tim Hortons 已经控制加拿大烘焙食品市场 76% 的份额，并占据加拿大咖啡市场 62% 的份额，相比之下，二号品牌星巴克只占有加拿大咖啡 7% 的市场份额。[③]

没错，往常提起咖啡品牌，我们脑海中第一个跳出来的答案总是美国的星巴克。 但在加拿大，事实却并非如此，加拿大 HarrisDecima 民意调查机构曾在 2009 年发起国民对咖啡品牌喜爱程度的调查，结果发现有 49% 的加拿大人自称是 Tim Hortons 的支持者，而只有 12% 的人称更喜欢星巴克。[④] 难以置信，作为强势文化盛行全球的美利坚合众国的接壤邻居，加拿大是怎么做到的呢?

在我看来，销售量绝对和销售价格挂钩。 记得曾在 Tim Hortons 买过一个早餐组合，有一杯新鲜咖啡、一块薯饼和一块培根松饼，加上税总价仅需 5 加元左右，而在星巴克单独买一杯中杯的拿铁亦是这个价格，可见 Tim Hortons 的价格优势。 从全球范围来看，星巴克坚持国际化路线，世界上许多国家许多城市都可以看到星巴克的踪影，在许多国家，星巴克是潮流白领身份的象征。 但 Tim Hortons 自 1964 年在汉密尔顿市成立以来，一直坚持走平民化路线。 此外，除了在美国拥有 800 余家加盟店外，甚少在其他国家和地区开张，80% 的品牌门店都在加拿大本土，这给予加拿大人一种亲切的品牌认同感。 在加拿大商业领域中，没有什么标志比 Tim Hortons 更能得到广泛的认同。 无处不在的 Tim Hortons，通过广泛的网点扩张，早已超越食物的范畴，成为加拿大人生活不可或缺的一个元素，并成为加拿大的品牌文化。著名的加拿大作家皮尔 · 伯顿曾经写道: “从许多意义层面上讲，Tim Hortons 是加拿大最动人的故事。 它是喜剧和悲剧的交

① Tim Hortons. 维基百科，http: //en. wikipedia. org/wiki/Tim_Hortons.

② Wendy's confirms Tim Hortons IPO by March. *Ottawa Business Journal*, 2005 (12).

③ Tim Hortons Raises C ＄783 Million in Initial Offering. Bloomberg L. P., 2006 - 12 - 23.

④ 加拿大 HarrisDecima 调查机构官网，http: //www. harrisdecima. com.

织，是大梦想和小乡村的重合，代表着传统价值观和上进的态度，代表着努力工作和曲棍球。”①

Tim Hortons 承载着加拿大人的乡愁。2006 年7 月，Tim Hortons 所属的 TDL 集团接受了加拿大国防参谋长里克·西里尔将军的邀请，在加拿大驻阿富汗坎大哈军事基地为士兵们开了一家 Tim Hortons。为此，加拿大联邦政府甘愿每年补贴这家门店 400 万~500 万加元。② 直到2011 年6 月加拿大结束了在阿富汗的10 年军事行动，坎大哈的 Tim Hortons 才随即关闭，至此，这家门店已累计售出400 万杯咖啡和300 万个面包圈。③ 每天都能喝到的 Tim Hortons，也许是士兵们和家乡最频繁的联系了。

其实，早在那位大学校方介绍人给我们推荐前我们就已尝过 Tim Hortons 多次，因此对我们来说已不新鲜。但便签上有一个推荐则深深地吸引了我们的眼球——Bannock，据说这是多伦多最本地的一家菜馆，所有日常供应的菜单都代表着厨师对加拿大传统文化的致敬。它开在多伦多市中心 Bay Street 上，当我们按着地图走到那儿时，发现门店外布满了脚手架，肚子早已饿得咕咕叫的同伴一惊，以为运气这么差关门了，定睛一看才发现靠近门口的桌子坐着几桌顾客——餐厅照常营业，这便为这一餐定下了一个感恩的基调，大大增加了我们对它的喜爱程度。进去一看发现餐厅面积挺大，虽没坐满却有热络的感觉。店面分为两部分，一边是外带区域，一边是餐厅。餐厅右边是开放式厨房，除了提供随时可取用的食物，比如沙拉、酱料、面包等，也可看见厨房里忙碌工作的厨师；另一部分是传统的餐台，台与台间隔很宽。侍者很快为我们一行人送上午餐餐牌，餐牌简单却显得很时尚，没有一张展示图片，似乎对本家出品很有信心。掠过一眼，似乎无异于其他西式菜肴种类，包括：面包、薯条、沙拉、小吃、三明治、汉堡、面条、鱼类、肉类、配菜和甜点。

根据抵加后约十天的点餐经验，除了各自掏出手机词典开始查菜单外，大家也问起了餐厅的推荐菜式，听后，我们都根据菜式的原料和价格下了单。在这不得不称赞加拿大菜单的贴心，在人生地不熟、文化不共通的地方看着虽优美但抽象的菜名点

---

① Investing in an icon：Why Everyone Wants a Piece of Tim Hortons. *Ottawa Citizen*，2006 - 03 - 19.

② Ottawa foots bill for Afghan Tim Hortons：Canadian Taxpayer Foots Nearly \$4 - Million Bill. Canada. com，2006.

③ Tim Hortons Closes up Shop in Kandahar. *National Post*，2011 - 11 - 24.

餐，着实痛苦，还好每个菜名下都附着详细的餐点原料，那都是一些直白的词，比如鸡肉、蔬菜、土豆。怪不得老外总是不能理解中国菜名，如夫妻肺片、狮子头、佛跳墙等，在异国他乡点这样的菜太没安全感。

由于我们都没有吃过真正的加拿大菜，在上菜期间大家都异常期待。过了二十分钟，便陆续有人为我们上菜，当桌子上摆满食物后，我们发现侍者居然没弄乱顺序，不带询问就能准确无误地把菜放在我们各自的刀叉旁。由于一行人数量众多，你尝尝我的、我尝尝你的，大致也把各种主菜尝了个遍。由于带着前边提到的感恩心理和对加拿大本地菜的崇拜心理，当然也因为饥肠辘辘的现实情况，一开始大家都对这一餐赞不绝口，直到往别人盘子里取菜的刀叉过了两巡，往旁边伙伴那儿一瞄，虽然盘子里还有半盘食物，但大家似乎都只能靠在椅背上喝白开水了。“太腻了！”大家相视一笑，不管是来自南方的同学还是北方的同学都意识到加拿大菜对中国人来说并不是那么容易接受的。

尝过加拿大咖啡和日常菜后，对加拿大菜肴的向往之心又开始蠢蠢欲动了。其实去加拿大前，我一直对西方的牛扒心心念念，不管是在多伦多还是在渥太华，都满心希望地在街边寻找着心中的红肉。可惜由于种种原因，总是没遇见。直到最后几天的自由活动时间，终于让我逮着机会。以前看过游记，有人说曾在多伦多 CN Tower 上吃到一份让他难以忘怀的美味牛扒，动人的细节描述让我下定决心去见识一番。

在出发的前一晚，我便为此行上网订位。打开 CN Tower 网站页面，输入预计到达时间和人数后，点确定却提示预定失败。心中一惊，莫名的失望涌上心头，像极了临近春节却买不到回家车票的心情。后来不甘心又多试了另外一个时间，却提示可以预定，我脸红地发现之前给自己摆了一道乌龙——虽然填了12：00去吃午餐，却将 A. M. 错填成了 P. M. 。在中国，餐前订位是为了防止餐厅人满挤不进去，而在加拿大，满客的情况甚少发生，却更加注重预订环节。在他们看来，这就如同拜访别人要事先预约，是最基本的礼仪。

按部就班地抵达，乘坐电梯，登记，落座，点单。在塔顶部这个360°餐厅，我匆匆浏览了一遍多伦多的城景：市区林立的金融高楼，远处郊区连片的独栋房子，火车细长的轨道，与天空接壤泛着蓝光的安大略湖，刚刚有飞机起飞的湖上岛屿小机场。由于我整颗心都挂在八成熟的加拿大 AAA 牛上肋上，所以匆忙品尝了一点前菜便留着胃口等吃主菜，待到主菜上桌，只能惊叹

“分量太大了吧”。白盘子的中间放着一大块有着铁烤架纹路的厚牛扒，上边浇着古黄色的酱汁。牛扒下隐约冒出几根芦笋和细长胡萝卜，翻开肉块发现底下还藏着一块软面包。切开肉后能看到中间依旧泛着粉红色，但已经八成熟了不会有血汁溢出来。不知是否心理作用，AAA 级牛上肋入口的感觉和以往的牛肉大不相同，比起潮汕牛肉火锅的牛肉而言牛肉味微弱，但口感丰厚，肥而不腻。

于我，加拿大的美食更多的是一种体验，浅尝辄止，日常饭菜还是粥粉面得当。

（作者单位：暨南大学新闻与传播学院）

寻路多伦多

■张　维（Zhang Wei）

标题绝对没有抄袭何伟《寻路中国》的意思，只是在多伦多的这两个礼拜，我真的不是在找路就是在找路的路上。 不是说多伦多的道路设计有多么复杂，而是其作为加拿大第一大城市，公共交通设施实在让人瞠目结舌。

一、落后的交通

出发之前，就有朋友多次劝我们一定要提前租好车，多伦多的交通不方便。 当时一直没放在心上，多伦多好歹是加拿大第一大城市，交通状况能差到哪里去呢？ 没想到刚来第一天就傻眼了。

我们活动的范围不是多伦多市，而是大多伦多地区。 按照安大略省政府规划部门的定义，它除了多伦多市之外，还包括皮尔区、约克区、杜林区和荷顿区这四个地区自治体，而每个区里面还有若干个市镇，总面积是 7 124 平方公里，只有 4 条地铁线（实际只有两条，其余是两条主线的延伸）；而广州市 7 434 平方公里，却有七八条地铁线。

第一天，我们要从市区出发到万锦市（约克区的一个市）。早早通过 Google 地图查好了路线，大致是从住所附近的 King Station 坐地铁到 Finch Station，再转公交，再步行大概半小时就可以到达。 大多伦多地区交通费用还是非常合理的，只要你一直往一个方向走，3 加元就可以随便转乘地铁公交到达目的地，但是有一个条件，就是不经过一条叫作 Steel Ave. East 的路，如果必须经过，还要加收 3 加元或者 4 加元。

我们按照 Google 地图的指示，边走边问司机，顺利到了目的地附近荒无人烟的公交站。 放眼望去，除了路上疾驰的车，一个人影也看不到。 问路找不到人，手机也上不了网，只能凭着虚幻的方向感找路。一行人在大太阳下走了半个多小时，只能打电话给当地的朋友求助。而另一路人马据说坐了出租车也迷路了，还是当地的朋友去荒郊野外把他们找回来的。

随后的几天，我们几乎都活跃在约克区，两点之间往返总是要路过 Steel Ave. East，这样下来，往返一趟的路费就是 12 ~ 14 加元，折合人民币约七八十块钱。

几天下来，小伙伴们已经哀叹在资本主义社会活不下去了。不过后来才慢慢了解到，这里的城市发展也有自己的苦衷。

二、低效的民主

一位市议员告诉我们，加拿大地广人稀，公共交通每年几乎都是亏损的，如果再多修几条线，政府就破产了。税收都用在更需要的地方了，比如教育和医疗。因为很多当地人都有私家车，所以市民对公共交通的需求也不是那么迫切。

其实已有的地铁线大部分是在 20 世纪 80 年代修建，20 世纪 90 年代中期，新民主党政府曾支持三项地铁延伸和扩充计划，包括将原有地铁向北延伸，在一些地区兴建新的地铁线。但 1995 年安大略省经历政党轮替后，新上台的执政党——保守党政府对地铁扩充计划并不感冒，大幅削减了对多伦多公车局（TTC）的拨款，还将原来计划延长的线路缩短，新的地铁线计划也宣布停止，已经挖掘的隧道也被填了。

由于三大政党（自由党、保守党和新民主党）对交通政见不一，只要经历政党轮替，就会在是否要扩建地铁、发展公共交通方面出现分歧。所以多伦多地铁仍保持着 20 世纪的模样。

2014 年 2 月有新闻说，在联邦公布发展基建的巨额投资计划后，TTC 的首席执行官和总理哈珀有过半小时的会谈，讨论扩展多伦多地铁的重要性。具体结果不得而知，但至少目前没有看到扩建的任何苗头。

万锦市市议员何胡景谈到议员开会，说他们经常会因为是否要在一个地方建一座庙这种议题从晚上七点辩论到深夜两点半，而这在中国大陆是根本不可能发生的事情。

三、慢吞吞的生活

在找路的过程中，我们也渐渐摸索出一个方法，如果在荒郊野外找不到人问路，可以直接把路上的公交车拦下，找公交车司机问路。这个方法屡试不爽。这里的公交车司机都非常热情，不但会告诉你怎么走，还会看着你走对路，而车上的乘客也不慌不忙，绝不会因为你向司机问路耽误了他们的时间而生气。

有时候也会看到公交车司机在一个没有人上下车的车站停车，徐徐下车，在公交车站台拿一份名为 *Metro* 的报纸，再缓缓回到车上。

习惯了 Google 地图与向司机问路模式的我们，每到一个地方，即使很确定下车地点，也会在上车时告诉司机我们要去哪儿，让他到站提醒我们。一次我们聊得太开心差点坐过站，突然间车停了，司机从车头走到车厢中部找到我们，说："你们不是要在这站下车吗？"我们才恍然大悟，匆匆下车，当然也不忘跟司机说声谢谢。

还有一次迷路，我们拦下了一位骑着自行车的老爷爷，指完路之后他愣是和我们天南海北聊了一通，还把他在哪里出生、为什么会来加拿大、从事什么工作都告诉我们了。我颇有些奇怪，难道他们都不赶时间吗？

有人说多伦多是一个太安逸的城市，适合养老而不适合奋斗。也有人说近年来多伦多出现了逆移民潮，很多香港移民逃离多伦多回香港奋斗事业。也是，习惯了香港快节奏的人看着海柏公园里跑步遛狗的人大概也会很着急吧。

回国已经好几个月了，每天上下班高峰期在公交车上被挤成"照片"，每当这个时候，我还是有些怀念多伦多的。

（作者单位：暨南大学新闻与传播学院）

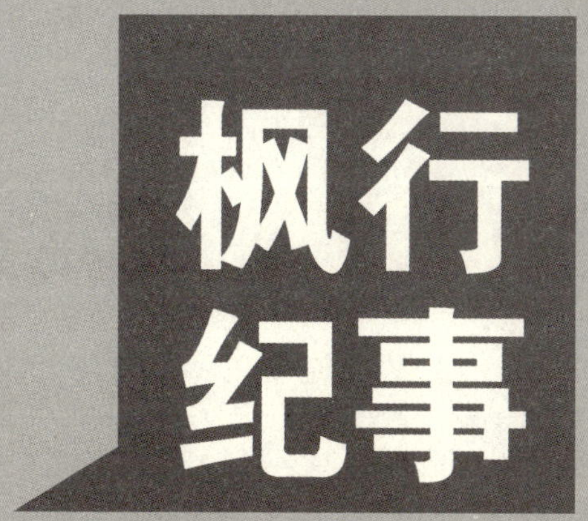
枫行
纪事

暨大学子海外实践训练营之“枫行多伦多”活动取得圆满成功

■谷　虹（Gu Hong）　区瑞麟（Ou Ruilin）

2014 年 5 月 15 日至 2014 年 5 月 30 日，暨南大学中国形象全球调查活动加拿大多伦多之行圆满结束。本次活动共挑选新闻与传播学院 11 位硕士研究生及本科生，在老师的带领下赴加拿大多伦多就中国国家形象认知、海外华文媒体的生存状况、华商与华文教育的发展现状以及华人社团组织面临的问题等方面进行调研，采访了当地知名的华人议员和商界领袖，参观了加拿大商报报社、齐鲁书院、CCCTV 国际电视、孟尝会中文学校及护理中心、瑞尔森大学新闻学院。本次活动既开阔了学生的视野，提升了他们的调研能力，让他们得到了采访的实践机会，同时也获得了对中国形象以及海外华人生存状况的一手资料，取得了丰硕的成果。

中国形象全球调查加拿大组成员于 5 月 15 日抵达多伦多，次日即到访加拿大商报报社，并在报社内采访安大略省旅游、文化和体育厅厅长陈国治以及万锦市市议员何胡景。

随后，暨南大学新闻与传播学院广电系主任申启武及新闻系副主任陈伟军向加拿大商报社长门宗伟致送牌匾，正式确认加拿大商报报社为暨南大学新闻与传播学院的海外实习基地。

5 月 17 日，一众调查组成员前往位于密西沙加市的齐鲁书院考察中文教育情况。在维多利亚长周末后，加雄移民总裁陆炳雄接受了调查组的采访，从中学生了解到目前加拿大的移民就业情况和政策等。在访问 CCCTV 国际电视期间，加拿大国会华裔参议员胡子修接受了调查组组员的专访。次日，组员又在多伦多华联总会总部访问了主席魏成义，并与多伦多华裔媒体工作者协会会员们热情交流。当日下午，“枫行多伦多”成员到访多华会，采访其会长郑永麟及行政总监叶志华，在与他们的交谈中了解多伦多社区公益组织的活动情况和面临的困境。

加拿大组采访加雄移民总裁陆炳雄先生

5 月 23 日上午，组员出席了位于多华会的南海瑞狮耀瀑布表演记者会，随后马不停蹄地前往列治文山市市议员陈志辉的办公室与其会面并进行采访。而大中报社长贾宁扬也抽空与组员会面，谈及其从事媒体行业的经历、遭遇的挫折和有趣的故事，调查组成员都获益良多。

24 日起，由彭伟步副教授及谷虹副教授带领中国形象全球调查加拿大组成员完成余下的采访行程。组员们分别于 24 日及 29 日参观采访了孟尝会中文学校及孟尝会长期护理中心，并与该会会长及副会长会面。此外，调查组还到访瑞尔森大学新闻学院。

为完成对“中国国家形象认知”这一主题的调研，组员们派发了三百多份问卷，在多伦多中区、东区唐人街以及万锦市太古广场进行街访，返校后对问卷进行详细分析并形成调研报告。

参加此次活动的学生都认为此行收获颇多，有不少组员更是第一次踏出国门，在感受到加拿大多伦多的人文风情的同时，既开阔了视野，又提高了采编的专业素养，获益匪浅。

（作者单位：暨南大学新闻与传播学院）

暨大学子赴瑞尔森大学新闻学院参观交流

■区瑞麟（Ou Ruilin）

2014 年 5 月 27 日上午，暨南大学中国形象全球调查加拿大组师生一行共 13 人来到多伦多瑞尔森大学新闻学院参观，该院 Valerie Pringle 教授接待了调查组，并与师生热情交流，双方院校就多个合作交流项目达成初步意向。

到访该校后，先由新闻学院的本科生带领调查组参观瑞尔森大学的开放性校区，包括新设计的教学楼、瑞尔森运动员中心以及罗渣士传播中心等建筑设施，让调查组眼前一亮。随后，在 Pringle 教授的带领下，同学们依次参观了新闻学院的多媒体新闻工作室、杂志编辑室、专业录音室、广播电视主持录制现场以及摄影棚等。

Pringle 教授与来访的同学们亲切交流，回答了关于新闻专业课程设置、学生实习情况以及毕业后就业等问题。而带队老师彭伟步与 Pringle 教授就有关两院校学生交换学习、青年教师访问交流等合作项目进行洽谈，双方初步达成合作意向。

成立于 1948 年的瑞尔森大学位于安大略省的多伦多市，被誉为教育创新型学校，其宗旨是“通过实践学习知识”。该校新闻学院盛名远播，设有新闻学、广播与电视、图像艺术等专业，为加拿大各大主流媒体输送了不计其数的优秀媒体人才，其中新闻专业的学生出版的杂志《瑞尔森旅游评论》在国内颇受好评。

（作者单位：暨南大学新闻与传播学院）

枫糖飘香 冰酒醉人

谷 虹（Gu Hong）

从2013年9月“伦敦站”师生团队的手中接过接力棒，暨南大学新闻与传播学院海外训练营实践活动再启征程。这一站，我们来到全球海外华人最集中的国家之一——加拿大。据资料记载，第一批华人移民抵达加拿大的时间可以追溯到1858年，距今已经有150多年的历史。加拿大目前亚裔总人口达到了221.2万，是加拿大人口最多的少数族裔。其中，华人人口在亚裔人口中所占的比例又最大，约占到了61.7%，即136.48万人。

2014年的五月，是加拿大枫糖飘香、冰酒出窖的季节，我们首先抵达的是加拿大最大的城市多伦多。15名师生，4个调查小组，马不停蹄的14个日夜，300多份调查问卷，深入大街小巷，从中国国家形象、华人政治、华商社团、华文教育、华文媒体、加拿大新闻传播教育等方面，立足加拿大民众视角，关注加拿大华人生活，力图全方位展现中国国家形象在海外的认知现状以及中华文化的影响力。

短短两周的行程，却留给了学生们长久的思考。回来后我陆续收到了调查组成员的一篇篇稿件。学生的观察已然超越了记录事实的表层而指向更为深刻的思索，甚至正在试图给现实的困境寻找解决之路。学生们从57年华人参政史，看到了华人从加拿大政治社会的边缘走向核心的历史，从多伦多大陆华人的民主“训练”折射出对未来中国民主政治的探索。学生们从加拿大华人的生存现状，看到了新移民的身份认同的重要性和特殊性，认识到通过加入和建立某一社团组织来谋求自我认同和争取主流社会团体的认可是身份磋商的重要策略。学生们从华人社团、NGO看到他们在服务新移民、凝聚华人力量、传播中华文化方面的重要作用，从对华人领袖、社团创始人的采访中深刻感受到海外华人超越功利的家国情怀。学生们采访了大多伦多地区的五所中文教育学校及相关机构，涵盖了幼儿到成人全方位的中文教育。学生们不仅记录现状，更关注海外华文教育的现实困境，并提出包括海外华文教育营销战略与品牌建设在内的一系列解决方案。学生们从加拿大人对中国国家形象认知的调研中，思考着当代中国提升国家形象的可行路径。我们开展实践教育的目的，不就是让学生学会思考，学会解决问题吗？

本书汇集了新闻与传播学院学子海外训练营（第二期）多伦多站考察活动成果。在此，感谢加拿大商报社长门宗伟先生，安大略省旅游、文化和体育厅厅长陈国治先生，加拿大联邦参议员胡子修先生，万锦市市议员何胡景先生，列治文山市议员陈志辉先生，加雄移民总裁陆炳雄先生，多伦多华联总会主席魏成义先生，多华会会长郑永麟及行政总监叶志华先生，孟尝会会长周厚明先生，齐鲁书院申爱伦女士，多伦多汉语水平考试中心项目经理翟乃刚先生，多伦多京宝宝幼儿园常青女士，WOWtv 电视台台长杨再熙先生，大中报社长贾宁扬先生等的支持与配合。感谢暨南大学新闻与传播学院的大力支持；感谢新闻与传播学院各级领导、老师和同学们的关心与帮助；感谢暨南大学新闻与传播学子海外训练营第二期的 11 位硕士研究生和本科生以及我的同事申启武教授、陈伟军教授、彭伟步教授的专业指导和辛勤付出；还有关心和支持此次活动的社会各界人士，在此一并致谢。

在本书即将付梓之际，我脑海中不禁浮现出这样的画面：在 Church Street 的青年旅馆中，十几个年轻的学生逐渐习惯了每天上下铺不一样的面孔，熟练地从超市买来食品跑到地下厨房的角落里一边吃一边干活，靠着手机和 iPad 移动定位挨个路口寻找每一个采访对象的地址，一天马不停蹄连续 8 场采访甚至顾不上吃一顿正常的便餐。每天来回乘坐 8 个小时的地铁公交，足迹踏遍大多伦多广阔地区，晚上 12 点从 King Station 一路睡到 Finch Station 下车转公交车，看到 Tim Hortons 比看到麦当劳还开心。

正是乍暖还寒的气候生成了枫糖那其他糖果无法相比的天然野香，正是冬冷夏热的季节温差造就了冰酒独一无二的醇厚口感。它们是严霜的续篇，是冬天甜蜜的吻别，是阳光与霜雪之间平等婚姻的结晶。宝剑锋从磨砺出，梅花香自苦寒来。相信这次“枫行加拿大”的调研，带给学生的不仅是一次专业上的实践，更是人生中一次宝贵的历练，这种记忆和经历将成为他们永远的财富。

（作者单位：暨南大学新闻与传播学院）

图书在版编目（CIP）数据

中国形象全球调查·多伦多卷/暨南大学舆情与社会管理研究中心主编. —广州：暨南大学出版社，2016. 10
ISBN 978 -7 -5668 -1807 -2

Ⅰ. ①中… Ⅱ. ①暨… Ⅲ. ①国家—形象—调查研究—中国 Ⅳ. ①D6

中国版本图书馆 CIP 数据核字（2016）第 089192 号

中国形象全球调查·多伦多卷
ZHONGGUO XINGXIANG QUANQIU DIAOCHA · DUOLUNDUO JUAN
主　编：暨南大学舆情与社会管理研究中心

....

出 版 人：徐义雄
策划编辑：史学英
责任编辑：曾　栩　黄　斯
责任校对：刘慧玲　刘舜怡
责任印制：汤慧君　周一丹

出版发行：暨南大学出版社（510630）
电　　话：总编室（8620）85221601
　　　　　营销部（8620）85225284　85228291　85228292（邮购）
传　　真：（8620）85221583（办公室）　85223774（营销部）
网　　址：http：//www. jnupress. com　http：//press. jnu. edu. cn
排　　版：广州良弓广告有限公司
印　　刷：佛山市浩文彩色印刷有限公司
开　　本：889mm × 1194mm　1/16
印　　张：14. 5
字　　数：252 千
版　　次：2016 年 10 月第 1 版
印　　次：2016 年 10 月第 1 次
定　　价：35. 00 元

（暨大版图书如有印装质量问题，请与出版社总编室联系调换）